Die Brost-Bibliothek.
Impulse aus dem Ruhrgebiet

AF287983

Die Brost-Bibliothek.
Impulse aus dem Ruhrgebiet

Herausgegeben von Prof. Bodo Hombach

– Band 7 –

Wir haben lebenslänglich

Kriminalität aus der Opferperspektive

Bodo Hombach | Frank Richter | Dorothee Dienstbühl (Hrsg.)

Tectum Verlag

Die Schriftenreihe *Die Brost-Bibliothek. Impulse aus dem Ruhrgebiet* wird herausgegeben von Prof. Bodo Hombach in seiner Funktion als Präsident der Brost-Akademie.

Bodo Hombach | Frank Richter | Dorothee Dienstbühl (Hrsg.)
Wir haben lebenslänglich
Kriminalität aus der Opferperspektive

Die Brost-Bibliothek. Impulse aus dem Ruhrgebiet, Band 7

© Tectum – ein Verlag in der Nomos Verlagsgesellschaft, Baden-Baden 2024

ISBN 978-3-68900-095-0
ePDF 978-3-68900-096-7
ePub 978-3-68900-097-4
ISSN 2747-5425

Umschlaggestaltung: @ Frank Georgy, unter Verwendug einer Abbildung von rawf8 | https://elements.envato.com

Gesamtverantwortung für Druck und Herstellung:
Nomos Verlagsgesellschaft mbH & Co. KG
Printed in Germany

Besuchen Sie uns im Internet
www.tectum-verlag.de

Bibliografische Informationen der Deutschen Nationalbibliothek
Die Deutsche Nationalbibliothek verzeichnet diese Publikation in der Deutschen Nationalbibliografie; detaillierte bibliografische Angaben sind im Internet über http://dnb.d-nb.de abrufbar.

Die Brost-Bibliothek. Impulse aus dem Ruhrgebiet

Die Brost-Akademie will Impulsgeber sein für das Ruhrgebiet und darüber hinaus. In ihren Projekten, Veranstaltungen und Publikationen bringt sie Menschen zusammen, die mit innovativen Ideen und kreativen Lösungen neue Akzente setzen und Strahlkraft über die Region hinaus entwickeln. Die besten davon stellt sie mit der *Brost-Bibliothek* einer breiten Öffentlichkeit zur Verfügung.

In der Reihe kommen renommierte Wissenschaftler, Journalisten und Publizisten zu Wort, die sich in ihren Beiträgen aktuellen gesellschaftlichen, politischen und kulturellen Fragestellungen widmen, welche für das Ruhrgebiet besonders relevant sind, aber auch national wie international diskutiert werden. Dabei spüren die Autoren den zugrundeliegenden Herausforderungen nach und entwickeln lösungsorientierte Handlungsempfehlungen für das Ruhrgebiet und darüber hinaus.

Herausgeber der Reihe ist Prof. Bodo Hombach in seiner Funktion als Präsident der Brost-Akademie.

Inhaltsverzeichnis

Opfer haben viele Gesichter

Opferschutz braucht neue Perspektiven und Wege

Schlussbetrachtung

Vorwort

von Bodo Hombach

Als die Brost-Akademie in einer Feldstudie zum Thema „Heimat und Identität" die Bewohner der Ruhrregion befragte, stellten diese sofort und nachdrücklich den Erlebniskreis „Sicherheit" in den Vordergrund. Beides ist offenbar eng miteinander verknüpft.

Ganz eindeutig entscheidet das Sicherheitsgefühl darüber, ob man sich mit einer Region identifiziert und in ihr beheimatet fühlt oder sich von ihr abwendet. Und da ist nicht mehr nur die Rede von den Randgebieten der Stadt, von einsamen Parks und dunklen Unterführungen, sondern von City und Hauptbahnhof.

Innenstädte in der Ruhrregion tendieren zur Verwahrlosung, und manche Straßenzüge nähern sich der Unregierbarkeit.

Die Art und Weise, wie man mit gewachsener realer Unsicherheit und gefühlter Unsicherheit umgeht, wird zu oft nicht als sachlich-pragmatische Aufgabenstellung betrachtet, sondern in den moralisch-ideologischen Sprachkonflikt gezogen. Man denke an den heftig ausgetragenen Streit, ob massenhafte Kriminalität von Clan-Angehörigen als „Clankriminalität" benannt werden darf.

Der frühere Polizeipräsident der Stadt Essen, Frank Richter, ist Mitglied im Beirat der Brost-Akademie. Er ist Experte, ideologiefrei und lösungsorientiert, verfügt über ein großes fachliches Netzwerk und ist folgerichtig unser Ansprechpartner beim Themenbereich „Sicherheit". Im vorliegenden Band hat er einmal mehr Frau Prof. Dr. Dorothee

Dienstbühl als Herausgeberin an seiner Seite. Die Dozentin an der Hochschule der Polizei in Brandenburg hat wieder interessante Artikel beigetragen, so auch den Forderungskatalog zum besseren Opferschutz. Ihr und allen Verfassern der aufklärenden und erhellenden Beiträge gilt mein großer Dank.

Zielgruppe sind aber nicht nur Experten und diejenigen, die unsere Sicherheit sicherer machen wollen.

Das Thema „Sicherheit" ist zentral für die Lebensqualität und den Zusammenhalt der Gesellschaft. Ganz im Sinne der Stifterin Anneliese Brost ist es unser Anliegen, die Ruhrregion liebens- und lebenswerter zu machen. Das große Interesse an den entsprechenden Veranstaltungen und Publikationen gibt uns recht. Vier der ersten sieben Veröffentlichungen der noch jungen Brost-Akademie widmen sich dem Thema „Sicherheit".

Der vorliegende Band nimmt sich vor, das Thema „Kriminalität" aus der Opferperspektive zu betrachten. Wir hören und lesen viel über die Täter, über Wiederholer und Nachahmer. Ihre schwierigen Biografien und möglichen Beweggründe werden einfühlsam beschrieben, ihre Verteidigungsstrategien öffentlich besprochen, ihre Prozessrechte anwaltlich gewahrt.

Von den Opfern wissen wir meist nicht einmal die Namen. Den schrecklichen Tatabläufen gehören die Schlagzeilen. Die Opfer bleiben zumeist im Hintergrund. Die kollektive Aufregung ist schnell vorbei. Die Opfer leiden oft lebenslänglich unter traumatischen Erinnerungen.

Dieser Asymmetrie gilt es entgegenzutreten. Sicherheit ist ein elementares Bürgerrecht. Wo es nicht rigoros durchgesetzt wird, schlägt das politische Pendel nach rechts. Das beobachten wir in mehreren Ländern, wo damit zu lange gewartet wurde. Mehr Sicherheit ist nicht „rechts", sondern ein Mittel gegen „rechts".

Auch der gesetzliche Schutz für Opfer und ihre Entschädigung sind unterentwickelt. Hier gegenzusteuern, ist nicht Altruismus oder moralisches Desiderat. Es ist die Pflicht des Staates, der das Schutzversprechen in zu vielen Fällen nicht einlösen konnte. Es ist auch dann noch sinnvoll und menschlich, wenn eine lückenlose Schutzerwartung naiv und illusorisch wäre.

Die Opfer eines Verbrechens sind sehr oft stumm. Was ihnen widerfuhr, hat sie zutiefst verstört. Es verschlägt ihnen buchstäblich die Sprache. Ein brutaler Angriff auf ihren Privatbereich oder sogar auf Leib und Leben, zerrüttet ihr „Wohlgefühl" in der Gesellschaft und das Vertrauen in die Funktionalität der staatlichen Institutionen, in die Schutzkraft des Staates.

Der gemobbte Schüler, die gestalkte, überfallene, vergewaltigte Frau, die ausgeraubte Seniorin, der Shitstorm gegen einen Lehrer, einen Politiker, einen ehrenamtlich Tätigen. In einem Augenblick ist alles schlagartig anders. Die gewohnten Maßstäbe gelten nicht mehr. Der Alltag verliert seine Unschuld. Das Selbstverständliche versteht sich nicht mehr von selbst.

Schwere Gewalterfahrung ist nicht integrierbar. Sie erzeugt eine existenzielle Verwundung, die nicht mehr heilt.

Die juristische Aufarbeitung hilft nur bedingt. Viele der Betroffenen empfinden Scham und Demütigung, manche sogar Schuld. Unterbewusst soll dieser Reflex das gestörte Gerechtigkeitsbedürfnis durch Selbstverletzung kompensieren. Solche Menschen können als freie und selbstbewusste Bürgerinnen und Bürger erlöschen. Sie sind dann nur noch ein Schatten ihrer selbst. Man kann mit ihnen kaum mehr rechnen.

Die Kriminalitätsstatistik ist wenig hilfreich. Die Nachricht, dass schwere Straftaten rückläufig seien und Deutschland noch immer eines der sicheren Länder in der Welt sei, empfinden die Opfer eines Verbrechens als Hohn. Zahlen sind abstrakt. Der Einbruch beim Nachbarn ist konkret. Die Verunsicherung beim eigenen Weg durch den heimischen Bahnhof in der Dämmerung ist wirkmächtig. Balken- und Tortengrafik trösten niemanden, der seine Lebenswirklichkeit anders erfährt, am eigenen Leib, im persönlichen Umfeld, in der Schule, im Gespräch am Arbeitsplatz, in der Kantine, beim Surfen im Netz.

Jeder Betroffene hat eine individuelle Opferbiografie. Starke und selbstbewusste Menschen in einem stützenden Umfeld erleben verbrecherische Attacken anders als sensiblere in sozial angespannter Situation. Auch ob, wann und wie die Folgen mit der Zeit überwunden oder wenigstens eingekapselt werden, ist eine Frage der persönlichen Resilienz.

Der Schaden geht weit über das persönliche Schicksal hinaus. Wenn Aufklärung und Verfolgung lahmen, wenn geltendes Recht nicht mehr durchgesetzt wird, wenn kriminelle Clans ganzen Stadtvierteln ihr Geschäftsmodell aufzwingen und auch milliardenschwerer Raub am Staatsvermögen durch politische Amigos durchgewunken wird, stellt sich die Systemfrage.

Wenn Polizisten, Feuerwehrleute, Rettungssanitäter, Ärzte und ehrenamtliche Helfer bei ihrem Einsatz angegriffen und verletzt werden, sollten alle Alarmlampen flackern. Eine Gesellschaft, die sich hier nicht kompromisslos wehrt, ist auf der schiefen Ebene in die Anarchie.

Äußere Umstände verschärfen das Problem. Das gesellschaftliche Klima ist rauer geworden. Wir werden von der Nachkriegszeit in eine neue Vorkriegszeit politisiert, gesendet und geschrieben. Der Mentalitätswandel ist unverkennbar. Viele Medien sind in der gleichen Spur. Freund-Feind-Denken, Intoleranz und Sendepause für diplomatisches Bemühen sind der Rahmen für individuelle Irritationen und daraus resultierende Emotionen. Anlässe für Gereiztheit und anschwellende Wut finden einen Nährboden und werden verstärkt.

Auf der nächsten Abwärts-Stufe gelten Sachbeschädigung, Gewalt oder Nötigung selbsternannten Weltrettern als legitimes Mittel, ihre politischen Ideen durchzusetzen. Reisende werden behindert, Ordnungskräfte bespuckt und angegriffen. Auch hier gibt es Opfer.

Während ich diese Zeilen schreibe, erreichen uns Berichte vom Flughafen Köln/Bonn und Frankfurt. Der Schutzzaun wurde durchschnitten und das Rollfeld blockiert. Geschäftsreisende oder urlaubsreife Familien werden zu Opfern von Aktionen auf dem Weg in eine neue Klima-Kriminalität. Man darf raten, welche Meinung sich in den Köpfen der Betroffenen verfestigt. Wenn irgendwann später die Justiz auch noch einen vermeintlich „guten Zweck" als strafmildernd für illegale Methoden hinnehmen sollte, verändert sich das gesellschaftliche

Bewusstsein langsam aber folgenreich. Gestörtes Rechtsempfinden gefährdet Rechtsfrieden.

Wenn eine moralisch-politisch abgeleitete Haltung sich über demokratische Mehrheiten und das Gesetz hinwegsetzen und Unbeteiligte als Geiseln für die Publizierung ihrer Forderung nehmen kann, wird es dafür niemals breite demokratische Zustimmung geben. Eine sich darüber zerlegende Gesellschaft wird nach neuer Ordnung suchen.

Natürlich sind Mord und Raub in der Sache nicht vergleichbar mit den illegalen Übergriffen politischer Aktionisten, aber sie gehören ins „Grand Design" einer Täter-Opfer-Dynamik, die den Staat als hilflos erscheinen lässt. Das wird beim „Kampf um die Köpfe" eine wichtige Rolle spielen.

Und nun war noch gar nicht die Rede von den massenhaften Opfern der überbordenden Cyber-Kriminalität. Dieses Tummelfeld für finstere Gesinnung und Absichten ist noch viel zu wenig im Fokus der Rechtschaffenen und erst recht zu wenig in der Zieloptik der Sicherheitsbehörden.

Von der Öffentlichkeit noch zu wenig beachtet ist auch die wachsende Kriminalität in Unternehmen. Diebstahl, Sabotage und Beschädigung öffentlichen Eigentums liegen im Trend. Auch gelten illegale Steuertricks bis hin zum milliardenschweren Steuerraub vielen als Kavaliersdelikt. Auch hier zeigt sich unabhängig von der juristischen Bearbeitung ein gefährlicher Verfall. Das nicht Verbotene ist noch lange nicht das Gebotene. Was „man" tut oder unterlässt, orientiert sich in bestimmten Kreisen aber nicht mehr an Gewissen und Schuld, sondern nur noch an der Sorge, erwischt zu werden. Die Brost-Akademie und Frank Richter bereiten sich schon auf weitere Recherchen vor. Wir dürfen gespannt sein.

Erst in diesen Tagen hat die europäische Union mehr Richter und Staatsanwälte für die deutsche Justiz gefordert. Die Forderung nach mehr Polizistinnen und Polizisten steht beständig auf der ToDo-Liste des föderalen Deutschland.

Die Sicherheitskräfte haben es wahrlich nicht leicht. Die radikalen Umbruchzeiten, die Häufung von Krisen aller Art, prekäre Biografien und ein Trommelfeuer schlechter Nachrichten verdüstern – real oder gefühlt – den allgemeinen Horizont. Notorische Untergangspropheten, extremistische Bewegungen und Parteien haben Konjunktur. Sie haben kein Interesse an der Lösung der Probleme. Sie leben davon.

„Sicherheit oder Freiheit" ist immer die falsche Alternative.

Wir dürfen diskutieren und Bücher schreiben. Der Staat muss handeln. Er muss präventiv tätig sein, um kriminelle Milieus aufzulösen und das Abgleiten Einzelner in die Gesetzlosigkeit zu verhindern. Polizei und Gerichte müssen organisierten Banden das Leben so schwer wie möglich machen und Täter aus dem Verkehr ziehen. Proaktive Institutionen und zivilpolitische Strukturen des Opferschutzes müssen ertüchtigt werden, den Schaden nach Kräften zu mindern.

Und jeder Bürger kann helfen. Die Mitgliedschaft im verdienstvollen „Weißen Ring" sollte Ehrensache sein. Meine Frau und ich sind seit vielen Jahren dabei.

Die Wahrnehmung der Opferperspektive ist nicht heroische Nächstenliebe, sondern gelebte Solidarität. Wer sie für sich entdeckt, kann das durchaus utilitaristisch begründen. Sie erweitert unseren Horizont. Sie erzählt uns Geschichten, deren seelische Abgründe uns nicht nur in Büchern begegnen sollten. Sie hält uns den Spiegel vor und relativiert damit die Maßstäbe, mit denen wir uns illusionär und biedermeierlich eingerichtet haben.

Das hier übergebene Buch klärt auf. Es bietet dem willigen Leser ein ganzes Kompendium von Beobachtungen, Erfahrungen und Analysen großartiger ausgewiesener Expertinnen und Experten mit dem alleinigen Ziel, das vernachlässigte Thema in seiner Relevanz, Dimension und in seinen Erscheinungsformen zu erfassen.

Großer Dank an alle Autorinnen und Autoren!

Die Herausgeber waren erstaunt über die spontane Bereitschaft aller, die angebotene Gelegenheit zu ergreifen. – Offenbar bietet sie sich noch zu selten. Das macht sie kostbar und willkommen.

Geleitwort

von Patrick Liesching

Sehr geehrte Damen und Herren, liebe Leserinnen und Leser,

es ist mir eine große Freude, Sie zur Lektüre des neuen Bandes der Reihe „Innere Sicherheit" der Brost-Bibliothek einzuladen. Dieses Werk, herausgegeben von Prof. Bodo Hombach, Frank Richter und Prof. Dr. Dorothee Dienstbühl, nimmt sich eines Themas an, das trotz seiner tiefgreifenden Bedeutung für unsere Gesellschaft oft nur am Rande behandelt wird: den vielschichtigen Erfahrungen von Opfern krimineller Handlungen.

Im Alltag des WEISSEN RINGS begegnen wir seit fast fünfzig Jahren täglich den Schicksalen der Menschen, die schuldlos durch Kriminalität in ihrer physischen und psychischen Integrität verletzt wurden. Wir sehen die lang anhaltenden Auswirkungen, die solche Erfahrungen auf ihr Leben haben, und stehen den Betroffenen in ihrer schwierigsten Zeit bei. Die Geschichten, die wir hören, und die Menschen, die wir treffen, sind es, die uns immer wieder daran erinnern, wie wichtig es ist, ihre Stimmen in den Vordergrund zu rücken.

Ältere Menschen, Menschen mit Behinderungen, Migranten und Flüchtlinge sowie Kinder und Jugendliche stehen unserer Erfahrung nach besonders im Schatten der Wahrnehmung und dies, obwohl es sich hier um besonders vulnerable und damit schutznotwendige Gruppen von Betroffenen handelt, die spezifische Unterstützungsangebote, die auf ihre besonderen Bedürfnisse und Lebensumstände abgestimmt sind, benötigen.

Die öffentliche Wahrnehmung konzentriert sich hingegen fast immer auf die Täter und ihre Motive, während die Opfer einer Straftat in unserer Gesellschaft unsichtbar bleiben.

Es ist an der Zeit, dass Opfer von Kriminalität aus dem Schatten treten und ihre Stimmen gehört werden. Der vorliegende Band leistet hierzu einen wertvollen Beitrag, indem er die vielfältigen Facetten des Opferseins aufzeigt und konkrete Handlungsansätze entwickelt. Er beleuchtet die Perspektiven der Opfer und gibt ihnen Raum, ihre Erfahrungen, ihr Leid, aber auch ihre Resilienz und Erholung darzustellen. Lassen Sie uns gemeinsam daran arbeiten, dass die Würde der Opfer respektiert und ihre Bedürfnisse in den Mittelpunkt gestellt werden.

Ein zentraler Aspekt gesellschaftlicher Arbeit ist beispielsweise die Förderung der Resilienz der Opfer. Resilienz bezeichnet die Fähigkeit, Krisen und belastende Lebenssituationen zu bewältigen und gestärkt daraus hervorzugehen. Die Stärkung der Resilienz kann durch verschiedene Maßnahmen erfolgen, wie beispielsweise durch psychologische Unterstützung, den Aufbau stabiler sozialer Netzwerke und die Förderung von psychologisch sicheren gesellschaftlichen Räumen. Die Schaffung eines sicheren und unterstützenden Umfelds, in dem die Opfer sich verstanden und akzeptiert fühlen, trägt nachweislich zur Förderung der Resilienz bei. Aber auch die empathische Begegnung mit den Betroffenen und ihren persönlichen Hintergründen ist wesentlich. Auch unter diesem Aspekt halte ich die Veröffentlichung eines solchen Bandes, wie er uns nun vorliegt, für wertvoll. Dadurch werden wir uns bewusst, dass unser eigener Umgang mit Betroffenen einen wesentlichen positiven Beitrag leisten kann.

Die Herausforderungen, mit denen sich Opfer konfrontiert sehen, sind unzählig und oft überwältigend. Neben den unmittelbaren physischen und psychischen Folgen sind es die sozialen und rechtlichen Auseinandersetzungen, die eine zusätzliche Belastung darstellen. Opfer müssen sich mitunter durch komplexe und belastende Gerichtsverfahren kämpfen, erfahren Stigmatisierung in der Gesellschaft und kämpfen mit der ständigen Wiederholung ihrer Rolle als Opfer in ihrem sozialen Umfeld. Dieses Buch gibt Einblicke in diese oft verborgenen Aspekte des Opferseins und zeigt auf, wie tiefgreifend die Auswirkungen von Kriminalität sein können.

Die Bewältigung der Auswirkungen von Kriminalität ist eine vielschichtige gesellschaftliche Aufgabe, die eine koordinierte Anstrengung von verschiedenen Akteuren der Gesellschaft erfordert. Neben der Polizei und der Justiz sind auch soziale Dienste, medizinische Einrichtungen, Psychologen und das soziale Umfeld der Opfer gefordert. Eine interdisziplinäre Herangehensweise, die die verschiedenen Aspekte der Opferbetreuung integriert, kann einen wichtigen Beitrag zur Bewältigung der komplexen Problematik leisten.

Dies verdeutlicht, wie wichtig die Vernetzung und die Kooperation der verschiedenen Akteure im Bereich der Opferhilfe sind. Nur durch eine gelungene Zusammenarbeit der relevanten Partner können Synergien genutzt und die Unterstützung der Opfer effektiv und für Betroffene erfolgreich gestaltet werden. Gemeinsame Fortbildungen, Austauschplattformen und Kooperationsprojekte können ergänzend dazu beitragen, die Zusammenarbeit zu stärken und die Qualität der Opferhilfe zu verbessern.

In diesem Zusammenhang ist die interkulturelle Kompetenz in der Opferhilfe in ihrer Bedeutung nicht zu unterschätzen. Die kulturellen Hintergründe und individuellen Lebensgeschichten der Opfer müssen bei der Unterstützung berücksichtigt werden, um eine wirksame und respektvolle Hilfe zu gewährleisten. Dies erfordert eine Sensibilisierung und Schulung der Fachkräfte sowie die Einbindung von Dolmetschern und interkulturellen Beratern.

Die rechtliche Unterstützung stellt eine weitere wesentliche Dimension der Opferhilfe dar. Opfer haben nicht nur das Recht auf Entschädigung und Wiedergutmachung, sondern auch auf eine angemessene Vertretung und Beratung im Strafverfahren. Die juristische Aufarbeitung von Straftaten stellt für die Opfer regelmäßig eine enorme psychische Belastung dar, weshalb es unerlässlich ist, ihnen kompetente und empathische Begleitung zur Seite zu stellen. Dies umfasst auch die

Förderung von Opferanwälten und die Stärkung der Opferrechte im Strafprozess.

Neben der rechtlichen und psychologischen Unterstützung bedarf es nicht selten ergänzend finanzieller Hilfe. Opfer von Kriminalität sehen sich oft mit erheblichen materiellen Schäden und Einkommensverlusten konfrontiert. Die staatliche Opferhilfe muss daher auch finanzielle Unterstützungsleistungen umfassen, um den Betroffenen zu helfen, die ökonomischen Folgen der Tat zu bewältigen. Hier ist zuvorderst die staatliche Entschädigung gefragt.

Neben der notwendigen Opferhilfe ist natürlich die gelungene Präventionsarbeit von zentraler Bedeutung. Und dabei beginnt Prävention nicht erst bei der Verhinderung von Straftaten, sondern bereits bei der Schaffung eines gesellschaftlichen Klimas, das Kriminalität entgegenwirkt. Bildungseinrichtungen, Nachbarschaftsinitiativen und zivilgesellschaftliche Organisationen können hier wichtige Impulse geben. Durch Aufklärung und Sensibilisierung kann das Bewusstsein geschärft werden, kritische Situationen zu erfassen und im Zweifel richtige Hilfsangebote zu hinterlegen. So kann es durch ein aufmerksames Miteinander immer wieder gelingen, gewaltvolle Kreisläufe zu unterbinden oder aber eine Kultur einer wachen Zivilgesellschaft zu entwickeln, in welcher Täter nicht unbeobachtet agieren können.

Zusammenfassend lässt sich sagen, dass die Verhinderung von Straftaten ebenso wie die Unterstützung von Opfern krimineller Handlungen eine gesamtgesellschaftliche Aufgabe ist, die nicht nur professionelles Engagement, sondern auch Solidarität und Empathie von uns allen erfordert. Indem wir die Geschichten der Opfer hören und ihre Perspektiven ernst nehmen, können wir einen wichtigen Beitrag zur Förderung einer Kultur der Anerkennung und Unterstützung leisten.

Ich lade Sie daher ein, sich mit den Inhalten des vorliegenden Werks auseinanderzusetzen und sich von den persönlichen Perspektiven, den fachlichen Analysen und den vorgeschlagenen Lösungsansätzen inspirieren zu lassen. Gemeinsam können wir dazu beitragen, dass die Stimmen der Opfer nicht nur gehört, sondern auch in den Mittelpunkt der gesellschaftlichen Aufmerksamkeit gerückt werden. Lassen Sie uns gemeinsam daran arbeiten, eine Kultur der Anerkennung und Unterstützung zu fördern, in der das Leid der Opfer ernst genommen und ihre Würde respektiert wird.

Durch die intensive Beschäftigung mit den unterschiedlichen Dimensionen der Opferhilfe und den vielfältigen Herausforderungen, denen sich die Betroffenen gegenübersehen, wird deutlich, wie komplex und vielschichtig die Aufgabe ist, eine angemessene und wirkungsvolle Unterstützung zu gewährleisten. Der vorliegende Band liefert nicht nur wertvolle Erkenntnisse und Analysen, sondern auch konkrete Handlungsansätze, die dazu beitragen können, die Situation der Opfer nachhaltig zu verbessern.

Abschließend möchte ich betonen, dass die Unterstützung von Opfern krimineller Handlungen eine kontinuierliche Anstrengung erfordert, die weit über akute Nothilfe hinausgeht. Es ist unsere gemeinsame Verantwortung, eine Gesellschaft zu schaffen, in der die Würde und die Rechte der Opfer geachtet und geschützt werden.

Opfer in der Gesellschaft

Wenn Menschen zu Opfern werden: Ein viktimologischer Blick auf den Opferwerdungsprozess und seine Folgen

von Dorothee Dienstbühl und Frank Richter

Der Begriff *Opfer* beschreibt den Zustand eines Menschen. Als Stigma wie auch als Schimpfwort erzeugt er Mitleid oder Hochmut und führt nicht selten zu unerwünschten Ratschlägen und zur Verurteilung. Wenn Menschen zu Opfern werden, wird ein Prozess in Gang gesetzt, der je nach Intensität und Schwere der zugrunde liegenden Tat mit Ohnmacht beginnt und im schlimmsten Fall genauso endet.

Der Begriff des Opfers

Kriminalität ist ein gesellschaftliches Produkt. Zahlreiche soziologische und rechtsphilosophische Abhandlungen betrachten kriminelle Taten auf der Metaebene und stellen beispielsweise die Frage, ob die Gesellschaft Kriminalität aus existenziellen Gründen benötigt, um sich als Kollektiv und Regeln als funktionsfähig zu begreifen, oder inwiefern die Zuschreibung „kriminell" für Taten oder Personen überhaupt zutreffend ist (u. a. Becker 2018; Christie 2005; Fischer 2018). Ungeachtet solcher sicher wichtigen, wenngleich sehr akademischen Betrachtungen schafft Kriminalität Fakten: Durch ihre Taten werden Menschen zu Tätern und andere Menschen werden zu Opfern – mit weitreichenden

Folgen, eventuell für ihr gesamtes weiteres Leben (Dienstbühl 2022, 86).

Als Opfer werden Menschen bezeichnet, die im Laufe eines Verbrechens geschädigt werden (Pehle 2021, 250). Der Begriff beschreibt somit Personen, die aufgrund einer strafbaren Handlung physische, psychische, wirtschaftliche und/oder soziale Schäden erlitten haben. Solche Personen werden auch als unmittelbare Opfer bezeichnet. Mittelbare Opfer sind Personen, die aufgrund der strafbaren Handlung gegen einen anderen Menschen indirekt betroffen sind, wie z. B. Angehörige, Freunde, Nachbarn. Auch können besondere Straftaten eine Auswirkung auf Personen haben, die die unmittelbaren Opfer gar nicht kennen, weil ihr Sicherheitsempfinden massiv beeinträchtigt wird (z. B. bei Vergewaltigung durch einen unbekannten Täter in der eigenen Wohngegend, bei einem Amoklauf oder bei einem Terroranschlag, der Menschen in ihrem Alltag trifft). Diese Beeinträchtigung hat nicht nur Auswirkungen auf das Opfer, sondern auch auf das gesamte Umfeld. Betroffen sind die Familie, der Freundeskreis oder auch der berufliche Alltag.

Der Begriff wird ausgesprochen kritisch betrachtet: Da *Opfer* auch mit Schwäche/Ohnmacht assoziiert wird, wird er genuin als Beleidigung genutzt. So bezeichnen Jugendliche einen Menschen als „du Opfer", um ihm – und sei dies lediglich scherzhaft gemeint – zu bedeuten, dass er der Schwächere ist. Ungeachtet dieser Konnotation ist der Opferbegriff äquivalent zum Begriff des *Betroffenen*: Ein Mensch und sein Leben sind von einer Tat betroffen. Dies muss zwingend unterschieden werden vom polizeilichen Gebrauch des Begriffs, der regelmäßig den Täter bzw. Tatverdächtigen beschreibt. Die Polizei spricht zudem von *Geschädigten*, die Strafprozessordnung (StPO) kennt nach § 373b StPO den Begriff des *Verletzten*. Da Opfer ebenso betroffen von einer Handlung sind, findet sich häufig synonym der Begriff der *Betroffenen*. Opfer sind demnach betroffen, geschädigt und verletzt – durch jemand anderen. Damit sind sie passiv. Die Täter wiederum sind aktiv. Dies erklärt unter anderem, warum sich Menschen möglichst wenig mit der Opferwerdung auseinandersetzen möchten: Während man den Eindruck hat, selbst zu entscheiden, ob man zu einem Täter werden möchte oder eben nicht, wird einem die Opferrolle aufgezwungen.

Passivität und Ohnmacht

Einige Beispiele sollen dies verdeutlichen. Angenommen, man wird, während man bei der Arbeit ist, von Einbrechern heimgesucht. Sie suchen im persönlichen Schutzraum des eigenen Zuhauses nach Wertgegenständen. Abgesehen davon, dass sie damit wirtschaftlichen Schaden verursachen, verletzen sie die persönliche Intimsphäre und das Gefühl von Sicherheit an diesem vertrauten Ort. Fremde Menschen, die man persönlich niemals in die Wohnung gebeten hätte und die man nicht kennt, wühlen nun in der Unterwäsche, sie werfen Bilder achtlos herunter, die geliebte und vielleicht sogar schon verstorbene Menschen zeigen. Sie rauben Besitz, der nicht nur einen Geldwert hat, sondern dessen emotionaler Wert unbezahlbar ist.

Ein anderes Beispiel der Opferwerdung entsteht aus dem Wunsch nach einem Partner, nach menschlicher Wärme und dem Gefühl, wichtig für eine andere Person zu sein. Diese Bedürfnisse führen zu Betrugsmaschen, die Menschen über Wochen, manchmal Monate genau diese Gefühle geben, um ihnen dann diese und sehr viel Geld und Vertrauen zu rauben. Dies funktioniert aber auch mit der Angst um die Liebsten, also die Menschen, die man beschützen möchte: Die Liebe zu Angehörigen, für die man Himmel und Hölle in Bewegung setzen möchte, wird auf die Probe gestellt. Der zynische Beweis ist längst nicht nur der finanzielle Schaden.

Zum Opfer insbesondere schwerer sexueller Gewalt zu werden, ist eine Erfahrung, die sich Menschen, die dies nicht erleben mussten, kaum vorstellen können. Wenn Menschen gegen ihren Willen zu sexuellen Handlungen gezwungen werden, bedeutet dies die absolute Verletzung ihrer Intimsphäre. Es bedeutet, den Geruch einer Person riechen zu müssen, die man nicht riechen möchte. Es bedeutet, die Hände, die Zunge und die Geschlechtsteile einer Person am und im eigenen Körper spüren zu müssen, schmecken zu müssen. Es bedeutet völlige Ohnmacht und die Zerstörung ihrer Würde (Üzüm/Dienstbühl 2023, 647). Und in allen Fällen empfinden die Opfer Scham, nicht selten Schuld, denn: Warum passiert es ausgerechnet ihnen?

Der strafprozessuale Begriff des Verletzten macht somit völlig Sinn: Menschen, die durch die Tat anderer Menschen zum Opfer gemacht werden, wurden in ihren Rechten verletzt, ihr Sicherheitsgefühl wurde verletzt, sie wurden verletzt. Und leider ist das Erleben von Verletzungen mit der Tat an sich regelmäßig nicht abgeschlossen: Stattdessen beginnt der Viktimisierungsprozess, mit welchem weitere Verletzungen einhergehen.

Das Opferkarrieremodell und der Prozess der Viktimisierung

Die Konsequenzen für die Betroffenen sind so weitreichend wie vielseitig und können das gesamte weitere Leben beeinflussen. Wenn Menschen beispielsweise Opfer eines Wohnungseinbruchsdiebstahls wurden, kann dies gravierende Auswirkungen auf sie haben: Mit dem Eindringen fremder Personen in den höchstpersönlichen Schutzraum wird das Sicherheitsgefühl der Betroffenen massiv verletzt. Denn ab sofort sind sie nicht einmal zuhause sicher. Dies ist ein Gefühl, das Menschen, die von häuslicher bzw. interfamiliärer Gewalt betroffen sind, sehr gut kennen. Wenn Kinder kein sicheres Zuhause haben, mit Gewalt aufwachsen, hat das massive Auswirkungen auf ihre weitere Entwicklung. Gleiches gilt für Mobbing in der Schule: Junge Menschen lernen, dass sie die Außenseiter sind, die kein Recht darauf haben, gewaltfrei dem Unterricht zu folgen oder nach Hause zu gehen. Und im virtuellen Raum gehen Hass, Häme und Hetze weiter. Menschen, die im virtuellen Raum angegriffen werden, schalten nicht einfach den Computer aus und vergessen es. Sie leiden darunter und spüren deutlich, dass sie nirgends sicher sind. Und dass sie – egal, wo sie sich befinden – verletzbar sind.

Besonders drastisch sind die Folgen schwerer sexueller Gewalt für die Betroffenen: Durch eine vollzogene Vergewaltigung werden sie körperlich verletzt, gedemütigt und psychisch gebrochen. Ein anderer

Mensch kann kaum erahnen, was es bedeutet, gegen seinen Willen die Hände, die Zunge und das Geschlechtsteil eines anderen Menschen am und im eigenen Körper spüren zu müssen oder ungewollt Gegenstände eingeführt zu bekommen. Das Opferkarriere-Modell veranschaulicht den Prozess der Viktimisierung sehr gut:

Die *primäre Viktimisierung* stellt eine physische, psychische und/oder wirtschaftliche Schädigung durch eine Straftat dar. Im Kontext einer Vergewaltigung können neben körperlicher und seelischer Verletzung auch wirtschaftliche Folgen eintreten. Zum Beispiel kann dem Opfer noch die Handtasche entwendet oder ihre Kleidung zerstört werden, zum anderen können Folgekosten verursacht werden, die nicht im vollen Umfang übernommen werden (wie auch die anwaltliche Vertretung der Nebenklage, die bei Opfern nicht automatisch übernommen wird).

Die *sekundäre Viktimisierung* bezieht sich auf Verhaltensweisen in der Umgebung, durch die das Opfer die Tat bzw. die Folgen wieder erlebt. Hier gilt es zu unterscheiden, welche Verhaltensweisen vermeidbar sind und welche nicht. Reaktionen aus dem Umfeld können als Schuldzuweisung („Warum warst du nachts alleine im Park?", „Warum betrinkst du dich auf einer Party?" etc.) beim Opfer Scham- und Schuldgefühle verstärken und zu einer Opfer-Täter-Umkehr führen (Dienstbühl 2022, 88 ff.). Für Betroffene einer Vergewaltigung ist es schlichtweg fatal, wenn ihnen für das Unrecht, das ihnen angetan wurde, noch die Schuld angelastet wird.

Der Begriff *victim blaming* bezeichnet das gesellschaftliche Phänomen, einem Opfer die Mit- oder sogar Hauptschuld an einer an ihm verübten Straftat zu geben. Im Kontext sexualisierter Übergriffe gegen Frauen wird dies häufig durch Anmerkungen zur Bekleidung getan, z. B. durch Sätze wie: „Wer mit so einem kurzen Rock durch die Gegend läuft, muss sich nicht wundern, wenn sie angefasst wird" oder Ähnliches. Das Opfer wird damit zum Täter gemacht (Täter-Opfer-Umkehr): In den 1970er-Jahren hat sich daraus eine regelrechte Verteidigungsstrategie vor Gericht entwickelt (Knott 2016, 66). Die gesellschaftliche Ächtung richtet sich dann gegen die Opfer, denen Verständnis und Anteilnahme vorenthalten werden.

Studien zeigen den Einfluss des Faktors der *sekundären Viktimisierung* auf das Anzeigeverhalten von Menschen, gerade wenn sie eine so massive Tat wie einen gewalttätigen sexuellen Übergriff erleiden mussten: Opfer raten anderen Opfern davon ab, eine Vergewaltigung anzuzeigen, weil sie den Prozess als demütigend empfinden und das Gefühl haben, ihnen wird nicht geglaubt. Auch wenn der dadurch entstehende negative Effekt auf die Anzeigenerstattung nicht eindeutig nachzuweisen ist, wird er gleichwohl angenommen und diskutiert (ebd., 362). Die erfassten Einflussfaktoren für die Anzeigenerstattung nach einem erlebten Sexualdelikt geben keinen Aufschluss darüber, ob die Anzeigenaufnahme den Betroffenen helfen konnte, die Tat zu verarbeiten, oder ob sie als besonders traumatisch wahrgenommen wurde. Sie deuten jedoch auf die Wichtigkeit der Transparenz des Verfahrens für die Betroffenen hin: Wer Anzeige erstattet, muss darin einen Sinn erkennen können. Das impliziert Vertrauen in den Staat. Und dies wird in diesem Moment maßgeblich von der Polizei beeinflusst.

Reaktionen, die sich als Schuldzuweisungen gegen die Opfer interpretieren lassen, wie im oben genannten Beispiel, sind zwingend zu vermeiden. Nicht nur seitens des sozialen Umfeldes des Opfers, sondern vor allem auch seitens der Polizei. Denn es gibt genügend Faktoren, die sekundär viktimisieren und die nicht zu vermeiden sind: So muss die Polizei ein Opfer befragen, und zwar ganz konkret zur erlebten sexuellen Gewalt. Das bedeutet, sie muss z. B. nachfragen: „Wie genau hat er Sie fixiert?", „Mit welcher Hand hat er unter Ihren Rock gefasst?", „Wie hat er Sie bedroht?" etc. Das Opfer muss sehr genaue Angaben über die erlebte Gewalt machen, damit die Polizei den Tathergang nachvollziehen kann. Diese Art der sekundären Viktimisierung, in der das Opfer die Tat noch einmal durchleben muss, kann somit nicht völlig vermieden werden. Auch nicht bei der rechtsmedizinischen Untersuchung, bei der die Verletzungen des Opfers dokumentiert und Spuren gesichert werden müssen. Der Strafprozess, der mitunter erst lange nach einer erlebten Vergewaltigung beginnt, verpflichtet das Opfer regelrecht erneut dazu, sich in die Situation zu begeben. Es ist wichtig, dass alle beteiligten Akteure aus Polizei, Medizin und Justiz in die Lage versetzt werden, mit den Opfern traumatisierender Gewalterfahrungen sensibel umzugehen.

Die *tertiäre Viktimisierung* bezeichnet langfristige Folgeerscheinungen für das Opfer. Der Opferstatus wird in das eigene Weltbild integriert und führt zu einer Selbstwahrnehmung, die von Ohnmacht geprägt ist. Die Betroffenen einer Straftat fühlen sich somit dauerhaft als Opfer, was sich beispielsweise in Vermeidungsstrategien zeigen kann (die Wohnung abends nicht mehr verlassen, sich aus dem öffentlichen Raum zurückziehen etc.) (Blum 2021, 30 ff.).

Unmittelbare Folgen treten akut nach einer erfolgten Tat ein und können zunächst in physiologische und psychologische Folgen unterteilt werden. Die Kenntnisse hierüber sind besonders wichtig für die Einschätzungen im Notfall durch Polizeibeamte, die den ersten Angriff (also die als Erste am Ort sind und die ersten Maßnahmen treffen) durchführen, sowie Ersthelfer und Notärzte.

- Physiologische Folgen sind Schmerzen je nach Art der inneren oder äußeren Verletzungen, deren Schwere jedoch ausschlaggebend für das Schmerzempfinden sein muss. Auch subjektive Faktoren, wie das Erleben des Zufügens der Verletzungen und auch empfundene Bedrohung sind bedeutsam. Angst kann dazu führen, dass der Blutdruck massiv ansteigt oder man Schmerzen des Herzens (ohne physiologischen Auslöser) empfindet. Auch Bewusstseinstrübungen bis hin zur Bewusstlosigkeit sind möglich (Lasogga/Gasch 2014, 25). In Fällen einer erfolgten Vergewaltigung sollte daher immer davon ausgegangen werden, dass eine Notfallsituation nicht nur unmittelbar nach einer Tat noch eintreten kann. In diesem Zusammenhang sind auch die externen Gegebenheiten zu berücksichtigen (z. B. Lärm/Stille, Kälte/Hitze, Licht/Dunkelheit etc.) (ebd., 26 f.).
- Psychologische Belastungen können sich aus den physiologischen Folgen ergeben, und auch die zuvor angesprochenen externen Gegebenheiten können zu Triggern werden, die eine Person noch lange Zeit nach einer Tat retraumatisieren.

Als psychische Störung kann eine Posttraumatische Belastungsstörung (PTBS) eintreten. Dabei handelt es sich um ein lebensgeschichtliches, reaktiv erworbenes Störungsbild (Krammer et al. 2013, 383), das aber auch von nicht direkt betroffenen Personen entwickelt werden kann (z. B. Zeugen, nahen Angehörigen etc.). Eine Diagnose wird nach den Kriterien im *Diagnostic and Statistical Manual of Mental Disorders, Fifth Edition* (DSM-5) gestellt.

Um die Kriterien für die Diagnose zu erfüllen, müssen die Patienten direkt oder indirekt einem traumatischen Ereignis ausgesetzt worden sein und die Symptome von jeder der folgenden Kategorien für eine Zeitdauer von mindestens einem Monat und länger aufweisen. Darüber hinaus muss die Person einen erheblichen Leidensdruck aufgrund des Zustandes empfinden; die soziale oder berufliche Funktionsfähigkeit müsste dadurch erheblich beeinträchtigt sein, und dies darf nicht auf die Auswirkungen eines Substanzkonsums oder eine andere medizinische Erkrankung zurückzuführen sein.

In der viktimologischen Forschung wurden schon einige Versuche unternommen, die empirischen Daten insbesondere erwachsener Opfer von Kriminalität in einer Typologie zu ordnen. Generell sind Typologien nicht unstrittig, da sie immer eine Verallgemeinerung darstellen und auch einer Stereotypisierung Vorschub leisten könnten, die sich in der Praxis negativ auswirkt oder zu falschen Annahmen führt. So entwickelte beispielsweise der Wissenschaftler Benjamin Mendelssohn 1958 eine Opfertypologie, die sich an der Frage der Schuld und damit auch an der Schuld eines Opfers orientierte (Blum 2021, 29). Häufig zeigen Personen Verhaltensweisen, die nicht nur einem Opfertypus entsprechen. Generell sind Typologien nur dann sinnvoll, wenn sie helfen, ein Verhalten zu verstehen und dadurch die eigene Perspektive zu erweitern; sie dürfen jedoch niemals als absolut angenommen werden.

Besondere Vulnerabilität: Kinder als Opfer

Wenn Kinder zu Opfern von Verbrechen werden, so ist dies besonders schwer zu ertragen. In Deutschland erschütterte 2019 der *Skandal von Lügde* das Land nachhaltig. Im Januar 2019 wurde bekannt, dass Dutzende Kinder über ca. zehn Jahre hinweg sexuell missbraucht und die Taten gefilmt und verbreitet worden waren. Das Ausmaß wurde mit mehreren Hundert Straftaten beziffert. Ämter, die davon hätten wissen müssen, sind auch nach konkreten Hinweisen untätig geblieben und versuchten nach Bekanntwerden noch, ihre Untätigkeit zu vertuschen. So konnte der arbeitslose Haupttäter Mario S. beispielsweise andere Kinder dadurch anlocken, dass er 2016 ein Pflegekind zugesprochen bekommen hatte – obwohl der Mann eine regelrechte Baracke auf einem Campingplatz bewohnte und zudem einschlägige Hinweise auf pädophile Neigungen vorlagen (Eberle/Großbongardt 2022). Die Ermittlungsarbeit der zuständigen Polizeibehörde war durchzogen von Fehlern und Versäumnissen, die nichts mit den Standards professioneller Polizeiarbeit zu tun haben. Beim Komplex Lüdge handelt es sich zweifelsfrei um einen der größten Missbrauchsfälle in Deutschland. Die beiden Haupttäter wurden zu 13 und 12 Jahren mit anschließender Sicherheitsverwahrung verurteilt (Landgericht Detmold, 23 KLs 22 Js 1087/18 – 14/19). Während der Täter und die Schuld der Behörden im Fokus der öffentlichen Berichterstattung standen, war die Frage nach den Konsequenzen für die vielen Kinder, die zum Teil über eine lange Zeit zu Opfern gemacht wurden, maximal eine Randnotiz wert. Dabei sind sie so umfangreich wie schwerwiegend.

In einer Langzeitstudie in Großbritannien wurden mehr als 17.000 Menschen 45 Jahre lang in ihrer Entwicklung bis ins mittlere Erwachsenenalter untersucht. Diejenigen, die in ihrer Kindheit sexuellen Missbrauch erfahren hatten, hatten ein 3,4-faches Risiko für psychopathologische Auffälligkeiten wie Depressionen und Angststörungen im Erwachsenenalter (Egle et al. 2016, 1248). In einer weiteren Studie konnten signifikante Zusammenhänge zwischen Kindheitsbelastungen, wie z. B. sexuellem Missbrauch, und dem erhöhten Risiko für körperliche Erkrankungen wie Typ-2-Diabetes, Schlaganfall und einer Krebserkrankung vor dem 70. Lebensjahr festgestellt werden. Das Risiko, an Krebs zu erkranken und/oder vor dem 70. Lebensjahr zu versterben, war doppelt so hoch wie in der Vergleichsgruppe. Zusätzlich unternahmen Erwachsene, die im Kindesalter missbraucht wurden, zwölfmal mehr Suizidversuche (ebd., 1249 f.).

Zusammenfassend konnten Mediziner nachweisen, dass frühkindlicher Disstress, der durch sexuellen Missbrauch oder auch Misshandlungen verursacht werden kann, immunologische Langzeitfolgen hat, neurobiologische Veränderungen und ein lebenslanges gesteigertes Schmerzempfinden aufweist. Durch eine entstehende erhöhte Stressausschüttung und depressives Verhalten, auch Jahre nach den Erlebnissen aus der Kindheit, leiden Betroffene an eingeschränkter sozialer Kompetenz und eingeschränktem Selbstwertempfinden. Diese Faktoren führen über einen längeren Zeitraum zu Erkrankungen und sozialen Problemen, die mitunter einen vorzeitigen Tod bewirken können (ebd., 1251).

In einer deutschen Studie gaben 109 Erwachsene an, dass sie in ihrer Kindheit sexuellen Missbrauch erlebt haben. Davon gaben 34 Betroffene an, im Erwachsenenalter an chronischen Depressionen zu leiden, 26 gaben an, an Angststörungen, und weitere 36, an niedriger Lebenszufriedenheit zu leiden (Witt et al. 2019, 635 ff.). Und dies alles sind nur Auszüge des vollen Ausmaßes.

Konsequenzen

Zum Opfer zu werden, bedeutet, in der Gesellschaft einen schweren Stand zu haben. Opfer sind die Schwachen, die Verlierer. Und nicht selten wird gar das Opfer selbst verantwortlich gemacht. 2017 wurde in Bottrop eine junge Frau in einem Park von einer Gruppe von sechs bis sieben etwa 18-jährigen Männern brutal zusammengeschlagen. Sie joggte nachts mit Kopfhörern und Musik, weil sie nicht schlafen konnte (RP Online 2017). Natürlich war die Empörung groß: Was sind das für Männer, die gemeinschaftlich auf eine Frau losgehen und ihr so etwas antun? Die Antworten fielen deutlich aus und die Kommentatoren ließen ihrer Fantasie, was sie diesen antun wollen würden, im geschützten Raum der virtuellen Anonymität freien Lauf. Und dann war das Opfer dran: Wieso joggt eine junge Frau nachts alleine durch einen Park? Ist die blöd? Auch auf diese Frage folgten Antworten und selbstgefällige Urteile der regelrechten Mittäterschaft durch gröbste Fahrlässigkeit, mit der sie, so betrachtet, selbst zu verantworten hatte, was ihr angetan wurde. Und dass, obwohl Art. 2 Abs. 2 unseres Grundgesetzes für unser aller Recht auf Leben und die körperliche Unversehrtheit bürgt. Auch nachts im Park und zu Silvester auf der Domplatte. Doch wir werten den Menschen ab, der unrechtmäßig zum Opfer gemacht wurde. In dieses Muster der sekundären Viktimisierung gegen Opfer von Kriminalität verfallen wir, um uns einerseits aufzuwerten, und andererseits, um das persönliche Sicherheitsempfinden wiederherzustellen. Denn einem selbst könnte das nicht passieren, weil man vernünftiger und vorsichtiger ist. Und diese Sicht ist nicht auf physische Übergriffe beschränkt: Auch auf das platte „Romance Scamming" oder den „Enkeltrick" fallen doch nur dumme, naive und demente Menschen herein. Man selbst weiß es schließlich besser und fühlt sich deswegen sicher.

Personen, die selbst oder deren Angehörige zu Opfern von schwerer Kriminalität wurden, teilen häufig die Erfahrung, dass sich Menschen in ihrem Umfeld von ihnen abwenden, dass sie soziale Bezüge verlieren (Seidler 2013, 247). Dieses Verhalten kann mehrere Ursachen haben: Eine (vorübergehende) Meidung kann im Glauben begründet sein, das erfahrene Unglück könne abfärben, in der Überzeugung, das Opfer habe selbst (Mit-)Schuld, oder – und sicher ist das ein sehr häufiger Grund – in der Unsicherheit und Angst, wie man nun am besten mit dem Opfer umgehen solle, um es nicht zusätzlich zu verletzen. Egal, welches die Gründe sein mögen, die uns davon abhalten, unsere Anteilnahme den Menschen zukommen zu lassen, die sie gerade benötigen: Die Opfer werden durch die Meidung einmal mehr zum Opfer gemacht. Dies kann gravierende Folgen haben. Unter anderem der Fall des in seiner Kindheit misshandelten Mörders Jürgen Bartsch muss uns bewusst machen, dass Opfer selbst zu Tätern werden können, wenn das erfahrene Leid nicht aufgearbeitet wird und sie mit dem Erlebten alleingelassen werden.

Viktimologie als Lehre vom Opfer und ein aktiver Opferschutz sind damit weder fakultativ noch die Kür: Sie sind die Pflicht von Polizei und Justiz. Nicht zuletzt basiert auf einem guten Opferschutz eine effektive Strafverfolgung (Dienstbühl 2024, 218 ff.). Und gerade hier zeigen sich – wie der vorliegende Band in unterschiedlichen Beiträgen darlegen wird – nach wie vor gravierende Schwachstellen. Doch nicht nur der Staat und seine Institutionen sind an dieser Stelle gefordert. Eine besondere Verantwortung hat die Gesellschaft – und damit wir alle. Jeder Einzelne von uns.

Literatur

Becker, Howard S. (2018): *Outsiders: Studies in the Sociology of Deviance*, New York: Free Press [Ergänzte Ausgabe von 1963].

Blum, M. Carolin (2021): *Opferschutz und Opferhilfe*, Heidelberg: C.F. Müller.

Christie, Nils (2005): *Wieviel Kriminalität braucht die Gesellschaft?*, München: Beck.

Dienstbühl, Dorothee (2022): Das Böse im Ruhrgebiet: Vom gesellschaftlichen Umgang mit Tätern und Opfern, in: Hombach, Bodo/Richter, Frank (Hrsg.): *Auf Streife durchs Revier. Kriminalität im Ruhrgebiet und gesellschaftliche Folgen*, Baden-Baden: Tectum, S. 71–94.

Dienstbühl, Dorothee (2024): *Clankriminalität. Phänomen – Ausmaß – Bekämpfung*, 2. Auflage, Heidelberg: C.F. Müller.

Eberle, Lukas/Großbongardt, Annette (2022): *So haben die Behörden im Missbrauchsskandal von Lügde versagt*, in: Der Spiegel, 11.2.2022, https://www.spiegel.de/panorama/gesellschaft/fall-luegde-so-haben-die-behoerden-im-missbrauchsskandal-versagt-a-5fc99122-f5b8-4d2f-83f2-4c9df6601cfd (Zugriff am 30.5.2024).

Egle, Ulrich T./Franz, Matthias/Joraschky, Peter/Lampe, Astrid/Seiffge-Krenke, Inge/Cierpka, Manfred (2016): Gesundheitliche Langzeitfolgen psychosozialer Belastungen in der Kindheit – ein Update. *Bundesgesundheitsblatt* 8/2016, S. 1247–1254.

Fischer, Thomas (2018): *Über das Strafen. Recht und Sicherheit in der demokratischen Gesellschaft*, München: Droemer Knaur.

Knott, Marcel (2016): *Tatort Sexting. Viktimisierungsrisiken für Jugendliche durch die unbedachte Verbreitung von Bilddateien. Eine empirische Untersuchung über Schüler zwischen 13 und 16 Jahren*, Frankfurt am Main: Verlag für Polizeiwissenschaft.

Krammer, Sandy/Simmen-Janevska, Keti/Maercker, Andreas (2013): Potenziell traumatische Kindheitserlebnisse und ihre psychischen Auswirkungen im Alter, in: Spitzer, Carsten/Grabe, Hans Jörgen (Hrsg.): *Kindesmisshandlung. Psychische und körperliche Folgen im Erwachsenenalter*, Stuttgart: Kohlhammer, S. 381–393.

Lasogga, Frank/Gasch, Bernd (2014): *Notfallpsychologie. Ein Kompendium für Einsatzkräfte.* 3. Auflage, Edewecht: Stumpf + Kossendey.

Pehle, Sigrid (2021): Unterstützungsangebote für Betroffene von Kriminalität, in: Frevel, Bernhard (Hrsg.): *Kriminalität. Ursachen, Formen und Bekämpfung*, Münster: Aschendorff, S. 250–262.

RP Online (2017): *Überfall auf Joggerin in Bottrop. Polizei hat noch immer keine Spur von den Tätern*, in: RP Online, 26.10.2017, https://rp-online.de/nrw/panora ma/nach-ueberfall-auf-joggerin-in-bottrop-fehlt-von-den-taetern-immer-noch-j ede-spur_aid-20843565 (Zugriff am: 8.6.2024).

Seidler, Günter H. (2013): Gewaltfolgen – individuell, in: Gudehus, Christian/Christ, Michaela (Hrsg.): *Gewalt. Ein interdisziplinäres Handbuch*, Stuttgart/Weimar: Metzler, S. 243–249.

Üzüm, Cigdem/Dienstbühl, Dorothee (2023): Der polizeiliche Umgang mit Opfern von sexueller Gewalt. Ein Balanceakt zwischen Strafverfolgung, Spurensicherung und Vermeidung sekundärer Viktimisierung, *Kriminalistik* 11/2023, S. 646–650.

Witt, Andreas/Sachser, Cedric/Plener, Paul L./Brähler, Elmar/Fegert, Jörg M. (2019): Prävalenz und Folgen belastender Kindheitserlebnisse in der deutschen Bevölkerung, *Deutsches Ärzteblatt International* 2019, 116, S. 635–642.

Räumliche Perspektiven auf die Furcht vor Kriminalität

von Sebastian Kurtenbach

1. Einleitung

Die Angst, Opfer einer Straftat zu werden, ist immer wieder Gegenstand gesellschaftlicher Diskussionen. Häufig wird eine erhöhte Kriminalitätsfurcht auf individueller Ebene mit gesellschaftlichen Problemen wie einer wahrgenommenen sozialen Polarisierung oder auch der Sorge vor einer vermeintlich unkontrollierten Zuwanderung in Verbindung gebracht. Es verwundert daher nicht, dass Kriminalitätsfurcht auch immer wieder in Wahlkämpfen thematisiert und insbesondere von Rechtspopulisten und Rechtsextremisten geschürt und ausgenutzt wird.

Die wissenschaftliche Auseinandersetzung mit der Kriminalitätsfurcht hat sich in Deutschland vor allem seit den 1980er-Jahren entwickelt und stellt die Perspektive der (potenziellen) Opfer von Kriminalität in den Mittelpunkt. Sie erklärt also dezidiert nicht Kriminalität und auch nicht hinreichend, warum Menschen Opfer von Kriminalität werden,[1] sondern beschäftigt sich mit der individuellen Befürchtung, Opfer einer Straftat zu werden, die einem selbst oder anderen zugefügt werden könnte. Die Ergebnisse solcher Untersuchungen sind daher für mehrere Akteure von Nutzen, wie z. B. die Polizei, die auf das Sicherheitsbedürfnis

---

1 Siehe dazu den „Kriminalitätsmonitor NRW": https://lka.polizei.nrw/sites/default/fil es/2019-08/LKA-Dokument-KrimMon-Kriminalitaetsfurcht.pdf.

der Bevölkerung reagieren kann, aber auch die Kommunen, die z. T. Konzepte zur Kriminalprävention entwickeln.[2] Hinzu kommen Opferberatungsstellen und zivilgesellschaftliche Organisationen, z. B. im Bereich des Kinderschutzes, die sich mit der Angst, Opfer einer Straftat zu werden, auseinandersetzen.

Zwei Aspekte machen Kriminalitätsfurcht zu einem gesellschaftlichen Problem. Erstens: Wenn dem Staat nicht mehr zugetraut wird, für Sicherheit zu sorgen, wird ihm auch nicht mehr vertraut. Dies führt zu Resignation, Misstrauen gegenüber dem Staat und im schlimmsten Fall zu Selbstjustiz. Diese Folgen sind besonders ausgeprägt, wenn sie sich auf die eigene Nachbarschaft beziehen (Bertram et al. 2024; Häfele 2013; Kurtenbach/Rauf 2019). Zweitens ist Kriminalitätsfurcht auch mit Misstrauen gegenüber Gruppen verbunden, die als anders wahrgenommen werden. So zeigt die SENSKIO-Studie des Max-Planck-Instituts für ausländisches und internationales Strafrecht anhand einer Befragung in Essen und Köln, dass Kriminalitätsfurcht mit der Wahrnehmung von Minderheiten im Stadtbild einhergeht (Oberwittler et al. 2017). Der Befund ist konsistent mit vergleichbaren Arbeiten aus den USA (Sampson/Raudenbush 2004). Fehlt eine echte diskursive Auseinandersetzung mit den Ursachen von Kriminalitätsfurcht bzw. dem dahinterstehenden Misstrauen, kann dies den gesellschaftlichen Zusammenhalt gefährden (Putnam 2000, 2007). Dabei kommt der lokalen Ebene eine besondere Rolle zu, da hier sozialer Zusammenhalt in Form von Nachbarschaft alltäglich erfahrbar wird (Kurtenbach 2024); bricht dieser weg, kann dies deutlich negative gesellschaftliche Folgen haben. Wenn sich also Kriminalitätsfurcht im Lokalen verfestigt, birgt dies Risiken für die gesamte Gesellschaft.

Der vorliegende Beitrag geht daher der Frage nach, wie sich die Kriminalitätsfurcht unter Berücksichtigung räumlicher Merkmale verteilt, und zwar anhand eines Vergleichs von vier Stadtteiltypen am Beispiel der Stadt Dortmund. Dazu wird nach einer kurzen Diskussion

---

2 Siehe exemplarisch den kriminalpräventiven Rat der Stadt Chemnitz: https://www.ch emnitz.de/chemnitz/de/unsere-stadt/ordnung-und-sicherheit/kriminalpraevention/i ndex.html.

des Forschungsstandes zu individuellen und räumlichen Einflussfaktoren im Hinblick auf die Kriminalitätsfurcht eine empirische Untersuchung am Beispiel der Stadt Dortmund vorgestellt. In einem ersten Schritt werden Befragungsergebnisse zu vier verschiedenen Stadtteiltypen vorgestellt und in einem zweiten Schritt die Perspektiven von Menschen diskutiert, die in einem Stadtteiltyp leben, in dem die Menschen häufiger Kriminalitätsfurcht äußern. Dies ist jedoch nicht gleichzusetzen mit der tatsächlichen Kriminalitätsbelastung in den Stadtteilen. Im abschließenden Fazit werden Schlussfolgerungen für die Prävention von Kriminalitätsfurcht gezogen.

2. Einflüsse auf die Furcht vor Kriminalität

2.1 Determinanten der Kriminalitätsfurcht auf personaler Ebene

Zahlreiche Studien, sowohl in Deutschland als auch international, untersuchen individuelle Merkmale der Kriminalitätsfurcht. Konkret geht es um die Befürchtung, in Zukunft selbst Opfer einer Straftat zu werden. Die Verteilung dieses Merkmals weist Muster auf, die untersucht werden und für die Prävention von Kriminalitätsfurcht relevant sind. Für die Prävention ist allerdings zu beachten, dass sich die Kriminalitätsfurcht durchaus von der tatsächlichen Bedrohungssituation unterscheiden kann. Ein Beispiel ist die Furcht, im öffentlichen Raum Opfer von Gewalt zu werden, die bei Älteren und Frauen erhöht ist (Hovestadt/Mühler 2020; Schubert et al. 2016, 50–52), während in der Realität eher junge Männer in gewalttätige Situationen geraten; zumindest deuten Hellfelddaten darauf hin (Bundesministerium des Innern und für Heimat 2024, 44).

Mit dem Geschlecht ist auch ein erstes typisches Varianzmerkmal angesprochen, das zu den *demografischen Faktoren* der Kriminalitätsfurcht gehört. In der deutschlandweiten Repräsentativbefragung „Allgemeine Bevölkerungsumfrage der Sozialwissenschaften" (ALLBUS)[3] (n=5.342) wurde 2021 nach der Angst, Opfer körperlicher Gewalt zu werden, gefragt. Rund 14,7 Prozent der befragten Männer und

---

3 Siehe: https://www.gesis.org/allbus.

rund 20,1 Prozent der befragten Frauen gaben an, besorgt oder sehr besorgt zu sein. Angst vor sexueller Belästigung hatten rund 9 Prozent der Männer und 27,7 Prozent der Frauen. Zu den demografischen Faktoren zählen neben dem Geschlecht auch das Alter, die Herkunft sowie Bildung und Einkommen.

Zweitens beeinflussen *soziale Faktoren* die Kriminalitätsfurcht. Hier spielt vor allem das soziale Netzwerk einer Person eine wichtige Rolle. Wer sozial isoliert ist, äußert häufiger Angst vor Kriminalität (Lee et al. 2021). Der Mechanismus scheint zu sein, dass durch fehlende Kontakte ein grundsätzliches Misstrauen entsteht, das sich auch in Kriminalitätsfurcht niederschlägt. Dies verweist aber auch auf das breite Wirkungspotenzial von Maßnahmen zur Reduktion von Einsamkeit. Umgekehrt kann aber auch nicht einfach davon ausgegangen werden, dass Menschen mit einem größeren Netzwerk keine Kriminalitätsfurcht haben. So können beispielsweise Erlebnisse und Erzählungen von Freunden die Kriminalitätsfurcht erhöhen (Bals 2004, 60).

Drittens spielen *persönliche Faktoren* eine Rolle bei der Entwicklung von Kriminalitätsfurcht. Vor allem Personen, die bereits die Erfahrung gemacht haben, Opfer einer Straftat geworden zu sein, berichten von einer erhöhten Kriminalitätsfurcht (Hummelsheim-Doß 2016, 10). Die dabei erlebte Hilflosigkeit überträgt sich auf die Furcht vor einer Wiederholung. Aber auch bei negativen Erfahrungen mit Strafverfolgungsbehörden, insbesondere der Polizei, wird diese Hilflosigkeit erlebt und drückt sich in Kriminalitätsfurcht aus. Zudem weisen Personen, die eher zu Ängstlichkeit und Pessimismus neigen, auch eine erhöhte Kriminalitätsfurcht auf (Gray et al. 2011).

Neben diesen personenbezogenen Merkmalen gibt es weitere Einflüsse, wie z. B. die Medienberichterstattung (Mühler 2015). Solche Einflüsse sind nicht dem Individuum zuzuordnen, entziehen sich aber auch einer lebensweltlichen Perspektive und sind für die Umsetzung kriminalpräventiver Maßnahmen kaum nutzbar. Wesentlich geeigneter sind hier räumliche Merkmale, die im Folgenden diskutiert werden.

2.2 Ein Plädoyer für einen räumlichen Blick auf die Furcht vor Kriminalität

Auch die alltägliche Umgebung der Menschen beeinflusst ihre Wahrnehmung der Bedrohungslage. Dies zeigt sich in räumlichen Unterschieden in der Kriminalitätsfurcht, die in Bezug auf urbane Räume zwischen den Stadtteilen einer Stadt größer sind als zwischen den Städten. Der räumliche Blick auf die Kriminalitätsfurcht eröffnet größere Spielräume für präventive Maßnahmen zur Reduzierung der Kriminalitätsfurcht als eine rein personenbezogene Perspektive. Denn Maßnahmen auf Quartiersebene erreichen alle dort lebenden Menschen, und der Aufwand für zum Teil sehr aufwendige zielgruppenspezifische Ansprachen wird reduziert (Heinze/Drewig 2021).

Bei den räumlichen Merkmalen können zwei Einflussfaktoren unterschieden werden. Zum einen die *baulichen Merkmale* des Wohnumfeldes. Dazu gehört die Gestaltung des öffentlichen Raums wie die Straßenbeleuchtung oder nicht einsehbare Unterführungen, Straßenecken oder Parks (Feltes/Reiners 2019). Die Folge ist ein Vermeidungs- und Ausweichverhalten: z. B. wird der öffentliche Raum zu bestimmten Tageszeiten nur selektiv genutzt, wobei es auch hier Gruppenunterschiede, etwa nach Geschlecht, gibt. Auch die in der Kriminologie kontrovers diskutierte Broken-Windows-Theorie ist in diesem Diskursstrang zu verorten (Wilson/Kelling 1982). Hier wird davon ausgegangen, dass Anzeichen von Unordnung wie Graffiti, heruntergekommene Gebäude oder wilde Müllkippen individuelle Regelverletzungen, auch in Form von Kriminalität, eher legitimieren. Dafür gibt es durchaus Belege (Kurtenbach 2017), aber welche Kausalmechanismen es gibt und wie weitreichend die Befunde zu bewerten sind und welche Präventionspolitik daraus folgen sollte, ist immer wieder Gegenstand von Diskussionen.

Zum anderen spielen die soziokulturellen Merkmale eines Quartiers eine wichtige Rolle. Hier geht es um die Wahrnehmung verbreiteter Normen und Verhaltensweisen. Denn wenn wahrgenommen wird, dass abweichendes Verhalten in einem Stadtteil eher sanktioniert wird, sinkt auch die Furcht vor Kriminalität. In der Literatur wird dies als kollektive Wirksamkeit (collective efficacy) beschrieben (Sampson et al. 1997;

Starcke 2019). Damit wird eine raumbezogene Eigenschaft erfasst, die im Kern sowohl das Vertrauen in die Nachbarschaft als Kollektiv als auch die individuelle Handlungsbereitschaft zur Durchsetzung der im Kollektiv wahrgenommenen Verhaltenserwartungen meint. Dazu sollte aber zumindest die Wahrnehmung bestehen, dass man sich untereinander kennt, wofür eine hohe Fluktuation eher schädlich ist. Das Konzept wurde weltweit in zahlreichen Studien verwendet und weist zahlreiche Belege auf (Kurtenbach 2024, 46), auch wenn es kulturspezifische Variationen (Messner et al. 2017) sowie Beispiele für geringe Evidenz (Sutherland et al. 2013) gibt. Ein zweites, ebenfalls wichtiges theoretisches Konzept ist der Rechtszynismus (legal cynicism), der ein verbreitetes Misstrauen gegenüber dem Rechtsstaat beschreibt. Wird dieser als kollektive Norm wahrgenommen, steigt die Wahrscheinlichkeit, dass Selbstjustiz legitimiert wird (Sampson/Bartusch 1998). Allerdings gibt es hierzu in Deutschland bislang nur sehr wenige Studien (Bertram et al. 2024), sodass hier weiterer Forschungsbedarf besteht. Das Konzept des Rechtszynismus verweist aber ebenso wie die Erfahrungen auf der individuellen Ebene darauf, dass auch den lokalen Sicherheitsbehörden eine zentrale Rolle sowohl bei der Prävention als auch bei der Produktion von Kriminalitätsfurcht zukommen kann.

Die dargestellten individuellen und räumlichen Merkmale müssen bei der Erklärung von Kriminalitätsfurcht zusammengedacht werden, da sie sich in ihrer Wirkung gegenseitig bedingen und zum Teil auch verstärken. Daher ist es sinnvoll, nicht nur die individuellen Merkmale der Kriminalitätsfurcht zu untersuchen, sondern diese auch sozialräumlich zu kontextualisieren. Dementsprechend werden im weiteren Verlauf der Untersuchung zur Kriminalitätsfurcht in Dortmund verschiedene Aspekte der Kriminalitätsfurcht abgefragt, diese aber sowohl räumlich kontextualisiert als auch auf individuelle Merkmalsvariationen hin untersucht.

3. Fallbeschreibung und Datengrundlage

Die Verteilung der Kriminalitätsfurcht wird am Beispiel der Stadt Dortmund, einer sozial und räumlich fragmentierten Kommune, näher untersucht. Dortmund ist mit 609.546 Einwohnern (Stand 31.12.2022) die drittgrößte Stadt in Nordrhein-Westfalen. Sie weist erhebliche sozialstrukturelle Unterschiede auf, die sich unter anderem in der Spannweite der SGB-II-Quote von 3,6 Prozent bis 39,3 Prozent in den 62 statistischen Bezirken widerspiegeln. Dortmund ist seit Jahrzehnten Ziel von Zuwanderung, heute haben rund 40 Prozent der Bevölkerung einen Migrationshintergrund. Diese Zuwanderung verteilt sich jedoch nicht gleichmäßig über die Stadt. In bestimmten Stadtteilen, vor allem in der Dortmunder Nordstadt, leben mehr Menschen mit Migrationshintergrund, die häufig auch höhere Armutsquoten aufweisen. Dies bedeutet, dass die ersten Erfahrungen von Neuzuwanderern häufig in Stadtteilen gemacht werden, die sowohl durch eine hohe räumliche Konzentration von Menschen mit Migrationshintergrund als auch durch Armut gekennzeichnet sind (Kurtenbach/Gehne 2024). Dies gilt insbesondere für die Dortmunder Nordstadt mit den drei statistischen Bezirken Hafen, Nordmarkt und Borsigplatz. Aber auch die Stadtteile im Umfeld der TU Dortmund weisen hohe Zuwanderungsquoten auf, während die Armutsquote hier unauffällig ist. Bestimmte Stadtteile, wie z. B. Teile der Südstadt, sind sozialstrukturell wohlhabend und weisen eine sehr geringe Fluktuation auf. Bereits diese kurze Beschreibung zeigt, dass die räumlichen Unterschiede hoch sind und kontextuelle Variationen in der Kriminalitätsfurcht zu erwarten sind. Wie stark die räumlichen Unterschiede sind, muss jedoch empirisch überprüft werden.

Die folgende Auswertung basiert auf den Daten einer postalischen Befragung, die das Institut für Gesellschaft und Digitales (GUD) der Fachhochschule Münster im Auftrag der Stadt Dortmund zwischen Januar und Dezember 2021 durchgeführt hat. Die Befragung wurde nicht stadtweit, sondern in Clustern durchgeführt. Es wurden statistische Unterbezirke ausgewählt, die entweder besonders hohe oder besonders niedrige Fluktuationsraten aufwiesen. Für jeden Unterbezirk wurde ein Summenindex aus vier fluktuationsrelevanten Merkmalen gebildet, der einen Fluktuationswert pro Unterbezirk ergab. Auf dieser Basis wurden die Unterbezirke in fünf gleich große Gruppen eingeteilt. Für die weitere Analyse wurden nur die Gruppen mit der höchsten und der niedrigsten

Fluktuation ausgewählt. Im nächsten Schritt wurde für diese beiden Gruppen die Armutsquote ermittelt und es wurden wiederum fünf gleich große Gruppen gebildet. Aus diesen wurden die Unterbezirke mit der höchsten und der niedrigsten Armutsquote ausgewählt, sodass sich vier Standortprofile ergaben. In Tabelle 1 sind die für die Typisierung herangezogenen Merkmale sowie mit der SGB-II-Quote, dem Anteil der Ausländer:innen an der Bevölkerung und dem Anteil der Bevölkerung unter 18 Jahren weitere Merkmale aufgeführt.

Tabelle 1: Sozialstrukturelles Profil der Raumtypen

	Gebiete mit erhöhter Fluktuation und Bezug zur Universität	Gebiete mit erhöhter Fluktuation und Armutsquote	Stabile Gebiete des Dortmunder Südens	Stabile Gebiete entlang der B1	Dortmund Gesamt
Wohndauer ab 10 Jahre an derselben Adresse (%)	36,3	31,9	58,6	54,1	39,43
Wohndauer unter 1 Jahr an derselben Adresse (%)	15,4	14,8	5,7	6,3	8,0
Wanderungsvolumen an der Bevölkerung (%)	30,2	31,4	10,9	12,2	19,1
Internationales Wanderungsvolumen an der Bevölkerung (%)	4,4	6,7	0,5	0,8	2,5
SGB-II-Quote	5,6	33,9	3,5	9,8	29,0
SGB-II-Quote der unter 15-Jährigen	10,1	50,3	4,6	14,7	17,3
Ausländer*innenanteil (%)	16,6	45,1	4,7	4,7	18,7
Bevölkerung unter 18 Jahre (%)	20,8	32,6	23,3	28,7	27,5

In diesen Stadtteiltypen wurde die Befragung in zufällig gezogenen Unterbezirken durchgeführt (Abbildung 1). Insgesamt wurden 9.565 Personen ab 16 Jahren von der Stadt Dortmund angeschrieben, von denen 2.719 antworteten, was einer Rücklaufquote von 28,5 Prozent entspricht. Bei der Stichprobenziehung wurden Gebiete mit hoher Fluktuation und hoher Armutsquote bevorzugt, da hier die geringste Rücklaufquote erwartet wurde, was sich auch bestätigte. Ältere Menschen sind in der Stichprobe leicht überrepräsentiert, Migranten leicht unterrepräsentiert, was bei der Interpretation der Ergebnisse zu berücksichtigen ist. Die Befragung umfasste Themen wie die Wahrnehmung des Stadtteils, das Engagement im Stadtteil, Wegzugs- und Bleibeabsichten, die Ausstattung des eigenen Stadtteils sowie die Angst vor Kriminalität.

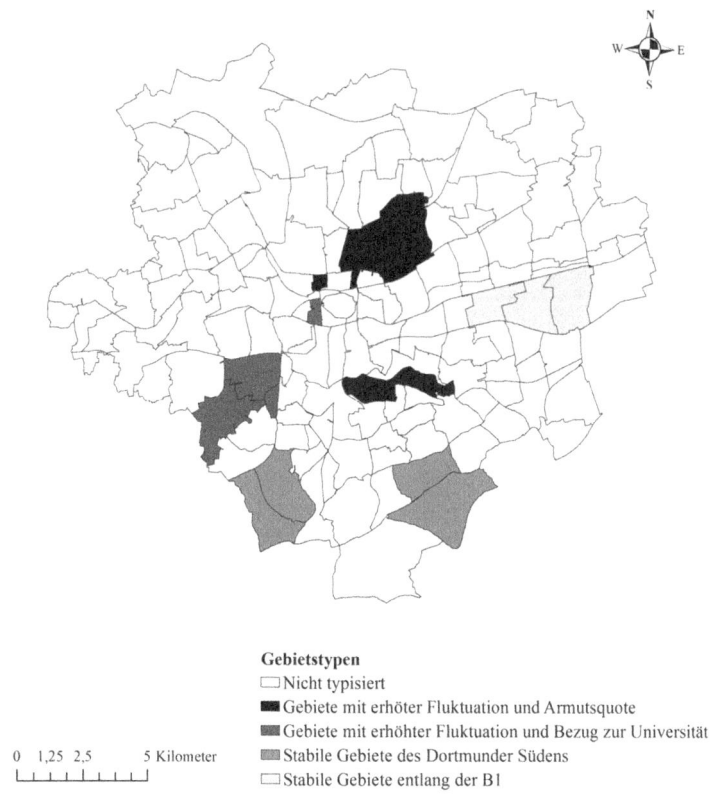

Gebietstypen

☐ Nicht typisiert
■ Gebiete mit erhöter Fluktuation und Armutsquote
▨ Gebiete mit erhöhter Fluktuation und Bezug zur Universität
▨ Stabile Gebiete des Dortmunder Südens
☐ Stabile Gebiete entlang der B1

0   1,25 2,5   5 Kilometer

Abbildung 1: Räumliche Verteilung der untersuchten Stadtteiltypen in Dortmund, eigene Darstellung

4. Kriminalitätsfurcht in unterschiedlichen Raumtypen

Die Kriminalitätsfurcht wurde in Bezug auf den eigenen Stadtteil bzw. die eigene Wohnung abgefragt, was eine konkrete räumliche Kontextualisierung ermöglicht. Insgesamt wurden acht Fragen gestellt, die sowohl die Wahrnehmung von Unordnung im öffentlichen Raum als auch die individuelle Kriminalitätsfurcht abdecken. Jede Frage konnte mit den Antwortmöglichkeiten „stimme klar zu", „stimme zu", „teils/ teils", „stimme nicht zu" oder „stimme überhaupt nicht zu" beantwortet werden. Abbildung 2 zeigt die Verteilung der Zustimmung.

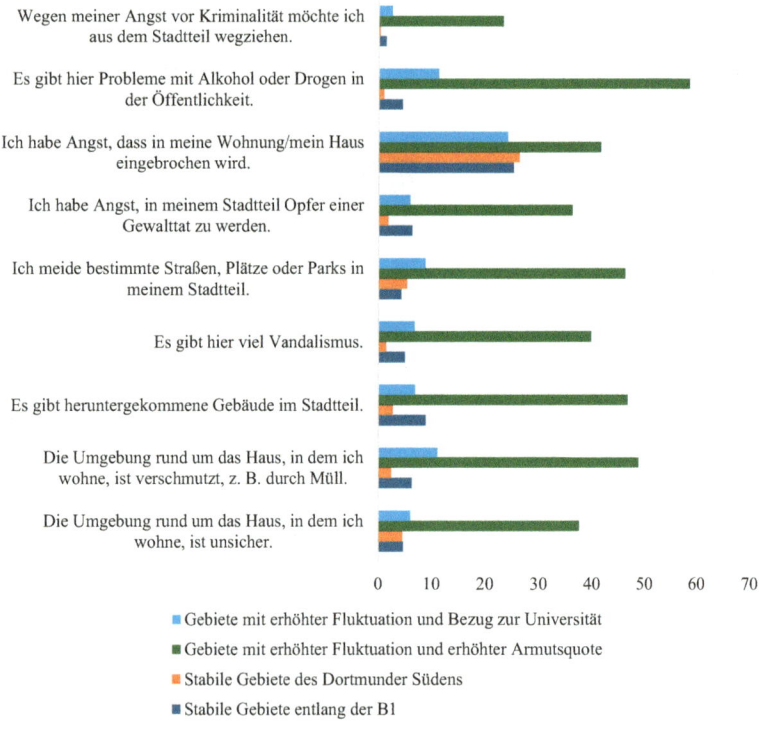

Abbildung 2: Furcht vor Kriminalität in den untersuchten Stadtteiltypen, Zustimmung in %, eigene Darstellung

Zu erkennen ist, dass der Stadtteiltyp „Gebiete mit erhöhter Fluktuation und Armutsquote" deutlich hervorsticht und das in allen der acht Fragen. Die Werte unterscheiden sich so deutlich, dass keine anderen Gründe für die Unterschiede angenommen werden können als das Profil des Ortes selbst und die Erfahrungen, die die Menschen dort im Alltag machen. Dies ist auch deshalb problematisch und ein ernst zu nehmendes gesellschaftliches Problem, weil es sich um den Stadtteiltyp handelt, in dem relativ gesehen die meisten Kinder leben und in dem auch Migranten ihre ersten Erfahrungen mit der deutschen Gesellschaft machen. Dies bedeutet, dass die ersten Erfahrungen häufig in einer als gefährlich empfundenen Umgebung gemacht werden. Dies kann zu Misstrauen gegenüber anderen Menschen und dem Rechtsstaat führen (Bertram et al. 2024) oder sogar dazu, dass abweichendes Verhalten bis hin zu Gewalt als legitim angesehen wird (Kurtenbach et al. 2021).

Grundsätzlich geht mit dem Bedrohungsempfinden einher, dass die Menschen vor Ort einen Umgang mit dem wahrgenommenen Risiko, Opfer einer Straftat zu werden, finden müssen und eine dieser Bewältigungsstrategien ist die Vermeidung. Dies spiegelt sich auch in den Zahlen wider, denn 46,2 Prozent der Befragten geben an, bestimmte Straßen, Plätze oder Parks im Stadtteil systematisch zu meiden. Das bedeutet, dass sich vor Ort ein Wissen entwickelt, das es den Menschen ermöglicht, sich relativ sicher in ihrem Stadtteil zu bewegen, auch wenn dieser als gefährlich empfunden wird.

Aber auch der weitere Vergleich zwischen den Stadtteiltypen ist aufschlussreich. Denn bei den anderen Stadtteiltypen gibt es mit den Gebieten entlang der B1 einen Stadtteil mit ebenfalls erhöhter Armutsquote, aber geringer Fluktuation und mit den Gebieten mit erhöhter Fluktuation und Hochschulbezug einen Stadtteil mit dem gegenteiligen Profil. Auffällig ist hier, dass eher das Merkmal Fluktuation mit einer erhöhten Kriminalitätsfurcht verbunden ist und dies wiederum in allen Dimensionen. Eine Erklärung hierfür sind die weniger ausgeprägten nachbarschaftlichen Beziehungen, da diese häufiger wechseln. Damit einher geht auch ein geringeres Vertrauen in die Nachbarschaft als

Hilfeinstanz, zu der man selbst beitragen könnte (Kurtenbach 2024; Sampson et al. 1997). Dies bedeutet, dass eine Verbesserung des nachbarschaftlichen Miteinanders und damit des sozialen Zusammenhalts vor Ort wahrscheinlich auch mit einer Verringerung der Kriminalitätsfurcht einhergeht.

Bezieht man nun mit dem Geschlecht[4] ein weiteres Individualmerkmal in die Analyse ein und betrachtet wiederum das Meidungsverhalten als Reaktion auf die Kriminalitätsfurcht, so ergibt sich ein aufschlussreiches Bild (Abbildung 3). Zu beachten ist, dass hier die zumindest selektive Zustimmung gezählt wurde, also auch die Kategorie „teils/teils" hinzugezogen wurde, da sich die Meidung auch auf bestimmte Tageszeiten beziehen kann und es sich um ein sehr nuanciertes Wissen handelt (Kurtenbach et al. 2021). Es zeigt sich, dass etwa drei Viertel der befragten Frauen im Stadtteiltyp „Gebiete mit erhöhter Fluktuation und Armutsquote" angeben, bestimmte Straßen, Plätze oder Parks zu meiden. Die Gründe hierfür können vielfältig sein, deuten aber auf ein erhöhtes Unsicherheitsgefühl einerseits und ein geringes Vertrauen in die Umwelt als Kontroll- und Hilfsinstanz andererseits hin.

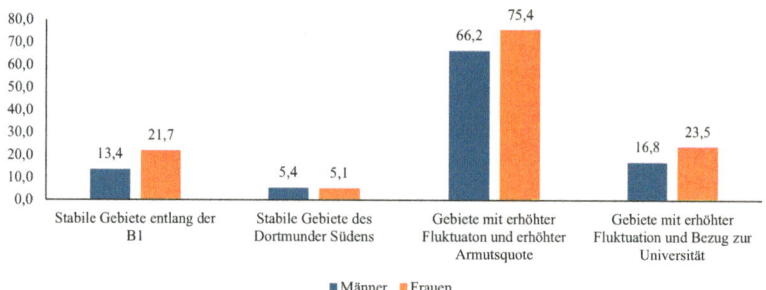

Abbildung 3: Ich meide bestimmte Straßen, Plätze oder Parks in meinem Stadtteil, mindestens selektive Zustimmung, in %, eigene Darstellung

---

4 Ausgewiesen sind hier Männer und Frauen. Aufgrund der geringen Fallzahl derjenigen, die in der Befragung „divers" als Geschlechtsidentität angegeben haben, kann diese Gruppe für die Analyse nicht sinnvoll ausgewiesen werden.

Insgesamt zeigt sich, dass eine räumliche Perspektive auf die Kriminalitätsfurcht aufschlussreich ist und das Potenzial für weiterführende Ergebnisse hat. Dies gilt nicht nur für den Vergleich zwischen Städten, sondern auch für den Vergleich innerhalb von Städten, wo die Unterschiede zum Teil auffällig sind. Hier bietet es sich an, sozialstrukturelle Merkmale wie die Armutsquote oder die Fluktuation mit den Potenzialen des nachbarschaftlichen Zusammenhalts, aber auch mit individuellen Merkmalen wie dem Geschlecht zu verknüpfen. Die Ergebnisse verweisen aber auch auf grundlegende Herausforderungen bei der Bekämpfung von Kriminalitätsfurcht, die häufig mit sozialstrukturellen Merkmalen zusammenhängen.

5. Fazit

Der Beitrag ist der Frage nachgegangen, wie die Furcht vor Kriminalität unter Berücksichtigung räumlicher Merkmale verteilt ist, wofür ein Vergleich von vier Stadtteiltypen in Dortmund vorgenommen wurde. Die Ergebnisse zeigen, dass es deutliche Unterschiede in der Kriminalitätsfurcht zwischen den Stadtteilen einer Stadt gibt. Dies erfordert auch eine Präventionspolitik, die diese Unterschiede in den lokalen Erfahrungskontexten der Menschen berücksichtigt. Die empirischen Ergebnisse zeigen, dass es keine Lösung für alle Gebietstypen geben kann. Vielmehr sind Quartiersanalysen erforderlich, die über die Betrachtung der Sozialstruktur allein hinausgehen.

Unterschiede im Sicherheitsempfinden in den alltäglichen Lebenszusammenhängen der Menschen werden auch in der wissenschaftlichen Literatur diskutiert und es gibt zahlreiche Erklärungsansätze, wie diese Unterschiede zustande kommen. Insbesondere die Diskussionen um den Rechtszynismus oder auch die kollektive Wirksamkeit weisen auf die Notwendigkeit hin, die alltägliche Erfahrungswelt der Menschen mit ihren geteilten Normen in den Blick zu nehmen. Wenn der soziale Zusammenhalt vor Ort als hoch und die rechtsstaatlichen Institutionen nicht als Bedrohung, sondern als Hilfe erlebt werden, sinkt auch die Furcht vor Kriminalität. Neben der Gestaltung des öffentlichen Raumes spielen also auch diese „weichen" Faktoren eine wichtige Rolle, um Kriminalitätsfurcht zu verhindern oder zu reduzieren.

Daraus folgt, dass weitreichende positive Effekte zu erwarten sind, wenn der soziale Zusammenhalt vor Ort, wie z. B. das nachbarschaftliche Zusammenleben, gefördert wird. Dazu kann auf lange Traditionen, aber auch auf neue Erfahrungen der sozialraumorientierten Sozialen Arbeit oder auch des Quartiersmanagements zurückgegriffen werden. Sie schaffen Anlässe für Begegnungen und haben das Potenzial, das nachbarschaftliche Zusammenleben zu fördern. Auch die positive Wahrnehmung von Rechtsstaatlichkeit kann durch Kontaktbeamte vor Ort und ein funktionierendes Beschwerdemanagement gestärkt werden. Die systematische Berücksichtigung solcher Faktoren kann in die Weiterentwicklung bereits entwickelter kommunaler Handlungskonzepte zur Kriminalprävention einfließen. Die zu erwartende Wirkung der Bekämpfung von Kriminalitätsfurcht geht dabei über diesen Bereich hinaus und fördert zugleich den Zusammenhalt in einer zunehmend fragmentierten Gesellschaft.

Literatur

Bals, Nadine (2004): Kriminalität als Stress: Bedingungen der Entstehung von Kriminalitätsfurcht, *Soziale Probleme* 15(1), S. 54–76.

Bertram, Fee-Elisabeth/Häfele, Joachim/Küchler, Armin/Kurtenbach, Sebastian (2024): Rechtszynismus: Eine Untersuchung individueller und kontextueller Einflussfaktoren, *Monatsschrift für Kriminologie und Strafrechtsreform, online first*.

Bundesministerium des Innern und für Heimat (2024): *Polizeiliche Kriminalstatistik 2023 Ausgewählte Zahlen im Überblick*, Berlin: Bundesministerium des Innern und für Heimat.

Feltes, Thomas/Reiners, Paul (2019): Sicherheit und Sicherheitsgefühl in Bochum. *Monatsschrift für Kriminologie und Strafrechtsreform* 102(2), S. 89–103.

Gray, Emily/Jackson, Jonathan/Farrall, Stephen (2011): Feelings and Functions in the Fear of Crime: Applying a New Approach to Victimisation Insecurity, *British Journal of Criminology* 51(1), S. 75–94.

Häfele, Joachim (2013): *Die Stadt, das Fremde und die Furcht vor Kriminalität*, Wiesbaden: Springer VS.

Heinze, Rolf G./Drewing, Emily (2021): Das Quartier: Soziologische Annäherungen an einen schillernden Begriff, in: Reicher, Christa/Schmidt, Anke (Hrsg.):

Handbuch Energieeffizienz im Quartier. Clever versorgen, umbauen, aktivieren, Wiesbaden: Springer Vieweg, S. 31–55.

Hovestadt, Till/Mühler, Kurt (2020): Frauen – das ängstliche Geschlecht?, in: Krumpal, Ivar/Berger, Roger (Hrsg.): *Devianz und Subkulturen. Theorien, Methoden und empirische Befunde*, Wiesbaden: Springer VS, S. 279–316.

Hummelsheim-Doß, Dina (2016): Kriminalitätsfurcht in Deutschland: Fast jeder Fünfte fürchtet, Opfer einer Straftat zu werden, *Informationsdienst Soziale Indikatoren* 55, S. 6–11.

Kurtenbach, Sebastian (2017): Perceptions of social disorder in public spaces in a disadvantaged neighborhood: The example of Cologne-Chorweiler, *Journal of Community Psychology* 45(7), S. 940–956.

Kurtenbach, Sebastian (2024): *Soziologie der Nachbarschaft. Befunde zu einer komplexen Selbstverständlichkeit*. Frankfurt a. M.: Campus.

Kurtenbach, Sebastian/Gehne, David H. (2024): Transnationalisierung als Herausforderung Sozialer Arbeit in Ankunftsgebieten, in: Gesemann, Frank/Filsinger, Dieter/Münch, Sybille (Hrsg.): *Handbuch Lokale Integrationspolitik*, Wiesbaden: Springer VS [online first].

Kurtenbach, Sebastian/Rauf, Abdul (2019): The impact of segregated diversity on the code of the street: An analysis of violence-related norms in selected post-industrial neighborhoods in Germany. *International Journal of Conflict and Violence* 13, S. 1–12.

Kurtenbach, Sebastian/Zdun, Steffen/Howell, Simon/Zaman, Muhammad/Rauf, Abdul (2021): Global Street Code. A Cross-cultural Perspective on Youth Violence, *Deviant Behavior* 42(2), S. 171–192.

Lee, June May-Ling/Ang, Shannon/Chan, Angelique (2021): Fear of crime is associated with loneliness among older adults in Singapore: Gender and ethnic differences. *Health and Social Care in the Community* 29(5), S. 1339–1348.

Messner, Steven F./Zhang, Lening/Zhang, Sheldon X./Gruner, Colin P. (2017): Neighborhood Crime Control in a Changing China: Tiao-Jie, Bang-Jiao, and Neighborhood Watches, *Journal of Research in Crime and Delinquency* 54(4), S. 544–577.

Mühler, Kurt (2015): *Der Einfluss von Medienrezeption auf personale und soziale Kriminalitätsfurcht*, Leipzig: Institut für Soziologie der Universität Leipzig.

Oberwittler, Dietrich/Janssen, Heleen/Gerstner, Dominik (2017): Unordnung und Unsicherheit in großstädtischen Wohngebieten – Die überschätzte Rolle von „Broken Windows" und die Herausforderungen ethnischer Diversität. *Soziale Probleme* 28(2), S. 181–205.

Putnam, Robert D. (2000): *Bowling alone. The Collapse and Revival of American Community*. New York: Simon and Schuster.

Putnam, Robert D. (2007): E Pluribus Unum: Diversity and Community in the Twenty-first Century The 2006 Johan Skytte Prize Lecture, *Scandinavian Political Studies* 30(2), S. 137–174.

Sampson, Robert J./Bartusch, Dawn Jeglum (1998): Legal Cynicism and (Subcultural?) Tolerance of Deviance: The Neighborhood Context of Racial Differences, *Law & Society Review* 32(4), S. 777–804.

Sampson, Robert J./Raudenbush, Stephen W. (2004): Seeing Disorder: Neighborhood Stigma and the Social Construction of „Broken Windows", *Social Psychology Quarterly* 67(4), S. 319–342.

Sampson, Robert J./Raudenbush, Stephen W./Earls, Felton (1997): Neighborhoods and Violent Crime: A Multilevel Study of Collective Efficacy, *Science* 277(5328), S. 918–924.

Schubert Herbert/Oberwittler, Dietrich/Schartau, Lara/Planer, Nina/Nutz, Anna/Spieckermann, Holger/Gerstner, Dominik/Janssen, Heleen (2016): *Sicherheitsempfinden älterer Menschen im Wohnquartier. Ein Praxishandbuch für die Soziale Arbeit*, Köln: Verlag Sozial-Raum-Management.

Starcke, Jan (2019): *Nachbarschaft und Kriminalitätsfurcht. Eine empirische Untersuchung zum Collective-Efficacy-Ansatz im Städtevergleich*, Wiesbaden: Springer VS.

Sutherland, Alex/Brunton-Smith, Ian/Jackson, Jonathan (2013): Collective efficacy, Deprivation and Violence in London, *British Journal of Criminology* 53(6), S. 1050–1074.

Wilson, James Q./Kelling, George L. (1982): Broken Windows. The Police and Neighborhood Safety, *The Atlantic Monthly* 3, S. 29–39.

Gequält, begafft, vergessen

von Sabine Rückert

Nachdruck: Sabine Rückert (2006): Gequält, begafft, vergessen,
DIE ZEIT 47 (17.11.2006), S. 17–20.

Wer einem Verbrechen zum Opfer fällt, wird mit eiserner Faust aus
dem Alltag gerissen. Das Unfassbare bricht ein in die Normalität des
Einzelnen. Die Menschen um ihn herum gehen nach einer Schreckse-
kunde weiter ihren Geschäften nach, das Verbrechensopfer bleibt –
wenn es überlebt hat – beschädigt zurück. Meist trifft es ganz unerwartet einen Arglosen. Einen wie Bernhard Weiner.

Weiner war Kriminalbeamter, bis zum 16. Januar 1992. Dass er an
diesem Tag mit dem Leben davonkam, feiert er seither wie einen zusätzlichen Geburtstag. Es war ein kalter Winterabend, als Weiner mit
einem Kollegen einen kleinen Betrüger verhaften sollte. Der vorbestraf-
te Mann hatte haufenweise Toaster bestellt, aber nicht bezahlt, keine
große Sache also. Er öffnete in Unterhosen, in der Wohnung seine
junge Frau mit dem krähenden Baby. Er schimpfte ein bisschen, setzte
sich aber anstandslos in den Fond des Polizeiwagens. Weiner ersparte
ihm die Handschellen. Ein harmloser Ganove – was ist von dem schon
Böses zu erwarten? So dachte Weiner – als ihm eine kalte Pistole an
den Kopf gehalten wurde. »Für euch ist die Fahrt zu Ende«, sprach es
von hinten.

Was denkt man in so einem Moment? »Oh weh, das gibt dienstli-
chen Ärger«, sei ihm durch den Kopf gegangen, erinnert sich Weiner.

Dann sei er blitzschnell durch die Vordersitze zur Rückbank gehechtet. In dem Moment eröffnete der Mann das Feuer.

Warum? Weiner begreift es bis heute nicht. Der Mann hätte höchstens ein paar Tage abzusitzen gehabt – und wurde später wegen versuchten Totschlags an Weiner zu sechseinhalb Jahren verurteilt. »Ich hege gegen ihn keinen Groll«, sagt Weiner und schaut so herzlich, dass man ihm glauben muss. »Es war Berufsrisiko, ich hätte halt besser aufpassen müssen.« Aber er habe sich nicht vorstellen können, dass einer »wegen nichts zum Mörder wird«.

Das Leben verdankt Weiner seiner Brieftasche, in der das Projektil auf dem Weg in sein Herz stecken blieb. Ein weiteres durchschlug ihm den Rücken. Weiner konnte nicht mehr laufen, brachte Monate in Rehakliniken zu und hat bis heute Wirbelblockaden, die ihn manchmal daran hindern, sich vom Stuhl zu erheben. Zwei Jahre war er krank, und wie viele Verbrechensopfer erfuhr auch Weiner, wie es ist, von der Gesellschaft fallen gelassen zu werden, wenn die große Mitleidswelle abgeebbt ist.

Bei der Polizei konnte man den Dienstunfähigen nicht mehr brauchen, und die Kollegen vergaßen ihn peu à peu. »Ich war lästig geworden, ein 36-jähriger Rentner.« Um der Depression zu entkommen, studierte er Jura und bemerkte, dass die Opfer in der juristischen Ausbildung so gut wie keine Rolle spielen. Weiner wurde ihr Beistand.

Heute hat er eine Anwaltskanzlei in Meppen, vertritt vor Gericht jedoch keine Angeklagten, sondern als Vertreter der Nebenklage nur Geschädigte. Seit 2004 ist er Vorsitzender des Weißen Rings Niedersachsen – des mit bundesweit 60 000 Mitgliedern größten Opferhilfevereins, der Überfallene und Hinterbliebene berät und betreut.

Früher musste das Verbrechensopfer ganz allein mit der Tat fertig werden

Vor Gericht ist es nun seine Aufgabe, den Mandanten klarzumachen, dass sie vom Strafprozess nicht zu viel erwarten dürfen. »Sie sind hier nicht der Mittelpunkt«, erklärt er den Nebenklägern, sämtlich Opfer von Gewalt- oder Sexualverbrechen. »Der Staat ahndet nicht Ihre persönliche Verletzung, sondern die Verletzung der Gesetze.«

Tatsächlich geht es in einem Strafprozess nicht um die private Auseinandersetzung zwischen Täter und Opfer. Der Angreifer hat mit seiner Tat nicht nur dem Angegriffenen Schaden zugefügt, sondern auch dem Normengefüge, das eine Gesellschaft zusammenhält. Das Opfer ist hier vor allem Zeuge des Rechtsbruchs. Nicht bestohlen, nicht verprügelt, vergewaltigt oder getötet zu werden ist das Interesse aller Bürger. Das Opfer darf auch nicht zurückschlagen. Es wird durch das Strafrecht daran gehindert, Rache zu nehmen und Gleiches mit Gleichem zu vergelten. Der Staat mit seinem Gewaltmonopol lege gerade das Opfer »an die Kette der äußerlichen Friedfertigkeit«, so sagt es der Bundesverfassungsrichter Winfried Hassemer. Um ein zivilisiertes Miteinander zu garantieren, verbietet der Staat, dass Täter und Opfer den Konflikt untereinander regeln.

Die meisten Opfer akzeptieren diese Enteignung. Weiner hat nur wenige Mandanten, die Rachegedanken hegen (und kriminologische Opferbefragungen bestätigen diese Erfahrung). Selbst die Höhe der Strafe, stellte Weiner fest, erscheine Nebenklägern oft zweitrangig. Es sind vor allem die indirekt Betroffenen – Angehörige und Hinterbliebene –, die nach Weiners Beobachtung unter dem Hass auf den Täter leiden oder von Vernichtungswünschen getrieben werden. »Die Verletzten selbst«, sagt Weiner, »wollen nicht mehr, als dass ein Gericht feststellt: Dir ist Unrecht geschehen.« Sie wollten ihre angetastete Menschenwürde wieder hergestellt wissen.

Diesem Bedürfnis komme auch die finanzielle Entschädigung von Opfern entgegen. Den wenigsten gehe es ums Geld. Sie strebten vielmehr nach dem Gefühl, der Staat, der sie vor dem Angriff nicht zu schützen vermochte, nehme sich jetzt ihrer an. Und das tut er.

Die Zeit, in der es hieß, keiner kümmere sich um die Opfer, ist vorbei. Weiner kann eine lange Reihe von Gesetzesänderungen referieren, die die Position von Verbrechensopfern im Verwaltungs- und Strafrecht in den vergangenen Jahren erheblich verbessert haben. Viele davon hat der Weiße Ring als einflussreichste Opferlobby Deutschlands erstritten.

Mussten die Verletzten früher mit den Folgen einer Gewalttat selber fertig werden, so stehen ihnen heute bezahlte Therapien und finanzielle Wiedergutmachung zu. Sah das Gericht im Opfer früher vor allem ein Beweismittel, bei dem die zur Überführung eines Angeklagten dienlichen Informationen abzuschöpfen waren, so sitzt es heute bei Gewalt- und Sexualverbrechen als Nebenkläger mit im Prozess und – bei weniger bemittelten Geschädigten – gleich daneben ein aus der öffentlichen Kasse bezahlter Rechtsanwalt, der Einfluss auf das Verfahren nimmt und oft versucht, eine harte Strafe für den Täter zu erreichen.

Heute sind Opfer die Märtyrer einer säkularisierten Gesellschaft

Als der Weiße Ring im Oktober 2006 seinen 30. Geburtstag feiert, findet sich der Opferanwalt Bernhard Weiner plötzlich inmitten der politischen Prominenz der Republik wieder. Der Festakt findet in der lichten Halle des Paul-Löbe-Hauses statt, das zum deutschen Bundestag gehört. Die Festrede hält Bundeskanzlerin Angela Merkel, ebenfalls Mitglied im Verein. Diskret beschirmt von ihren Bodyguards, ruft sie in das Publikum und in die Kameras: »Jeder von uns kann Opfer von Gewalt werden.«

Seinen 25. Geburtstag beging der Weiße Ring 2001 noch im kleinen Rahmen in der Berliner Landesvertretung Baden-Württembergs. Jahrzehntelang kümmerte sich sein Heer ehrenamtlicher Helfer in aller Stille um Beraubte, Vergewaltigte und Misshandelte. Tröstete sie und begleitete sie auf die Ämter und in die Prozesse. Und plötzlich sehen sie sich in den Nachrichten, plötzlich drängen sich die Pressevertreter, und aus endlosen Stuhlreihen applaudiert man ihnen zu.

Auf dieser glanzvollen 30-Jahr-Feier geht es um mehr als die nun erkämpften Aufwertungen der Verbrechensopfer. Wer die Reden hört, der begreift: Eine neue Ära ist angebrochen. Die Geschundenen und Vergewaltigten treten aus dem Hintergrund ins Scheinwerferlicht. Nun gilt ihnen die Anteilnahme der Bevölkerung. Opfergeschichten füllen die Seiten der Zeitungen, und die Leser stürzen sich darauf. Das Image des Verbrechensopfers hat sich förmlich umgekehrt: Aus der Elendsgestalt, die unbeachtet am Rande des Strafverfahrens saß, ist ein Märtyrer geworden. Der Märtyrer einer säkularisierten Gesellschaft. Dass der Opferstatus heute nicht mehr nur als schrecklich, sondern auch als außerordentlich und erhaben empfunden wird, zeigte sich in diesem Sommer an der 18-jährigen Wienerin Natascha Kampusch, die zur Ikone der Massen wurde.

Acht Jahre war sie von ihrem Entführer im unterirdischen Verlies gefangen gehalten worden. Seit ihrer Flucht im August ist sie eine Heldin. Wo sie geht und steht, starrt man sie an oder fotografiert sie. Sender aus aller Herren Länder überbieten einander bei ihren Bitten um die Exklusiv-Story. Und nicht nur das Opfer selbst rückt ins Bild – auch der Opfervater, der Opferpsychiater, der Opferberater. Von Kampusch-Stiftungen ist die Rede, von Kampusch-Biografien, von Verfilmungen des Kampusch-Schicksals.

Auch Silvia, die nicht Silvia heißt, aber in den Medien so genannt wurde, kennt das Gefühl, nach durchlittener Todesangst wie eine fast überirdische Figur verehrt zu werden. Auch ihre Biografie sollte veröffentlicht werden, von einer Stiftung mit ihrem Namen war die Rede. Vor wenigen Jahren stand sie im Mittelpunkt eines Orkans der Anteilnahme. Journalisten kamen durch Türen und Fenster.

Alle bettelten um ein Interview, das Telefon gab keine Ruhe. Der Bundestagsabgeordnete, in dessen Wahlkreis sie lebt, kam plötzlich zu Besuch und sprach ihr sein Mitgefühl aus. Silvia trat in Shows auf, eine junge Frau, zum Opfer einer fürchterlichen Vergewaltigung geworden – ernst, konzentriert, von engelhafter Ausstrahlung.

Silvia kann froh sein, den Angriff ihres Vergewaltigers überlebt zu haben, die meisten derartigen Attacken enden tödlich. Es war ein freundlicher Sommertag, sie war gerade dabei, mitten in einem belebten Städtchen ins Auto zu steigen, als ein Bewaffneter hereindrängte. »Hab ich die Waschmaschine vorhin angestellt?«, war Silvias erster Gedanke, als sie die Waffe im Mund spürte. Und dann: »Hoffentlich komme ich hier raus.«

Sie kam raus, nach zwei Stunden Ekel und Todesangst. Der Unbekannte hatte sie gezwungen, zu einer einsamen Stelle zu fahren, wo er sie mehrfach vergewaltigte. Als die Polizei den Mann anderntags festnahm, stellte sich heraus, dass er als Sexualstraftäter Jahrzehnte in der Psychiatrie eingesperrt gewesen war. Das Hamburger Magazin *stern* hatte sich für ihn stark gemacht und einen berühmten Psychiater um die Begutachtung des Mannes gebeten. Der Sachverständige hatte prognostiziert, dass von ihm schwerwiegende Straftaten nicht zu erwarten seien. So war der Patient erst wenige Wochen vor der Tat in die Freiheit entlassen worden. Als das publik wurde, war Silvia, die in einem Geschäft an der Kasse saß, ein Star.

Scheint die Sonne, fragt Silvia sich, ob ihr Entführer jetzt Hofgang hat

Ihr Vater hatte Hilfe bei der Presse gesucht. Vielleicht weil er den Anblick seiner zusammengebrochenen Tochter nicht länger ertrug: Völlig zerstört habe Silvia nach der Tat auf dem Sofa gelegen und geschrien, sagt der Vater. Sie habe an allen Gliedern gezuckt wie bei einem epileptischen Anfall. Unter keiner Notrufnummer für Opferbetreuung, die er an jenem Freitagabend in aller Hektik anwählte, sei jemand zu erreichen gewesen. »Leider ist mein Kind nicht zu Ihren Geschäftszeiten vergewaltigt worden«, brüllte Silvias Vater auf die Anrufbeantworter. Dann rief er in seiner Not beim *Hamburger Abendblatt* an. Dort hob jemand ab.

Heute bereut Silvias Vater, sich mit den Medien eingelassen zu haben. Die Lawine, die losbrach, sei nicht zu verkraften gewesen, sagt er. Auch er selbst, ein einfacher Arbeiter, habe sich unerwartet im Rampenlicht befunden. »Plötzlich hörte das ganze Land zu, was ich zu sagen hatte«, dabei habe er gar nicht viel zu sagen gehabt. Bis heute wirft er sich vor, die kindliche Silvia »diesem Wahnsinn« ausgesetzt zu haben.

Seine Tochter sieht es anders: Sie war für ein paar Wochen so bekannt wie Lady Di, und in die Erinnerung an die Todesangst mischt sich die an die intensive Zuwendung der Massen: Sie tat gut – wenn auch durch ein grauenhaftes Erlebnis. Und sie selbst war der Liebling für Millionen – wenn auch nur für einen Augenblick. »Acting out« nennen Psychologen solche Ablenkungsmanöver, mit denen Opfer ihr Trauma nach außen verlagern und so für eine Weile vergessen können.

Allerdings birgt der Presserummel die Gefahr, dass das Trauma zum Erfolgserlebnis und damit für das Opfer identitätsstiftend wird. In diesem Fall findet der traumatisierte Mensch aus der Opferrolle nicht mehr heraus. Auch dann nicht, wenn die Kameralampen erloschen sind und die Einsamkeit und die Erinnerungen sich breit machen.

Trauma, das ist die tiefe Verzweiflung, die eine Bedrohung von katastrophalem Ausmaß – eine Entführung, eine Vergewaltigung oder der Verlust eines Kindes – in der menschlichen Seele auslöst. Etwa jeder dritte Traumatisierte leidet an seelischen Störungen, Verzweiflungszuständen, Schlaflosigkeit, Angst. Die Hälfte der Leidenden entwickelt eine chronische Gemütskrankheit, manche werden herzkrank, manche bringen sich um.

Wie schwer der Mensch getroffen wird, hängt von der Dimension und der Dauer des Schreckens ab, vom Verletzungsgrad oder vom Ausmaß der Perversion, dem das Opfer ausgesetzt war. Frauen erkranken sehr viel häufiger als Männer, Kinder häufiger als Erwachsene, Einzelgänger häufiger als Familienmenschen.

Harald Freyberger, der sich als Chef der Psychiatrie an der Uniklinik Greifswald vor allem mit Traumatisierten beschäftigt, glaubt, dass es Vergewaltigungsopfer besonders hart trifft. Sie werden bei der Tat von Angst und Abscheu oft derart überflutet, dass sie dissoziieren: Ihr Körper schaltet sich ab, wird gefühllos und taub. Noch Jahre später kehre die in die Seele eingebrannte Angst spontan und anlasslos zurück, sagt der Professor, etwa die Hälfte der Vergewaltigten werde psychisch krank. Wer offen über seine Erlebnisse spricht, hat eine bessere Prognose, das Trauma loszuwerden. Das Leid in sich hineinzufressen, schadet.

Bleibt die Frage, wem das Opfer seine Not anvertrauen sollte, um zu genesen. Sicher der Familie und dem Therapeuten. Manchem hilft es auch, die Tat vor Gericht zu schildern. Was die neue Rolle der Medien als Adresse für den Bekenntnisdrang von Opfern angeht, hegt Freyberger Zweifel am therapeutischen Wert solcher Kontakte. »Die mediale Hinwendung zum Opfer ist nicht ehrlich«, sagt der Traumatologe. Das Massenpublikum interessiere sich bloß aus der Ferne für die Verletzten. »Wird aber jemand in der U-Bahn angegriffen, dann tut er sich schwer, einen zu finden, der ihm hilft.«

Die Attraktivität von Opfern begründet sich vor allem in der großartigen Story, über die sie verfügen, so sieht es der Psychiatrieprofessor: Um sich ihren Thriller entlocken zu lassen, würden sie von der Presse mit finanziellen und ideellen Gratifikationen überschüttet. Auch mit Berichten über vergewaltigte und missbrauchte Mädchen lässt sich Kasse machen. Ist die Geschichte schließlich auserzählt, erstirbt die Anteilnahme. Erst dann erkennen viele der Opfer, dass Medienbeziehungen Wegwerfbeziehungen sind.

Auch Silvias Berühmtheit endete jäh mit der Verurteilung des Täters. Plötzlich drängte alles zu den Sahara-Geiseln, die ihren Entführern in der afrikanischen Wüste entronnen waren. Im Fernsehen tauchten andere Menschen auf mit noch schrecklicheren oder spannenderen Geschichten. Silvia wurde vergessen. Ihre Story kannte man ja nun. »Es war, als habe man den Stöpsel aus der Badewanne gezogen«, sagt Silvias Anwalt, das Interesse an seiner Mandantin sei abgelaufen wie gebrauchtes Seifenwasser.

Was blieb, war die Angst. Auf einer Autofahrt kam die erste Panikattacke. Herzrasen und Erbrechen zwangen Silvia zum Aussteigen. In der Akutstation der nächsten Psychiatrie konnte man ihr nicht helfen. Erst fast ein Jahr nach der Tat, bei einer mehrwöchigen Therapie für Verbrechensopfer, brach alles aus ihr heraus, sie weinte endlich.

Dann kamen die Verluste: In dem Geschäft, in dem sie arbeitete, erlitt sie einen Nervenzusammenbruch, weil ein Kunde ihrem Vergewaltiger ähnlich sah. »Reiß dich zusammen«, sagten die Kollegen. Silvia weigerte sich, das Geschäft noch einmal zu betreten. Alle Freunde kehrten ihr, die nun nicht mehr lustig und unbeschwert sein konnte, den Rücken. Auch ihr fester Freund hielt nicht durch und ging.

Silvia vereinsamte, kam herunter, kroch oft den ganzen Tag nicht aus dem Bett, lebte von Hartz IV und ihrer staatlichen Opferrente. Psychiater bescheinigten ihr eine »posttraumatische Belastungsstörung«, wie sie Menschen heimsucht, die Schreckliches erlebt haben. Ihr Vater, mit dem sie bis heute zusammenlebt, sagt, er habe damals gefürchtet, seine Tochter gehe zugrunde.

Wer Silvia heute – über vier Jahre nach der Tat – besucht, trifft auf eine hübsche, junge Frau, die sich von den Folgen der Vergewaltigung immer noch nicht erholt hat. Die Rente hat man ihr nun, da es ihr besser geht, gestrichen, sie macht eine Umschulung zur Erzieherin. Silvia traut sich wieder, alleine Auto zu fahren, und hat auch wieder eine Freundin gefunden. Andererseits hängt sie, die doch erwachsen ist, an ihrem Vater wie ein kleines Kind. Der arbeitet Tag und Nacht und am Wochenende, um den Schuldenberg abzutragen, der sich in jener schweren Zeit angehäuft hat. Jeden Abend muss er um 23 Uhr zu Hause sein, sonst bekommt Silvia Angst. Seit dem Überfall hat sie noch keine Nacht allein in der Wohnung verbracht.

Ihr Vater ist geschieden und würde gern wieder heiraten, aber jede neue Beziehung scheitert daran, dass er nur in Begleitung seiner 25-jährigen Tochter zu haben ist. Will er verreisen, braucht er für sie einen »Babysitter«. Silvia hat noch einen langen Kampf vor sich. Gegen ihren Willen muss sie jedes Jahr an ihren Vergewaltiger denken: an dessen Geburtstag. Scheint die Sonne, fragt sie sich unwillkürlich, ob er jetzt vielleicht Hofgang hat.

Derzeit, im Herbst 2006, steht wieder ein Vergewaltigungsopfer im Mittelpunkt des Interesses: Stephanie R. aus Dresden. Die 13-Jährige war Anfang dieses Jahres 36 Tage lang von dem Sexualstraftäter Mario Mederake (sein Anwalt billigt die Veröffentlichung seines vollen Namens) in dessen Wohnung gefangen gehalten worden. Durch Hilferufe, die sie auf kleine Zettel schrieb und aus der Wohnung schmuggelte, konnte sie schließlich auf sich aufmerksam machen und aus der Gewalt des Mannes befreit werden. Seit 6. November steht ihr Entführer nun vor dem Landgericht Dresden.

»Das neue Spiel heißt: Deutschland sucht das Supertrauma«

Doch bereits am 11. September veröffentlichte der *Spiegel* unter dem Titel »Willst du mich umbringen?« eine anschauliche Beschreibung von Stephanies Qualen. Hier berichtete das Mädchen von ihrer Verzweiflung und Angst, auch wurde offenherzig mitgeteilt, wie häufig das Kind vergewaltigt worden war und welche abstrusen sexuellen Vorlieben der Entführer hatte, außerdem wurde angedeutet, was auf den Videos zu sehen ist, die er während der erzwungenen Geschlechtsakte anfertigte. Es blieb nicht viel übrig, was der Leser sich dazudenken musste.

Am selben Montag erschien ein Vorabdruck von Stephanies Höllenfahrt in der *Bild*-Zeitung, mit werbewirksamem Hinweis auf den *Spiegel*. Auch hier ging man ins Detail, einige der peinvollsten Auszüge waren unterstrichen oder gefettet. Drei Tage später wurde Stephanie in der ZDF-Talkshow *Johannes B. Kerner* dargeboten. Auch hier fehlte der Hinweis nicht, dass Stephanies Geschichte im *Spiegel* nachzulesen sei. Im ZDF-Studio saßen außerdem die Eltern des Kindes mit Gesichtern, die eine bestürzende Ratlosigkeit ausdrückten. Da saß der Hannoveraner Opferanwalt Ulrich von Jeinsen, der seine kleine Mandantin im medialen Wanderzirkus präsentierte. Da saß eine Therapeutin, deren mildes Lächeln dem Zuschauer suggerierte, es sei ganz in Ordnung, wenn ein vergewaltigtes Kind einem Millionenpublikum vorgeführt werde.

Und die konzertierte Aktion hatte Erfolg: Mit einem Plus von einer halben Million Zuschauer lag die Quote der Sendung deutlich über dem Durchschnitt. Allerdings hatte ein Kerner-Redakteur vor Stephanies TV-Auftritt bei Professor Peter Riedesser, dem bekannten Chef der Kinderpsychiatrie des Hamburger Universitätsklinikums, angerufen.

Er habe dringend davon abgeraten, das Kind in die Sendung zu zerren, sagt Riedesser zur *ZEIT*. Stephanie könne gar nicht abschätzen, welche Folgen ihr Auftritt für sie habe. »Die mediale Aufmerksamkeit für die Traumatisierten nimmt inzwischen bedrohliche Formen an«, bemerkt der Psychiater und fügt sarkastisch hinzu: »Das neue Unterhaltungsspiel heißt: Deutschland sucht das Supertrauma.«

Stephanies Eltern haben Post vom besorgten Jugendamt bekommen

Die Opfer hofften, mit ihrem Leid zur Kenntnis genommen zu werden, und gerieten in das Magnetfeld von Auflagen- und Quoteninteressen. Ihre Not diene dem saturierten Medienkonsumenten als abgedrehter Kick. »Wem nützt es zu wissen, dass der Täter einen ganzen Katalog von Perversionen mit dem Kind durchexerzierte?«, fragt Riedesser. Was dächten die Klassenkameraden jetzt heimlich über Stephanie? Was die Nachbarn? Was würde das Mädchen in einigen Jahren von ihren eigenen Eltern halten, die ihr den letzten Schutz verweigert und zugelassen hätten, dass man sie coram publico derart beschämte?

Stephanies Eltern haben inzwischen Post vom Jugendamt Dresden bekommen: Die Behörde bietet ihnen Hilfe an und drückt ihr Erschrecken darüber aus, dass »Ihre Tochter mehr und mehr zum Objekt öffentlichen Interesses wird«. Öffentliche Auftritte und neue Befragungen dienten dem Kindeswohl nicht, heißt es da, und man bitte die Eltern, dies zu überdenken.

Stephanies Rechtsbeistand Ulrich von Jeinsen will sich gegenüber der *ZEIT* nicht äußern. Bei Kerner blickte er ernst in die Kamera: Er wolle Stephanie in der Hauptverhandlung auftreten lassen und strebe im Urteil die »vorbehaltlose Sicherungsverwahrung« für den Täter an; der solle »endgültig weggesperrt« werden. Allerdings kennt das Gesetz die »vorbehaltlose Sicherungsverwahrung« gar nicht. Auch wurde dem Zuschauer verschwiegen, dass seit Wochen ein psychiatrisches Gutachten über den geständigen Mederake vorlag, in dem der Sachverständige ausdrücklich dessen Sicherungsverwahrung empfiehlt. Welchen Sinn hatte also dieser Auftritt?

Um das Votum des Psychiaters wird das Landgericht Dresden nicht herumkommen. Ob und wie lange Stephanies Entführer nach seiner Strafhaft dann tatsächlich dieser Maßregel unterworfen sein wird, hängt ohnehin von seiner zukünftigen Entwicklung ab. Jeinsen wird daran nichts ändern können. Außerdem wird die Sicherungsverwahrung nicht im Interesse der Nebenklägerin Stephanie, sondern in dem der Allgemeinheit verhängt und vollzogen – und diese wird nicht von

Rechtsanwalt von Jeinsen vertreten, sondern durch die Staatsanwaltschaft.

Die aber hält nichts von der medialen Stimmungsmache des Nebenklägervertreters Jeinsen und auch nichts davon, Stephanie noch einmal dem Stress einer Vernehmung auszusetzen. Die Beweislage sei ohnehin erdrückend, heißt es. Der Beschuldigte hat Stephanies Aussage durch sieben Videobänder geradezu dokumentiert. Das alles reicht den Staatsanwälten längst, um die Höchststrafe von fünfzehn Jahren und die Sicherungsverwahrung durchzusetzen.

Bei der Kerner-Show war Stephanie nur von hinten zu sehen. Der Moderator hielt sich gegenüber dem Mädchen zunächst zurück. Erst ganz zum Schluss stellte er ihr eine gemeine Frage: »Der Entführer von Natascha Kampusch, der jungen Frau aus Österreich, hat sich in dem Moment, wo klar war, dass das auffliegt und Natascha frei war, das Leben genommen, das hast du sicherlich auch in den Nachrichtensendungen mitverfolgt. Was hast du gedacht?« – »Ja also, wenn ich ehrlich sein soll«, antwortete das Kind, »hab ich mir gewünscht, dass das bei mir so gewesen wäre, weil dann bräuchte ich keine Angst mehr um meine Zukunft zu haben.«

Am 8. November 2006, nach dem ersten Prozesstag, sieht es tatsächlich so aus, als ginge Stephanies Wunsch in Erfüllung. Mario Mederake hat sich auf dem Hofgang losgerissen, das Dach des Untersuchungsgefängnisses erklommen und droht, sich hinunterzustürzen. Zwanzig Stunden verharrt er in der Kälte, geht auf und ab und schickt Gesten der Verachtung zu den Reportern hinunter, die ihn ablichten oder seinen Auftritt mit Kameras live übertragen.

Was bezweckt der Mann mit dieser Kletteraktion? »Er war der Meinung, da oben wartet Kerner auf ihn für ein Interview«, spottet Harald Schmidt in seiner Show, »natürlich nur von hinten – wegen: Respekt.« Seinem Verteidiger Andreas Boine hat Mederake gesagt, er wolle mit der Aktion seinem Opfer die Aussage vor Gericht und das Vorführen der Videos ersparen. »Es klingt grotesk, aber er macht sich Sorgen um Stephanie«, sagt Boine zur ZEIT.

In der Tat – Mederake ist nicht mit normalen Maßstäben zu messen, er ist hoch intelligent, aber seelisch schwer gestört, lebte völlig abgekapselt, eigenen Normen folgend, in seiner selbst gezimmerten Parallelwelt und bildete sich tatsächlich ein, Stephanie bleibe eines Tages freiwillig bei ihm, wenn er sie nur lange genug festhielte. Immerhin hat der Angeklagte am ersten Verhandlungstag ein umfassendes Geständnis abgelegt. Auch um das Mädchen zu schonen, sagt sein Verteidiger, räumt aber gleichzeitig ein, dass nach solch einer Tat und angesichts der hassgeladenen Stimmung irgendeine gutartige Regung seines Mandanten öffentlich nicht mehr zu vermitteln sei: »Wer wird mir, wer wird ihm das glauben?«

Obwohl es sich bei der Kletterpartie nicht um einen Fluchtversuch handelt, konstruiert die Nebenklage aus der Kurzschlusshandlung des Angeklagten sofort eine Gefahrenlage für Stephanie, und die ihr verbundenen Medien verbreiten bereitwillig, sie wage es unter diesen Umständen nicht mehr, das Gericht zu betreten. Dabei wäre das Mädchen bloß per Videoübertragung in den Verhandlungssaal zugeschaltet worden, zu keiner Zeit hätte sie sich mit ihrem Entführer in einem Raum befunden.

In den Tagen darauf wettert der »Opferjurist« Thomas Kämmer in der Presse gegen den Angeklagten. Und als Mederake in seiner Zelle vom Notarzt behandelt werden muss, kündigt er an, Stephanies Familie denke wegen solcher Provokationen daran auszuwandern – ein neues Medienthema ist da.

Dass es zu dieser Eskalation kam, dürfte mit dem aggressiven Presseandrang zu tun haben, den Stephanies Eltern und ihre Rechtsbeistände nach Kräften befördert haben. Schon als er zum Prozessauftakt in den Saal 084 geführt wird, empfängt den Angeklagten, der eingesponnen in seine Fantasien gelebt und hauptsächlich mit seinen Hunden kommuniziert hat, minutenlanges Blitzlichtgewitter. Als Mederake auf dem Gefängnisdach steht, dokumentiert ein Heer von Reportern jede seiner Bewegungen, während man sich lauthals (»Justizskandal!«) darüber ereifert, dass er dort oben steht.

Die Volksseele soll offenbar kochen. »Arme, arme Stephanie!«, jammert *Bild*, neben einem fast ganzseitigen Foto des Opfers. Die Zeitung hat an diesem Tag mit dem Dachwanderer aufgemacht, und ihre Empörung ergießt sich über die ersten drei Seiten. Aber wäre Mederake auch aufs Dach geklettert, wenn das Gericht ihn vor dem medialen Kesseltreiben in Schutz genommen hätte? Und wie lange wäre er dort oben geblieben, wenn ihn kein Journalist beachtet hätte?

Von dem Konsens des Anstands, den es zwischen den Medien und den psychiatrischen Fachverbänden gibt und der besagt, dass über Suizidversuche nicht berichtet und hysterischen Selbsttötungsdrohungen keine Bühne gewährt werden darf, ist in diesen Dresdner Tagen nichts mehr übrig.

Kaum ist Mederake vom Dach heruntergekommen, zeigt sich der Vorsitzende der Jugendschutzkammer von seiner martialischen Seite. Der Angeklagte wird jetzt in Hand- und Fußketten in den Gerichtssaal geführt. Wieder ist das Fotografieren im Landgericht erlaubt. Mederakes Hände stecken in klobigen fingerlosen Handschuhen. Wie ein Guantánamo-Häftling sieht er aus. Hinter ihm haben sich sieben vermummte Polizisten vom Sondereinsatzkommando aufgebaut und bewachen eine rotnasige Elendsgestalt, die nicht mehr verhandlungsfähig ist. Soll das Opferschutz sein?

Keine Frage, das Verbrechen des Mario Mederake war furchtbar. Das Mädchen Stephanie hat entsetzlich leiden müssen. Die Anklageschrift liest sich wie das Drehbuch eines Films, in dem Horror- und Pornoszenen einander ablösen.

Aber der Rechtsstaat hält einen Katalog harter Sanktionen bereit, mit dem er auch auf solche Taten reagieren kann und wird. Nur – von Blitzlichtgewitter und vom öffentlichen Zurschaustellen eines in Ketten Gelegten ist im Strafgesetzbuch nichts zu lesen. Wer könnte ein berechtigtes Interesse an solchen Bildern haben? Die These des ehemaligen Entführungsopfers Jan Philipp Reemtsma, dass »die Instrumentalisierung des privaten Rachewunsches zu Verrohung der Gesellschaft führt«, wird in diesen Tagen eindrucksvolle Wirklichkeit in Dresden.

Zu den vielen Freunden, die das Verbrechensopfer neuerdings hat, gehören ohnehin jene, die die publizistische Anteilnahme nutzen, um die Stimmung gegen bestimmte Straftäter anzuheizen oder im Rausch kollektiver Emotionen ein paar drakonische Maßnahmen durchzusetzen. In einer Gesellschaft, die gerade dabei sei, ihre Freiheitsrechte gegen Sicherheitsbestimmungen einzutauschen, sei Opferorientierung durchaus als »Orientierung gegen den Täter« zu verstehen, konstatiert Winfried Hassemer, Vizepräsident des Bundesverfassungsgerichts, in seinem Buch *Verbrechensopfer, Gesetz und Gerechtigkeit,* das er zusammen mit Reemtsma geschrieben hat.

»Empathie mit den Tätern, Verständnis für ihren Lebensweg und der Versuch, die Tat als Antwort auf eine schwierige Situation zu deuten« – das alles dürfe inzwischen »als Mitleidlosigkeit gegenüber den Opfern denunziert werden«. Auf solchem Nährboden werde plötzlich eine Kriminalpolitik plausibel, die außer der »Semantik von Härte und ›Nulltoleranz‹ gegenüber potentiellen und erwischten Straftätern« nicht viel vorzuweisen habe. Und als Beispiel für Barbarei im Namen der Opfer schildert Hassemer die Anstrengungen des britischen Sonntagsblatts *News of the World* im Sommer des Jahres 2000.

Die Entführten und Gequälten selbst fühlen oft gar keinen Hass

Unter der Überschrift »Lebt ein Monster neben Ihnen?« gab man 40 Fotos, Namen und Adressen von vorbestraften Sexualstraftätern dem Mob preis. Wie nicht anders zu erwarten, kam es zu organisierten Demonstrationen und aggressiven Übergriffen auf vermeintliche Kinderschänder – oder Menschen, die ihnen ähnlich sahen. Autos und Häuser wurden in Brand gesteckt, zwei Verfolgte nahmen sich das Leben.

Trotz solcher Konsequenzen vorgeblich opferorientierter Agitation druckte *Bild* am 11. Oktober 2006 einen »Stadtplan der Sex-Verbrecher« ab, den amerikanische Mütter im Internet für den jeweiligen Wohnort abrufen können, und fragte: »Warum gibt's das nicht bei uns?« Tags darauf meldete sich auch schon ein Politiker, der die Idee prima fand: Dr. Mathias Petersen, Vorsitzender der Hamburger SPD. Der Mann will Bürgermeister werden und forderte im selben Blatt eine öffentlich einsehbare Kartei, die verrät, wo in Hamburg die Sex-Verbrecher hausen. Nur ist in Deutschland auch ein Verurteilter immer noch ein Bürger, der Rechte hat. Deshalb schwebte dem Sozialdemokraten gleich eine Gesetzesänderung vor, die eine öffentliche Ächtung solcher Straftäter erlauben würde. Denn: Man müsse an die Opfer denken. Inzwischen hat Petersen sich von seiner Partei darüber belehren lassen müssen, dass ein derartiger Pranger »rechtsstaatlich nicht machbar« sei.

Dass die Opfer weit weniger rachsüchtig sind als jene, die sich in ihrem Namen in den Vordergrund drängen, war auch in der ARD-Talkrunde *Maischberger* zu beobachten, die im April 2006 zu der Frage »Sind unsere Gesetze zu lasch?« geladen hatte. Da saßen sich das Entführungsopfer Richard Oetker und der gerade aus dem Amt gejagte Hamburger Justizsenator Roger Kusch gegenüber. Und während Kusch noch härteres Durchgreifen gegen Kriminelle forderte und dafür plädierte, dass Politiker und Richter endlich auf die Emotionen im Volke hören und den »gesunden Menschenverstand« walten lassen sollten, verlor Oetker, der Kriminalität aufs schmerzhafteste am eigenen Leib erfahren hatte, kein böses Wort über seinen Entführer.

»Ich kenne keinen Hass und keine Rache«, sagte er. Oetker hatte 1976 mit gebrochenen Wirbeln und zertrümmertem Becken tagelang bei Minusgraden in einer kleinen Kiste aushalten müssen, bis das Lösegeld bezahlt war. Heute ist er gehbehindert und sagt über seinen Entführer: »Er hatte die Gewalt über mein Leben, und ich lebe noch, und dafür bin ich dankbar.«

Prügel, Ablehnung, Drangsal – aus Opfern werden Täter

Dass Richard Oetker mit dem Leben davongekommen ist, dürfte auch daran liegen, dass Entführer nach dem Gesetz eben nicht »endgültig weggesperrt« werden. Auf erpresserischen Menschenraub steht – was das Opfer auch durchgemacht hat – ausdrücklich nicht »lebenslang«, sondern eine Höchststrafe von 15 Jahren. Dahinter mag die vernünftige Einsicht stecken, dass ein Entführer, Erpresser oder Sexualstraftäter seinen Gefangenen nur dann am Leben lassen wird, wenn er dadurch noch etwas gewinnen kann.

Gerade Gewaltverbrecher rekrutieren sich fast immer aus der Schicht der gesellschaftlichen Verlierer. Kommt bei Strafprozessen gegen Mörder, brutale Gewalt- oder Sexualverbrecher die Vergangenheit des Angeklagten zur Sprache – ist es häufig das grausam gleiche Kindheitspanorama aus Ablehnung, Prügel, Drangsal.

Wie beim berühmten Kindermörder Jürgen Bartsch, der mit seinen Opfern den Sadismus inszenierte, dem er durch seine Adoptiveltern selbst ausgesetzt war. Wie bei Marlies S., die ihre Tochter Jessica verkommen und verhungern ließ und an das Kind doch nur den Hass weitergab, mit dem ihr die eigene Mutter begegnet war. Wie bei Silvias Vergewaltiger, der ein Sonderschüler war, der nach dem frühen Tod der Mutter vor allem in Heimen aufwuchs.

Für Nervenärzte zählt Gewaltkriminalität zu den typischen Folgen von Gefühlskälte und sozialer Verelendung. Manuela Dudeck, Psychiaterin an der Uniklinik Greifswald, untermauert das mit Zahlen: Fast jedes dritte traumatisierte Kind begeht später Straftaten. Der Amboss wird zum Hammer – auch Zuschlagen kann eine Methode sein, die Ohnmacht des Opfers zu überwinden.

Wer an die Opfer denkt, muss auch an die Täter von morgen denken. Laut US-Studien kamen staatlich unterstützte Kinder sozial schwacher Familien später nur halb so oft ins Gefängnis wie unbetreute. Umso erstaunlicher, dass der deutsche Staat, dessen Vertreter den Weißen Ring ihrer Solidarität versichern und allerorten den Einsatz für das Opfer proklamieren, bei der Rettung vernachlässigter Kinder knausert und die staatliche Fürsorge kaputtspart, dafür aber Milliarden in den Bau hochgesicherter Gefängnisse und psychiatrischer Anstalten für Straftäter steckt.

Was wäre wohl aus all den geprügelten und gedemütigten Kindern geworden, deren tödliches Schicksal die Republik zu Tränen rührte?

Ihr Sterben vollzog sich nicht selten unter den Augen der Ämter und der Öffentlichkeit. Zu was für Erwachsenen hätten sie sich wohl entwickelt, hätten sie die Misshandlungen ihrer Eltern überlebt? Gut vorstellbar, dass sie in 20 Jahren finstere Titelfotos abgegeben hätten und dass die Zeitungen voll gewesen wären mit den Geschichten ihrer Opfer.

Den Opfern eine Stimme geben

Opfer und auf mich gestellt: Versagt der Staat gegen Stalker?

von Iris

1. Hintergrundinformationen

Ich bin, wie eine Vielzahl weiterer Betroffener, seit Januar 2018 Betroffene eines langjährig andauernden, fortgesetzten Stalkings aus dem Berufskontext durch einen ehemaligen Mitarbeitenden einer Universität, dem ich seinerzeit in meiner Funktion als Leiterin der Rechtsabteilung im Personaldezernat eine Probezeitkündigung mitteilen musste.

Was zunächst nach einem überschaubaren Vorgang klingt, ist zumindest im Berufsleben klar geregelt. Jedoch war nicht absehbar, was daraus für alle Personen, die jemals mit dem Stalker in Kontakt gekommen sind, für meine Familie und mich folgen sollte.

Kurz vorab: Ich habe eine Unterlassungsverfügung erwirken müssen, zunächst im einstweiligen Rechtsschutz, dann im Hauptsacheverfahren vor dem Landgericht. Die Vollstreckung dieser Verfügung wurde trotz einer Vielzahl von weiteren Verstößen niemals vorgenommen. Der Täter hat Rechtsmittel eingelegt, seitdem liegt die Vollstreckung beim OLG. Wir haben kontinuierlich dokumentiert, belegt und seit Beginn der Stalkinghandlungen im Januar 2018 eine Vielzahl von Anzeigen erstattet. Bis heute wurde seitens der Staatsanwaltschaft 2019 gegen Auflage eines „Entschuldigungsbriefs" das Verfahren eingestellt, der Terror aber ging weiter. Wir erstatteten weiterhin Anzeige. Trotz der Schwere der Taten und der Vielzahl von Betroffenen wurde im Juli

2021 an das Amtsgericht als Schöffengericht eine Anklageschrift übermittelt. Wir erfuhren, dass nun auch ein Richter von dem Stalking des Täters betroffen war. In unserem Fall wurden nur die Vorgänge bis Mai 2021 umfasst, danach passierte justizseitig in unseren Vorgängen nichts mehr. Weitere Informationen zum Verfahrensstand erhielt mein Anwalt nicht, obwohl ich als Nebenklägerin zugelassen bin. Parallel ging das Stalking weiter. Wir erhielten gerichtlich zugestellt Briefe des Stalkers, die neben den üblichen verbalen Entgleisungen auch Zeichnungen von Grabsteinen, Galgenmännchen und einem männlichen Geschlechtsteil zeigten, auch das war ziemlich verstörend. Ein Tipp, der oft reflexartig kommt, ist: „Stellt doch einen Antrag auf Annäherungsverbot nach dem Gewaltschutzgesetz." Ich habe dies aufgrund der Erfahrungen anderer Betroffener nicht getan und stattdessen eine Unterlassungsverfügung am Landgericht erwirkt (die in der Rechtsfolge leider auch keine Konsequenz für den Täter hatte).

Eine betroffene Kollegin hat zwei Anträge auf ein Kontakt- und Annäherungsverbot nach dem Gewaltschutzgesetz gestellt. Dies soll im Nachgang kurz erläutert werden: Das Gewaltschutzgesetz gemäß §§ 1–4 GewSchG stellt eine zivilrechtliche Maßnahme zum Schutz vor Gewalt und Nachstellung dar. Da es sich um eine präventive Maßnahme handelt, reicht für die Eröffnung des Gewaltschutzverfahrens bereits ein Akt angedrohter Gewalt aus (vgl. § 1 Abs. 2 Nr. 1 GewSchG). Nach erfolgtem Antrag kann das zuständige Gericht unter anderem ein Kontaktverbot anordnen, das im Regelfall sechs Monate umfasst.

Allerdings kann der Antragsgegner Widerspruch einlegen, wodurch ein Erörterungstermin anberaumt wird, der zwar nicht zwingend in Präsenz erfolgen muss, jedoch im Regelfall so vorgenommen wird. Dies bedeutet, dass die Betroffenen durch das Gericht zum Kontakt mit dem Täter gezwungen werden; sie müssen also im Beisein des Täters offenlegen, wie sehr sie durch die Handlungen betroffen sind, was das Machtgefühl des Täters stärkt und zugleich die Ohnmacht des Opfers vergrößert. Sodann wird im Regelfall ein sechsmonatiges Kontaktverbot ausgesprochen. Die Rechtsfolgen sind bei Verletzung des Kontaktverbots Geld- oder Freiheitsstrafe. Das klingt zunächst hilfreich, ist aber, wie in allen Bereichen, nur so sinnvoll, wie es in der Praxis umgesetzt wird. Den Täter haben in unseren Fällen keine Rechtsfolgen getroffen. So sinnvoll die Ansiedlung beim Familiengericht in familienbezogenen Fällen auch sein kann, da beispielsweise Personen mit gemeinsamen Kindern in diesem Setting mit Unterstützung des Gerichtes sich zusammen besprechen können und eine unabhängige Instanz sich mit den jeweilgen Sachvorträgen befassen kann, so ungeeignet ist dies bei Rachestalking aus dem beruflichen Umfeld. Denn Täter und Opfer verbindet nichts. Das Opfer wünscht sich keinen Kontakt und erlebt in dem durch das Gericht verhängten Zwang, den Täter zu treffen, eine Unterstützung dieses Täters. Das Gericht erfüllt hier ganz den Wunsch des Stalkers nach erzwungenem Kontakt und der Täter fühlt sich so durch die Justiz gestärkt. Für das Opfer ist es hingegen eine Tortur, dem Täter zu begegnen – vielleicht bereits auf dem Weg zum Termin –, mit ihm in einem Flur und Raum sitzen zu müssen und offenzulegen, wie groß die eigene Betroffenheit ist. Dies hat gerade auch bei psychisch kranken Straftätern mit Wahnnarrativ weitere verheerende Auswirkungen auf das Opfer.

Im Fall der Kollegin erfolgte im Zuge dieses Verfahrens eine Schadensvertiefung, denn dem Täter wurde so ihre Privatadresse bekannt, sodass sie auch zu Hause den Bedrohungen und Belästigungen ausgesetzt war und umziehen musste.

2. Stalking, ein unterschätzter Tatbestand

Bei der Straftat, mit der wir uns in meinem Fall befassen, handelt es sich um jahrelange, fortdauernde Nachstellung gemäß § 238 StGB, die in einer Vielzahl der dort aufgeführten Varianten umgangssprachlich unter dem Schlagwort „Stalking" bekannt ist. Dies hat mein Leben, das meiner Familie sowie das meiner Kolleginnen und Kollegen nachhaltig und nachteilig verändert.

Damit eine Handlung als Nachstellung bezeichnet werden kann, müssen einige Voraussetzungen erfüllt sein. Der Täter muss zum Beispiel beharrlich und wiederholt handeln. Außerdem muss sein Verhalten der betroffenen Person Angst machen, auch die Bedrohung ist hiervon umfasst. Stalking ist nach der Strafrechtsreform vom 01.10.2021 bereits dann strafbar, wenn die Handlungen des Stalkers objektiv dazu geeignet sind, die Lebensgestaltung schwerwiegend zu beeinträchtigen; mithin erfolgte eine Abkehr vom vorherigen Charakter eines Erfolgsdeliktes. Durch die Strafrechtsreform sollte der Opferschutz gestärkt werden. Dennoch handelt es sich nach wie vor um unbestimmte Rechtsbegriffe, die gefüllt und ausgelegt werden müssen. Diese hohe Individualisierbarkeit mag den individuell unterschiedlichen Fällen Rechnung tragen, erfordert seitens der Ermittlungsbehörden jedoch auch eine große Sorgfalt. Dies ist der Punkt, an dem Betroffene direkt zu Beginn ‚durch das Raster' fallen können und zumindest in unserem Fall hatte dieser Fehlstart einen bis heute andauernden negativen Dominoeffekt zur Folge.

Einzelne Verhaltensweisen werden im Nachstellungsparagraphen unterschiedlich sanktioniert und sind einzeln im Strafgesetzbuch aufgeführt. Typische strafbare Verhaltensweisen in diesem Kontext sind unter anderem Beleidigung gemäß § 185 StGB, Hausfriedensbruch gemäß § 123 StGB, Körperverletzung gemäß § 223 StGB, Bedrohung gemäß § 241 StGB, Nötigung gemäß § 240 StGB, Verleumdung gemäß § 187 StGB. Lücken, die in den genannten Gesetzen nicht geregelt sind, sollen durch den § 238 StGB geschlossen werden. Der Qualifikationstatbestand wird gemäß § 238 Abs. 2 Nr. 3 StGB angenommen, wenn der Täter dem Opfer über einen Zeitraum von mindestens sechs Monaten durch eine Vielzahl von Handlungen nachstellt. In meinem Fall stellte der Täter uns jahrelang nach, er versuchte unter anderem sogar, die Bedrohung meines Kindes einzusetzen, um mich zu Geldzahlungen zu erpressen. Wir sehen also eine ganze Bandbreite an Stalkinghandlungen in meinem Fall abgebildet, die alle genauestens dokumentiert und zur Anzeige gebracht worden sind. Die Behauptung, die größte Hürde beim Vorgehen gegen einen Stalker sei die genaue Dokumentation, greift hier nicht, denn es ist alles bestens dokumentiert, angezeigt und ausgeschrieben.

Eine Tatvariante des § 238 StGB ist jede Art von Kontaktaufnahme, also direkt und auch indirekt über Dritte. Es ist nicht notwendig, dass die Kontaktaufnahme von Erfolg gekrönt ist – der Versuch der Kontaktaufnahme genügt. Durch diese Tatvariante soll gewährleistet werden, dass wirklich jede Art der Kontaktaufnahme strafbar sein kann. In meinem Fall erfolgte die Kontaktaufnahme des Stalkers neben seinen Versuchen, mich am Arbeitsplatz zu erreichen und zu diffamieren, insbesondere über bewusste Falschanzeigen bei Gerichten und Behörden, die er somit als sogenannte Dritte nutzte. Bei dem Täter handelt es sich um einen Juristen, der die Schwächen des Systems kennt und bereits jahrzehntelang nutzt, um gegen die betroffenen Personen, an denen er sich in seiner Welt ‚rächen will‘, mit schädigender Absicht vorzugehen. ‚Funktionieren‘ die von ihm in Gang gesetzten Behörden und Personen nicht so, wie sich der Stalker dies vorgestellt hat, weitet er seine Belästigungs- und Bedrohungs-/Diffamierungshandlungen auch auf diese Personen und Institutionen aus, die sich sodann ebenfalls mit Hausbesuchen, Dienstaufsichtsbeschwerden, wirren Schreiben, Beleidigungen und Bedrohungen konfrontiert sehen. So wird der Schädigungsradius immer größer, der Fall immer unübersichtlicher und die Reaktionszeit der Institutionen immer länger. Der ungünstige Nebeneffekt für die Betroffenen ist, dass diese Gesamtentwicklung den Fall durchgängig prägt, denn die Frequenz der Stalkinghandlungen und der damit verbundenen Rechtsgutverletzungen steigt, bei gleichzeitiger Behäbigkeit der Behörden.

2.1 Stalking und Gewaltbegriff

Unterschätzt wird in diesem Zusammenhang auch, dass Stalking bereits bei der Bedrohung von Betroffenen vorliegt. Als Bedrohung versteht man das Inaussichtstellen einer Verletzung des Lebens, der körperlichen Unversehrtheit, der Gesundheit oder der Freiheit, wobei sogar der enge Gewaltbegriff des Strafrechts psychische Gewalt auch dann umfasst, wenn diese sich körperlich auswirkt. Was uns in den Polizeikontakten besonders aufgefallen ist, war die polizeiseitige Grundannahme, dass Gewalt nur bei einem direkten körperlichen Übergriff vorliege. Ich hatte trotz Bedenken auf Geheiß der Staatsanwaltschaft sogar ein Attest beigebracht, aus dem hervorging, wie sich das langjährige Stalking gesundheitlich auf mich auswirkte; dennoch wurde uns stets mitgeteilt, es handele sich ja nicht um Gewalt, der Stalker schreibe ja ‚nur‘. Diese Behauptung entspricht nicht der Tatsache, da der Täter nicht nur an meinem Arbeitsplatz erschien, sondern auch noch an einer großen Universität auftauchte und übergriffig war. Der Stalker störte u. a. durch fortdauernden Telefonterror empfindlich den Dienstbetrieb und ängstigte Mitarbeitende durch Gewaltandrohungen.

Die ganze Behandlung des Vorganges hinterließ und hinterlässt bis heute bei uns Betroffenen den Eindruck, dass es den beteiligten Behörden vollkommen unbekannt und auch unerheblich war, ob es eine Gesetzesverschärfung gab oder nicht. Der Täter war als „ungefährlicher Schreiber“ in einem kurzen Vermerk seiner Vor-Ort-Polizei als ungefährlich eingestuft worden; dies sollte von nun an die leider immer durch Tatsachen überholte falsche Grundlage für die Gefährlichkeitsbeurteilung bleiben. Weder die gängigen Methoden zur Gefährlichkeitseinschätzung noch das kommunale Ampelmodell wurden zugrunde gelegt, sondern ein Beschäftigter ohne entsprechende Qualifikation befand, der Stalker sei ungefährlich. Wir baten aus diesem Grund zu unserer Sicherheit eine bekannte Professorin, die eine hohe Expertise in Gefährdungsbeurteilungen aufweist, um eine wissenschaftlich fundierte Einschätzung. Sie kam zu einem Gefährlichkeitsbefund, fand aber leider damit ebenfalls kein Gehör bei den Ermittlungsbehörden, die sich bereits festgelegt hatten. Ein „ungefährlicher Täter“ bedeutet für die Behörden weniger Aufwand bei der Bearbeitung und Folgeneinschätzung. Für die Opfer ist eine solche Fehleinschätzung gefährlich.

2.2 Beweispflicht des Opfers und Akteneinsicht durch den Täter

Hochgradig schadensvertiefend ist, wenn, wie in meinem Fall, ein Gutachten, das ich zur Belegung der Auswirkungen der Handlungen des Stalkers auf mich und meine Gesundheit beibringen sollte, dem Täter zur Kenntnis gebracht wird. Dies geschah in meinem Fall im Wege der Akteneinsicht durch die Staatsanwaltschaft, die das Gutachten ungeschwärzt und ungekennzeichnet an den Strafverteidiger herausgegeben hat. Dieser leitete die Unterlagen sodann an den Täter weiter, sodass er diese kopieren und gegen mich für weitere Schädigungshandlungen einsetzen konnte. Ich weiß noch, wie beschmutzt ich mich gefühlt habe, als dies durch weitere Taten des Täters offensichtlich geworden war. Die Tatsache, dass auch ein Strafverteidiger ein Organ der Rechtspflege ist und seinem Mandanten auch keinen Gefallen tut, wenn er diesem in Kenntnis seiner Vorgehensweise Unterlagen zur Begehung weiterer Straftaten zur Verfügung stellt, ist in jeder Hinsicht furchtbar. Es ist furchtbar für die Betroffenen, zu wissen und erleben zu müssen, wie der Täter, der eine Schädigung des Opfers und eine Kontrolle über dessen Leben will, schwarz auf weiß sehen kann, dass ihm die Schädigung und damit einhergehende Verletzungen gelungen sind. Hierdurch sind die Betroffenen doppelt geschädigt, der Täter fühlt sich stark und mächtig und intensiviert – wie in meinem Fall – die Schädigungshandlungen noch weiter.

Der Stalker nutzte sodann das Gutachten, an das er gelangt war, um es an eine Vielzahl von Kolleginnen und Kollegen aus der Kanzlerkonferenz zu schicken. Er schwärzte seinen Namen und die Stalkinghandlungen und versuchte, in meinem unmittelbaren Umfeld den Eindruck zu erwecken, ich sei psychisch krank und depressiv. Allein die Tatsache, nun auch zu wissen, dass alle Kolleginnen und Kollegen sehen konnten, wie sehr mir das Stalking tatsächlich zusetzte, während ich nach außen hin unmenschlich viel Kraft investiert hatte, um professionell und handlungsfähig zu sein und zu wirken, ist eine kaum beschreibbare Verletzung meiner beruflichen und persönlichen Souveränität.

Der Stalker zielt darauf ab, einem das Leben in allen Bereichen ‚zur Hölle zu machen‘, er ist getrieben von einem absoluten Vernichtungswillen. Indem jeder Bereich, beruflich und privat, von den Angriffen betroffen ist, schwinden die Möglichkeiten, sich im geschützten Raum zu regenerieren. Aus diesem Grund haben wir als Familie auch dafür gesorgt, dass unsere Privatadresse in keine Akte kam, denn wir hatten

bei anderen Betroffenen gesehen, dass der Stalker über die Akteneinsicht auch an Privatadressen gelangt war und in der Folge auch der
private Raum vom Stalker angegriffen wurde.

Absoluter Tiefpunkt des Gesamtsachverhaltes war die Übermittlung
des Gutachtens an den im Jugendamt angesiedelten Kinderschutzbe-
auftragten durch den Stalker, mit einer Vielzahl wahrheitswidriger Behauptungen über mich als Mutter, mit dem Ziel, dass das Jugendamt
mir meinen Sohn wegnehmen solle. Der Stalker hatte zuvor bereits
schriftlich angekündigt, dass er mir weiter schaden werden, wenn ich
ihm nicht eine Fantasie-Geldforderung zahlen würde. Weil ich diese
nicht erfüllte, schrieb er wie angekündigt an das Jugendamt, mein
Kind sei gefährdet, ich sei psychisch krank, finanziell am Ende und
in Haft und man müsse „zur Verhinderung weiterer Kindeswohlgefähr-
dung" meinen Sohn aus meiner Familie „entfernen". Das Jugendamt
setzte sich daraufhin mit mir in Verbindung und ich musste entsprechend klarstellen, dass dieser Brief zu einem Stalkingzusammenhang
gehörte, wahrheitswidrig war und der Täter auch nicht vor der Einbeziehung meines Sohnes in seinen Schädigungsradius zurückschreckte.
Der Stalker räumte anschließend schriftlich ein, dass er dies getan
hatte, mit den dokumentierten Worten: „Wer nicht zahlen will, muss
fühlen." Hierbei handelte es sich um eine versuchte Erpressung i. S. v.
§ 253 StGB. All dies wurde mit allen Unterlagen zur Anzeige gebracht
und ist bis heute nicht strafrechtlich und auch nicht in einem entsprechenden Sicherungsverfahren verfolgt und rechtlich gewürdigt worden.

Die Beispiele zeigen, dass bei Stalkingfällen seitens der beteiligten
Institutionen auch mit Opferdaten sensibel und vorausschauend in
Bezug auf potenzielle Schädigungen durch Akteneinsichtnahmen dieses
Tätertyps umgegangen werden muss. Wie kann es sein, dass Daten-
schutz immer in Bezug auf Täter genannt wird, Opfer aber in ihrer
Funktion als Beweismittel und somit Objekte des Strafverfahrens kei-
nen Datenschutz im Zusammenhang mit dem Täter erfahren? Nur der
Vollständigkeit halber sei darauf hingewiesen, dass auch berechtigte In-
teressen des Opfers bestehen können, Informationen wie beispielsweise
die Entlassung eines Täters zu erfahren, wenn eigene Rechtsgüter wie

Leib und Leben auf dem Spiel stehen oder, was noch viel gravierender ist, das Wohl eines bedrohten Kindes.

Betroffenen kann bereits im laufenden Verfahren ganz einfach und niedrigschwellig geholfen werden. Es ist darauf zu achten, dass Betroffene, die Anzeige erstatten, entsprechend darüber aufgeklärt werden, dass beispielsweise bei Arbeitsplatzstalking die dienstliche Adresse ausreichend ist, dass es ausreichend ist, bei anwaltlicher Vertretung im Zuge der Nebenklage die Kanzleiadresse oder auch die Adresse der Polizeidienststelle anzugeben, in der die Anzeige aufgegeben wird. So können sich Betroffene ihren Schutzraum erhalten, den sie angesichts langatmiger Stalking- und Bearbeitungsverläufe dringend benötigen. Zugleich dient dies dem Schutz der Familie. Des Weiteren ist bei der Bearbeitung in der Justiz darauf zu achten, dass Privatadressen von Zeugen und Betroffenen vor der Übermittlung zur Akteneinsicht gründlich geschwärzt werden müssen.

2.3 Jobwechsel als Ausweg?

Nachdem die Staatsanwaltschaft die Anzeigen im Zeitraum von 2018 bis 2019 im August 2019 gegen das Schreiben eines „Entschuldigungsbriefes" eingestellt hatte, aus dem bereits hervorging, dass er nicht ernst gemeint war, wechselte ich nach weiteren Nachstellungen den Job in der Hoffnung, dass die Nachstellungen dann aufhören würden. Ich hatte mich bereits zu Beginn des Stalkings bei Facebook abgemeldet, verabredete mich abends nicht mehr, unser Sohn durfte im Sportverein und bei Schulveranstaltungen nicht auf öffentliche Listen und auch nicht mit Bild erscheinen. Neben einer Adresssperre für uns richteten wir auch eine Autokennzeichensperre ein, damit der Täter, der auch unter Vorwänden und mit Nennung falscher Namen bei Behörden und in den Personalabteilungen vorheriger Jobstationen anrief, um Informationen zu erhalten, keinen Zugriff auf unsere Privatadresse und private Informationen erhalten konnte. Das Einwohnermeldeamt und die Straßenverkehrsbehörde waren die Behörden, die vorbildlich gehandelt und nach Übermittlung meiner einstweiligen Verfügung gegen den Stalker umgehend die Adress- und Kennzeichensperre für meine Familie und mich einrichteten. Es war ein großer Schritt für mich, den Job zu wechseln; ich habe dies als Ausweichen empfunden, und der Wechsel ist mir sehr schwergefallen. Leider half aber auch dieses Mittel nicht. Ich wechselte Anfang Januar 2020 an eine andere Hochschule und bereits Mitte Januar ging es, ausgelöst durch eine Pressemitteilung zu meinem Wechsel, auch an der neuen Hochschule weiter mit Droh- und Diffamierungsanrufen, Schreiben, unerwünschtem Aufsuchen unserer Räumlichkeiten. Der Stalker war mir auch hierhin gefolgt.

Wir erteilten auch hier Hausverbote, sicherten den Flur mit Schließanlage und Klingel und stellten die Telefonanlage so um, dass unbekannte Nummern zunächst zu einem Anrufbeantworter gelangten und dann erst zurückgerufen wurden. Weitere Kolleginnen und Kollegen wurden dann auch hier in den Schädigungsradius einbezogen. Ich wurde flächendeckend auch bei Aufsichtsorganen und Mitarbeitenden diffamiert und bedroht, erneut sexualisiert, auch zu meinem Sohn äußerte der Stalker sich weiterhin. Ein Jobstart aus der Hölle. Ich bin froh und dankbar, dass mein Team mich dennoch freundlich aufnahm und stützte, das ist nicht selbstverständlich. Ich bekam mein Leben nicht zurück, auch meine Familie nicht. Es ging einfach immer weiter und wurde durch die Untätigkeit der Behörden noch schlimmer.

Wir hatten auch versucht, über die Präventionsbehörden Schutz oder zumindest eine Intervention zu erhalten. Leider fanden wir auch hier genau das Muster vor, das wir bereits vorher bei den Strafverfolgungsbehörden erlebt hatten. Das Ordnungsamt in meiner Stadt als dem Tatort und das Ordnungsamt am Wohnort des Täters haben nach einem ‚Zuständigkeitspingpong‘ den Vorgang am Wohnort des Täters verortet. Hier kam es dann zu folgender Inkonsistenz: Nachdem der hinzugezogene sozialpsychiatrische Dienst zunächst die Gefährlichkeit des Täters bestätigt hatte, attestierte nach einem Wechsel an der Amtsspitze der gleiche Stellvertreter, der zuvor die Gefährlichkeit mitbescheinigt hatte, genau ein Jahr und viele weitere Anzeigen später nun plötzlich die Ungefährlichkeit; auch dies ist schriftlich dokumentiert.

Charakteristisch für Stalking ist, dass der Täter den entgegenstehenden Willen des Opfers missachtet bzw. den Wünschen des Opfers gegenüber gleichgültig ist. Von ihm – dem Täter – muss die Absicht ausgehen, das entsprechende Verhalten auch in Zukunft aufrechtzuerhalten. In meinem Fall ist der Täter seit Januar 2018 gegen mich und andere aktiv. Er wurde erst im November 2022 durch eine Untersuchungshaft in Köln gestoppt, als er auch eine Staatsanwältin stalkte, die den Fall einer weiteren Betroffenen aus Köln zunächst bearbeitete. Reihenweise Aktenordner, gefüllt mit Hass-, Bedrohungs- und Diffamierungsschreiben des Täters, liegen Polizei und Justiz vor. Die beharrliche Nachstellung gegen meinen Willen, die bis dahin nicht aufgehört hatte, wurde detailliert dokumentiert, Auswirkungen auf die Bearbeitung meines Falles hatte dies leider nicht.

Betrachtet man den Fall in seiner Gesamtheit, bleibt festzuhalten, dass die Voraussetzungen bereits vor der Verschärfung des Stalkingparagraphen im Oktober 2021 vorlagen, ab dann in besonders schwerem Fall. Dennoch hat dies und auch die nachfolgende Verschärfung keine Berücksichtigung in der Bearbeitung meines Falles und anderer Fälle dieses Täters gefunden, was wiederum zeigt, dass die bestehenden Gesetze immer nur so gut sind, wie sie in der Praxis Beachtung und Umsetzung finden.

Stalking bedeutet für das Opfer eine massive Grenzüberschreitung. Auch wenn Art und Ausmaße des Stalkings sehr verschieden sein können, ist dies ein durchgängiges Merkmal. Die Betroffenen haben den Eindruck, die Kontrolle über ihr Leben zu verlieren, fremdbestimmt und auf sich gestellt zu sein. Der Stalkingparagraph lässt auch in seiner verschärften Regelung viele Definitions- und Ermessensspielräume, was hilfreich sein kann, wenn diese auch sachgerecht ausgeleuchtet und bearbeitet werden. Problematisch wird es jedoch, wenn die Sachkenntnis nicht vorhanden ist, Fortbildungen nicht erfolgen und in Zeiten knapper Ressourcen keine Möglichkeit besteht, sich mit Auslegungen zu befassen. Denn dies bedeutet grundsätzlich einen höheren Aufwand für Polizei und Justiz in der Ermittlungsarbeit. Somit ist grundsätzlich eine umfassende Prüfung jedes einzelnes Falls erforderlich und geboten.

2.4 Anzeigen-Marathon ohne Wirkung

Wenn man Opfer von Nachstellung geworden ist, gibt es verschiedene Schritte, die man unternehmen kann. In jedem Ratgeber steht, man solle zunächst das Verhalten des Täters dokumentieren und Beweise sammeln. Dies könne beispielsweise durch das Sammeln von E-Mails oder durch Anrufprotokolle geschehen. Außerdem könne man sich an die Polizei wenden und Anzeige erstatten. In manchen Fällen könne es auch sinnvoll sein, eine einstweilige Verfügung gegen den Täter zu beantragen. Wir haben all dies getan, es hat absolut nichts gebracht, eine niederschmetternde Erkenntnis für den Opferschutz, insbesondere wenn man bedenkt, dass der Täter durch die schlichte Weigerung, zu Begutachtungsterminen zu erscheinen, was erneut ohne Konsequenz für ihn blieb, erst im Zuge des Kölner Verfahrens hinsichtlich der Schuldfähigkeit begutachtet worden ist.

„Zur falschen Zeit am falschen Ort", hat mir ein sehr guter Stalkingtherapeut mitgeteilt auf meine hilflose Frage: „Warum gerade ich, warum gerade wir?" Denn nicht nur die zuständigen Behörden stellen gerne „Warum-Fragen", die in diesem Kontext nicht hilfreich sind, da es völlig außerhalb des eigenen Einflussbereichs liegt, ob sich eine Person ‚an einem festbeißt' oder nicht. Man selbst fragt sich als reflektierter Mensch zumindest zu Beginn der Attacken, ob man selbst vielleicht ‚etwas falsch' gemacht habe oder den späteren Verlauf hätte verhindern können.

Ich weiß noch, dass ich mich damals unwohl gefühlt habe, als ich meine erste Vorstellung in der Teambesprechung als künftige Vorgesetzte hatte und der spätere Stalker, der auch daran teilnahm, versuchte, mir und auch dem Team gegenüber eine Pseudo-Dominanz zu präsentieren, die vollkommen unangebracht war. Später sollte ich erfahren, dass der verhaltensauffällige Mitarbeiter und spätere Stalker damals bereits ein unangemessenes Mindset mir gegenüber hatte und ein grundsätzliches Problem mit Frauen hat. Dass er sich auch bereits gegenüber anderen weiblichen Hochschulbeschäftigten unangemessen und besorgniserregend verhalten hatte, war der Grund dafür, warum ich, die ich diese Person nicht eingestellt hatte, von der damaligen Leitung den Auftrag bekam, vor Ablauf der Probezeit zu kündigen.

Die Verhaltensauffälligkeiten gegenüber Frauen hatten bereits vor meinem Dienstantritt dazu geführt, dass der Stalker schon zu Beginn seiner Probezeit von einem Büro mit einer weiblichen Kollegin in eines mit einem männlichen Kollegen umgesetzt wurde. Auch sein unangemessenes Auftreten gegenüber Professorinnen war Ausdruck eines tiefsitzenden Frauenhasses, der mir jedoch damals in seiner Tragweite natürlich überhaupt nicht klar war.

Wie bereits eingangs erwähnt, handelt es sich in meinem Fall um ein sogenanntes „Rachestalking" eines gekündigten ehemaligen Mitarbeiters, also kein sogenanntes Partnerschaftsstalking, das anders zu behandeln ist, da die Grundkonstellation entscheidend abweicht. Das war der Vor-Ort-Polizei leider nicht klar. Tatsächlich forderte mich ein leitender Kriminalbeamter auf, ich solle eine Erklärung abgeben, dass ich keinen Kontakt zum Täter suchen würde, was in meinem Fall vollkommen absurd war, da es eine ausgeschriebene Sachlage gab, aus der eindeutig hervorging, dass ich keinen Kontakt wünschte. Aber man ging dann eben so vor, wie man es bei der Polizei wohl aus Fällen des Privatstalkings kannte. Des Weiteren wurde ich gedrängt, meine Privatadresse anzugeben, obwohl es sich um ein Stalking im Berufskontext handelt, ich in meiner beruflichen Funktion angegriffen werde und wir die Berufsadresse angegeben hatten, sodass ich jederzeit lokalisierbar und auch als Zeugin und Nebenklägerin ladungsfähig erreichbar war. Daraufhin musste ich bei der Polizei jede Woche für die ganze Woche melden, wann ich wo war, es wurde also ein Bewegungsprofil von mir angelegt. Der Täter hingegen erfüllte zeitgleich seine Meldeauflagen nicht, was offensichtlich kein Problem für ihn war und keine Konsequenzen nach sich zog. Neben einer Veränderung der Lebensweise, wie beispielsweise der, den Arbeitsplatz und auch bereits den Arbeitsweg als Angstraum und nicht mehr als geschützten Raum wahrnehmen zu können, führte die dauerhafte Bedrohung auch zum sozialen Rückzug. Ich bin abends nicht mehr mit Freundinnen essen oder in die Stadt gegangen, ich setzte mich seitdem, wenn ich zwingend unterwegs sein musste, immer so hin, dass ich eine Wand im Rücken und die Tür im Blick hatte. Ich konnte nicht mehr schlafen, habe kaum noch Lebensfreude empfunden und hatte immer Angst um meinen Sohn, der von dem Stalker wiederholt in den Briefen genannt und mit einem unglaublichen Hass verfolgt worden ist. Allein die Tatsache, dass er in dem Kündigungsgespräch schon mitgeteilt hatte, er werde uns das Leben zu Hölle machen, er wisse, wie das gehe und er hoffe sehr, dass unseren Kindern (der Personaldezernent hat zwei Kinder) nichts zustoßen werde, hat mich in Angst und Schrecken versetzt, denn es war damals schon klar, er meinte dies ernst. Auch wenn ich als Juristin logisch analysieren kann, dass ein potenzieller Straftäter aus Hass die Kinder bedroht, um eine Mutter oder einen Vater dort zu treffen, wo es wirklich wehtut, bedeutet dies jedoch nicht, dass er seine Androhungen nicht in die Tat umsetzt.

Mit einer solchen unkontrollierten Wut und blankem Hass konfrontiert zu sein, der sich zusätzlich gegen das eigene Kind richtet und sich zugleich als Störfaktor der Polizei behandelt zu wissen, macht etwas mit einem. Hätten die Behörden früher eingegriffen, dem Stalker früher eine Grenze aufgezeigt, anstatt eine frucht- und folgenlose Gefährderansprache nach der nächsten vorzunehmen, hätte man vielleicht nicht nur uns Betroffenen, sondern auch dem Täter selbst dabei helfen können, dass sich sein wahnhaftes Narrativ nicht weiter verstärkt.

2.5 Bedrohung des Kindes

Zunächst entschieden wir uns, unserem Sohn nichts über die Bedrohungssituation zu sagen. Er war zu Beginn des Stalkings gerade 10 Jahre alt und wir wollten ihn nicht verunsichern oder ängstigen. Dennoch hatten die Drohungen Auswirkungen auch auf das Leben unseres Sohnes. Wir brachten ihn zur Schule, holten ihn ab und sorgten dafür, dass er nicht allein oder unbegleitet auf dem Heimweg war. Während alle Kinder schon längst selbstständig den Schulweg bestritten, musste mein Sohn sich an- und abmelden, wo er war. Die Angst, die der Stalker verbreitete, durch die er unsere Leben kontrollieren und verschlechtern wollte, war stets unser unerwünschter Begleiter. Bis der Stalker im November 2022 in Köln in U-Haft genommen worden ist, haben wir unseren Sohn auch in seiner Freizeit stets zum Training gebracht und abgeholt. Unser Sohn wurde von Januar 2018 bis November 2022, einer Zeitspanne, in der seine Freunde anfingen, soziale Medien für sich zu entdecken und mit ihren sportlichen und schulischen Erfolgen zu glänzen, immer aus allem herausgehalten, woraus sich Ansatzpunkte für den Stalker hinsichtlich des Wohnorts und weiterer persönlicher Informationen hätten ergeben können. Natürlich hat unser Sohn irgendwann angefangen, Fragen zu stellen und auch für sich reklamiert, ohne „Mutti-Taxi" mit öffentlichen Verkehrsmitteln in die Schule und zu anderen Terminen zu fahren. Er wollte sich ebenfalls Social-Media-Accounts anlegen und hat es auch nicht eingesehen, bei seinen Leistungen nicht mit Bild und Text auf der Schulhomepage zu stehen. Irgendwann sagte mein Mann zu mir, wenn wir unser Kind nun nicht „die Flügel ausbreiten" ließen, habe der Stalker bereits gewonnen. Wir haben dann alters- und leistungsgemäße öffentliche Bilder und Aktivitäten zugelassen.

3. Sekundäre Viktimisierung

Neben den unmittelbaren Auswirkungen ist auch eine mittelbare Erosion des Grundvertrauens in den Rechtsstaat eingetreten. Dieser mittelbare Schaden zieht indes viel weitere Kreise in ein viel weiteres Umfeld als das zunächst oben beschriebene. Jede Person, die betroffen ist, hat Familie, Freunde, Arbeitskollegen, die auch wiederum weitere Personen kennen. Niemand versteht, warum Niemand dieser Person, dem Stalker Einhalt geboten hat. Es gibt einen Verlust des Vertrauens in den Staat und die Institutionen, der mehrfache Multiplikationseffekte auch in die Breite der Gesellschaft hat.

Für alle Betroffenen und die zuständigen Institutionen kommt erschwerend hinzu, dass der Täter aufgrund seiner über 20-jährigen Erfahrung mit Bedrohungs- und Verleumdungsaktivitäten sehr genau weiß, wie er die wenig agilen und kaum vernetzten – sowie in Teilen leider auch wenig fortgebildeten und überlasteten – Polizei- und Justizsysteme nutzen kann, um diese als sogenannte Dritte i. S. d. Nachstellungsparagraphen gegen die Betroffenen einzusetzen.

Der Stalker hat nie lange an einer Stelle gearbeitet, lebt von den Sozialsystemen und nutzt seine Zeit destruktiv, indem er unter anderem Rechtsverfahren mit unrichtigen Behauptungen gegen die Betroffenen initialisiert. Die Behörden benutzt er zur Übermittlung seiner Schmäh- und Drohbriefe – trotz offensichtlich diffamierender und schriftlich fixierter bedrohender Inhalte – an die Betroffenen, sodass für den Stalker die seitens der Betroffenen unerwünschte Kontaktaufnahme durch die Behörden als sogenannte Dritte vorgenommen wird. Dies zum Teil über Jahre hinweg mit schwerwiegenden gesundheitlichen Konsequenzen für die Betroffenen und einer damit zugleich verbundenen stetigen Stärkung des Täters durch die Behörden. Mangels rechtlicher Konsequenzen für ihn und trotz einer Vielzahl von Anzeigen durch die Betroffenen sieht er sich gestärkt und kann ungehindert fortlaufend weitere Schäden bei den Betroffenen verursachen.

Es findet eine faktische Täter-Opfer-Umkehr sowie eine massive sekundäre Viktimisierung der bereits traumatisierten Opfer durch die nicht eingreifenden staatlichen Institutionen statt. Hiermit sind aus den Erfahrungen in meinem Fall nicht nur die zuständigen Tatort- und Wohnortbehörden gemeint, sondern ebenso die beteiligten Gerichte, die auf Eingaben eines nicht mandatierten Verteidigers reagieren und auf Beschwerden des Stalkers hin Vollstreckungen aus einstweiligen Verfügungen bis heute verhindern. Auch die Ordnungsämter und der Sozialpsychiatrische Dienst am Wohnort des Stalkers, die alle aus ihrer originären Aufgabenzuweisung informiert sind und, konkret belegt durch eine Vielzahl von Schreiben des Täters, einen bestens dokumentierten Sachverhalt mit entsprechenden Anzeigen und Problemanzeigen mit einem eindeutig identifizierbaren Täter erhalten haben, sind nicht eingeschritten. Als Betroffene macht einen diese flächendeckende Untätigkeit rat- und mutlos.

4. Keine (digitale) Vernetzung der beteiligten Behörden

Um es vorwegzunehmen: Auch in anderen Städten gab es Betroffene. Es ist gerichtsbekannt, dass der Täter bereits in seiner Schulzeit auffällig war und immer wieder auch einschlägige Psychiatrieaufenthalte vorlagen. Im Jahr 2017 ist der Stalker in Rheinland-Pfalz bereits wegen einer einschlägigen Straftat zu einer Tagessatzstrafe verurteilt worden. Dies war in NRW offenbar nicht bekannt. Mir wurde seitens der Polizei auf Nachfrage zum Bearbeitungsstand der Anzeigen mehrfach mitgeteilt, ich sei die einzige Betroffene, obwohl bekannt war, dass auch Kolleginnen und Kollegen meiner (ehemaligen) Arbeitsstätte betroffen sind und waren. Wir als Betroffene wurden im Gegenzug als störend behandelt und fragen uns weiterhin: Warum war es in Köln möglich, den Täter in U-Haft zu nehmen und letztlich auch nach § 63 StGB unterzubringen und in den hier betroffenen Städten nicht? Warum wurde ein Haftbefehl hier sofort gegen Auflagen wieder außer Vollzug gesetzt und trotz Verletzung der Meldeauflage nicht wieder vollstreckt? Wieso konnte der Stalker dort einen Übergriff an seinem ehemaligen Arbeitsplatz vornehmen, eine Kollegin mit sich in einem Raum einsperren, andere Kolleginnen jagen und wurde dann nach 24 Stunden wieder auf freien Fuß gesetzt? Warum ist man in einem Bundesland in einer Stadt „vogelfrei", wie der Stalker es selbst in einem Schreiben an mich über mich formulierte, und in einer anderen Stadt nicht? Diese Fragen sind bis heute nicht beantwortet worden.

Mein Fall beginnt im Januar 2018 und ist bis heute noch nicht juristisch be- und aufgearbeitet worden. Wir haben bei der hiesigen Staatsanwaltschaft mittlerweile den vierten Bearbeiterwechsel, und außer der stets gleichbleibend floskelartigen Zusicherung an meinen Nebenklagevertreter, man werde sich „nun weiter mit dem Fall befassen", ist bisher nichts passiert. Meine Familie und ich sind konstant in Sorge, was passiert, wenn der Stalker wieder entlassen wird, denn Rechtsmittel hat er wie immer bereits eingelegt. Der Hinweis des Vorsitzenden in dem Kölner Verfahren in Bezug auf unser Verfahren war, es sei wichtig, dass nun unsere Wohnortjustiz den Fall nun bearbeite. Mir als Juristin ist natürlich auch klar, dass der § 154 StPO ein rechtlich abgesicherter Weg ist, einen Fall von der Bearbeitungsliste zu streichen. Diese Norm ist eine Teileinstellungsnorm bei Mehrfachtätern und soll der Verfahrensbeschleunigung dienen. Sie wird u.a. herangezogen, wenn ein Täter bereits wegen einer anderen Tat rechtskräftig verurteilt worden ist und die neben dieser Verurteilung zu erwartende Strafe nicht beträchtlich ins Gewicht fällt. Es ist angesichts der dokumentierten Taten, des langjährigen Schädigungszeitraumes sowie des großen Geschädigtenkreises und des unmissverständlich geäußerten Vernichtungswillen des Täters nahezu absurd, hier zu einer solchen Einschätzung zu kommen. Des Weiteren steht dies klar dem Verbindungsbeschluss des BGH entgegen, der ausdrücklich die Verbindung der Verfahren verfügt hat und nun im Ergebnis über den § 154 StPO genauso ins Leere läuft, wie ich als Nebenklägerin. Die Teileinstellung mit Hinweis auf „ein führendes größeres Verfahren" wurde in dem Kontext auch bereits an anderen Stellen praktiziert. So dass im Ergebnis justizseitig jeweils nur Einzelteile eines Gesamtfalls „bearbeitet" werden die durch Einstellung an der Stelle enden. Der eingestellte Teil des Falls verschwindet sodann, zugleich teilt man den Betroffenen aber mit, dass dieser grundsätzlich unanfechtbare Beschluss natürlich auch wieder aufgenommen werden könne, nur bedarf es in der Realität hierfür eines Wiederaufnahme durch Gerichtsbeschluss und es darf keine Verjährung eingetreten sein. Die Erfolgsaussichten sind daher kaum wahrnehmbar und es erfordert wieder, dass die Betroffen sich gegen einen Antrag der Staatsanwaltschaft, der zu einem Gerichtsbeschluss geführt hat, durchsetzen müssten. Dazu, wie es sich auf Betroffene auswirkt, wenn der eigene Fall und das eigene Leid als „nicht beträchtlich ins Gewicht fallend" eingeschätzt werden, muss ich an dieser Stelle nichts mehr sagen. Den Betroffenen und dem Systemvertrauen hilft diese Vorgehensweise nicht. Denn wenn man einen großen zusammenhängenden Fall in viele kleine Fälle aufsplittet (so zuletzt auch geschehen durch die Herauslösung eines Vorgangs kurz vor der U-Haft im November 2022 durch PeRisKop (Konzept zur Früherkennung von und zum Umgang mit Personen mit Risikopotenzial), der zu einer Einzelbearbeitung in Hagen führte und die Einstellung zur Folge hatte, obwohl auch PeRisKop Kenntnis von dem Fall und dem Gesamtzusammenhang in unserer Stadt hatte, fragen sich Betroffene, wieso so vorgegangen wird. Es ist sachlich jedenfalls nicht nachvollziehbar, warum diese Anzeige in einer bekannten Kette von Anzeigen als vermeintlicher Einzelsachverhalt nach Hagen übermittelt wurde.

Bei den Opfern entsteht folgender Eindruck: Ein bekannter Gesamtsachverhalt in viele einzelne Vorgänge aufgesplittet, obwohl die Qualifikation des Stalkingparagraphen gerade auf einen fortdauernden Zeitraum abzielt, was de facto eine Nichtbeachtung des Stalkingparagraphen darstellt. So werden im Ergebnis viele der Anzeigen mit Verweis auf ein führendes Verfahren als Einzelfall eingestellt, das führende Verfahren geht jedoch nicht weiter. Somit ist die Arbeit aus der Justizperspektive vom Tisch, ob das „große führende Verfahren" jemals verfolgt wird, steht in den Sternen, unterliegt aber in jedem Fall der Verjährungsgefahr und den Anforderungen eines Wiederaufnahmeverfahrens. Die Betroffenen bleiben als Opfer des Justiz-Domino-Einstellungseffekts zurück.

Für mich als Volljuristin mit einer über zwanzigjährigen Berufspraxis in Verwaltungsstrukturen ist der Umgang mit uns und unserem Fall insofern mehrfach erschütternd. Zum einen als Opfer eines fortdauernden Deliktes mit all den negativen Auswirkungen, die dieses auf mein familiäres und berufliches Umfeld hat und zum anderen in Form des Vertrauensverlustes, den ich als Juristin, die aus Überzeugung Jura studiert hat und in den öffentlichen Dienst gegangen ist, nie für möglich gehalten hätte. Auf meine Sorgen als Mutter, ob der Stalker seine Drohungen gegen meinen Sohn wahrmacht und ob er sich weiter auf ihn fixiert, sowie auf alles, was man sich als Mutter in dieser unmöglichen Bedrohungssituation fragt, gehe ich hier nicht weiter ein, das lässt sich auch ohne Erläuterung nachvollziehen.

Ich hätte nie für möglich gehalten, dass der Staat es ermöglicht, dass ein aggressiver, sozial auffälliger Mensch, der nichts Produktives zu unserer Gesellschaft beiträgt und durch den Staat finanziert in seinem Leben nichts als Leid und Terror verursacht, mich unter anderem ungestraft mehrfach schriftlich bei Gericht und anderen Behörden unter anderem als „Drecksf****" bezeichnen darf. Dass mir dieser Mensch das Jugendamt zur Entfernung meines Sohnes aus meinem Haushalt schicken und mich mit einem dokumentierten und eingeräumten schriftlichen Erpressungsversuch trotz Anzeige und eindeutiger Papierlage über Jahre ungehindert terrorisieren kann. Mir ist unerklärlich, wie er nicht nur mich, sondern auch meinen Sohn sexualisiert bedrohen und mich in meinen Arbeitsumfeld ebenso bedrohen und diffamieren kann, ohne dass uns geholfen wird! Im Gegenteil, wir Opfer müssen uns erklären, immer wieder auf die absurdesten Behauptungen reagieren bei einem Täter, der bereits durch Sprache und Inhalt offensichtlich die Justiz und andere Behörden als Dritte instrumentalisiert – und das geschieht alles neben dem ‚normalen' Leben, neben der Arbeit. Es bleibt kein Platz mehr für Erholung, wie ein Schatten legt sich das schleichende Gift des Terrors auf unsere Leben. All dies darf ein Täter über Jahre hinweg ohne rechtliche Konsequenzen tun, wodurch nicht nur mein Grundvertrauen in den Rechtsstaat erdrutschartig erschüttert ist Diese extreme Verschlechterung der Lebens- und Gesundheitslage ist durch das langjährige Stalking verursacht, aber auch durch die beteiligten Institutionen vertieft worden, die uns nicht nur nicht geholfen, sondern aufgrund mangelnder Fehlerkultur auch noch zusätzlich belastet haben.

Allen betroffenen Juristinnen und Juristen ist auch aufgrund der Art der Schreiben klar, dass es dem Stalker darum geht, sich überlegen zu fühlen und er seinen Hass aus einem tiefen Unterlegenheitsgefühl heraus bezieht. Die Art und Weise, wie er über Frauen schreibt und diese auch in den widerlichen sexualisierten Passagen beschreibt, lassen den Eindruck entstehen, dass er es in seinem ganzen Leben bisher nicht geschafft haben wird, sich auf eine sozial akzeptierte Art einer Frau zu nähern. Die Schreiben lassen des Weiteren Anlehnungen an den

Sprach- und Haltungsduktus sog. Incels erkennen. Die ausdrücklich rechtsradikalen Passagen, insbesondere die Sätze mit Bezugnahme auf die Ermordung Walter Lübckes, lassen auch Anleihen an Formulierungen der Identitären erkennen.

Natürlich will der Täter Macht und Kontrolle über die Betroffenen ausüben. Über die Jahre hinweg, in denen der Täter ungebremst seine Rachegedanken formulieren konnte, ist zu erkennen, dass es eine stetige Steigerung der Drohungen gibt und eine zunehmende Wahnhaftigkeit im Narrativ des Täters. Zu Beginn wirkten diese Drohungen wie eine Exit-Strategie des Stalkers. Dies wurde von ihm auch schriftlich so kolportiert. „Ihr könnt mir nichts, Herr Staatsanwalt B. hat mir gesagt, wenn ich einen auf schuldunfähig mache, kann ich tun und lassen, was ich will und werde immer freigesprochen", teilte er schriftlich mit. Auch in dem Kölner Verfahren wurde deutlich, dass der Täter sich in der Vorstellung verloren hatte, er sei der Richter, der über mich als Betroffene urteilen werde. Er kam mit einem Karren voller Aktenordner, die er auf seinem Tisch aufbaute und teilte der Kammer mit, was seine „Rechtsauffassung" sei. Er drohte und schimpfte und auch seine beiden Rechtsanwälte schienen zunehmend überfordert mit dem Handling ihres Mandanten. Obwohl er gemäß § 63 StGB untergebracht ist, schreibt er von dort aus weiterhin Droh- und Diffamierungsbriefe. Ihm wird gestattet, die Taten, wegen denen er in der Unterbringung ist, ungehindert fortzusetzen. Sein Krankheitsbild, aufgrund dessen er für nicht auszuschließend schuldunfähig erklärt worden ist, setzt sich also weiterhin fest, er lebt es auch nach wie vor aus. Die Angst der Betroffenen vor dem, was kommen mag, wenn der Stalker in dem Zustand, in dem er untergebracht wurde, herauskommt, bleibt.

5. Der schuldunfähige Täter

Gemäß § 20 StGB handelt derjenige ohne Schuld, der bei Begehung der Tat wegen einer krankhaften seelischen Störung, wegen einer tiefgreifenden Bewusstseinsstörung, wegen einer Intelligenzminderung oder einer schweren anderen seelischen Störung unfähig ist, das Unrecht der

Tat einzusehen oder nach dieser Einsicht zu handeln. Dieser wichtige Grundsatz bedeutet, dass den Gutachtern im Strafverfahren eine große Bedeutung und auch eine große Verantwortung zuteil wird. Für die Betroffenen, die sich einem gleichwohl gefährlichen Täter ausgesetzt sehen, aber auch für die beteiligten Behörden, ist dies ein erschwerender und oftmals auch schwer einschätzbarer Umstand in der Fallbearbeitung. Für die Betroffenen ist es unerträglich, wenn das Ergebnis eines solchen Verfahrens als Freispruch gekennzeichnet dazu führt, dass der Täter sich in seinem Wahn und durch den Freispruch bestätigt auch noch im Recht sieht. Es wäre zu überlegen, den Freispruch mit dem Zusatz „Freispruch infolge Schuldunfähigkeit" zu kennzeichnen, sodass bei weiteren grundsätzlich strafbaren Handlungen, die nur infolge Schuldunfähigkeit nicht geahndet werden, also am Ende der Strafbarkeitsprüfung ausgestiegen werden muss, die Betroffenen bei Diffamierungen bei den Behörden nicht permanent gezwungen sind, jedes Mal wieder erneut gegen den „Freispruch" anzuschreiben. anzuschreiben, sondern sich auf eine unterbliebene Verurteilung infolge psychischer Störung beziehen könnten. Wie geht man sonst beispielsweise in Stalking-Fällen damit um, wenn der Stalker weiterhin Straftaten begeht und sich nun auch noch auf seinen Freispruch stützt? Das Wort „Freispruch" löst bei Nichtjuristen die Gedankenkette aus, dass Jemand durch den Staat von dem Vorwurf des begangenen Unrechts freigesprochen worden ist, sich mithin gesetzeskonform verhalten habe. So fasst es auch der vermutlich psychisch kranke Täter in meinen Fall auf. Der Stalker kündigte mir als Nebenklägerin in dem Kölner Verfahren, mit dem der BGH unser Verfahren durch Beschluss verbunden hatte, im letzten Jahr direkt im Beisein der Kammer an, er werde „mit einem astreinen Freispruch herausgehen" und dann könne ich sehen, wie er „erst richtig loslege". Wir haben hier den Fall voll verwirklichter objektiver Tatbestandsmerkmale, vorsätzlichen Handels ohne Rechtfertigungsgrund und steigen juristisch erst an der letzten Stelle, der Schuldunfähigkeit aus. Ein Freispruch ohne Zusatz, ohne den Hinweis auf die Schuldunfähigkeit, erweckt den Eindruck, nicht verübten Unrechts, das ist sachlich und in puncto Opferschutz auch im Ergebnis falsch.

6. Fazit

Stalking ist nicht nur für das Opfer, sondern auch für das gesamte Arbeits- und Sozialumfeld belastend. Der Täter greift gravierend in Lebens- und Berufsbiografien ein. Jobs werden gewechselt, Wohnorte verlegt, soziale Treffen abgesagt und Kinder mittelbar in ihren Entwicklungsmöglichkeiten eingeschränkt. Betroffene und ihr Umfeld werden psychisch massiv belastet und in ihrer Freiheitssphäre beeinträchtigt. Niemand möchte Opfer sein, und vor allem möchte auch niemand mit Menschen zu viel zu tun haben, die durch einen Stalker bedroht werden, weil der Täter ja auch das nahe und weite Umfeld in seine Schädigungshandlungen einbezieht, man wirkt wie ‚kontaminiert'. Mit der Verschärfung des Stalkingparagraphen wollte der Gesetzgeber eine klare Positionierung mit der Botschaft „Opferschutz vor Täterschutz" vermitteln. Dies ist bisher aber leider zumindest in der Praxis nicht angekommen. Die ehemalige Opferschutzbeauftragte des Landes Nordrhein-Westfalen verwies lediglich an „HateAid", eine sicherlich sehr gut aufgestellte private Hilfsorganisation, die sich primär mit digitaler Gewalt auseinandersetzt. Für uns als Betroffene analoger Gewalt war diese Ablehnung der Befassung einer extra vom Land eingerichteten Beauftragten FÜR Opferschutz nur ein weiterer Tiefschlag in einer Kette von Verantwortungsabgaben und Verweisen auf andere.

In meinem privaten Engagement für ein Frauenhaus erlebe ich, wie wichtig es auch für künftiges Empowerment traumatisierter Betroffener ist, dass Opferschutz und Opferunterstützung eben nicht nur Betroffenensache sind. Es handelt sich um eine gesamtgesellschaftliche, grundrechtlich geschützte Aufgabe, die sich als Querschnittsaufgabe durch alle Institutionen ziehen und zu einem sensiblen Umgang mit Betroffenen und einer guten Begleitung führen sollte. Zur Stärkung des Gemeinschaftsgedankens in institutionell übergreifenden Verfahren soll auch mein Bericht beitragen. Das Grundvertrauen des Einzelnen

in Behörden und Institutionen ist der beste Nukleus des Demokratie-
schutzes, den die Gesellschaft bieten kann; es ist ein Anspruch und
zugleich ein grundrechtlich geschützter Auftrag unserer Behörden, dort
regulierend einzugreifen, wo Menschen und ihre Rechtsgüter verletzt
werden.

Aus diesem Grund bin ich nach wie vor überzeugt davon, dass Betroffenen schon niedrigschwellig, bereits in der Anzeigesituation durch
eine entsprechende Sensibilisierung und Fortbildung der beteiligten
Personen und Institutionen viel Leid erspart werden kann. Dies moti-
viert mich dazu, aus unseren schlechten Erfahrungen heraus zumindest
für künftige Betroffene zu einem besseren Umgang mit einem besseren
Ausgang für die Opfer beizutragen, denn unser Leid soll nicht sinnlos
sein.

Enttäuschtes Vertrauen – Erwachsen werden mit Stalking

von Lennart

Wenn man Opfer von Stalking wird, ist plötzlich nichts mehr so, wie es einmal war. Auch wenn man Sohn einer Stalking-Betroffenen ist, steht die Welt auf einmal auf dem Kopf. Der Alltag, Freizeit, Freundschaften. Das Gefühl von Sicherheit – alles verändert sich rasend schnell, während man versuchen muss, mit dem unmöglichen Tempo mitzuhalten. Damit Betroffene nicht daran zerbrechen, muss man sie zu Wort kommen lassen, Solidarität gelebte Praxis werden lassen und vor allem unerbittlich daran arbeiten, dass das fehlende Schützen von Opfern von Kriminalität kein Massenphänomen wird.

Vorwort

Wie soll ich anfangen? Mit dieser Frage habe ich mich nun bestimmt drei Wochen beschäftigt. Denn: Kann man überhaupt einen angemessenen Anfang finden für das, was ich nachfolgend begreifbar machen möchte? Von Angst und Hilflosigkeit über Ungerechtigkeit, Traumatisierung und Retraumatisierung bis hin zu schierem Unverständnis: Wie soll ich das alles nur erklären? Eine Situation, für deren Schilderungen ich bisher nur ungläubig angeschaut, gar teilweise mit ungläubigem Lachen bedacht wurde, da niemand, mich eingeschlossen, es für möglich gehalten hätte, sich in einer so lebenszehrenden Lage wiederzufinden.

Nun, ich möchte es versuchen – ich kann nicht versprechen, dass es mir perfekt gelingen wird, doch ich möchte es versuchen, Ihnen einen Einblick in das zu geben, was vor allem meine Mutter, aber entsprechend auch mich seit nunmehr 7 Jahren massiv belastet. Ich möchte damit beginnen zu beschreiben, wie die Anfangszeit des Stalkings aussah und nachfolgend auf das Versagen regionaler polizeilicher und justizieller Institutionen sowie die einschneidenden Auswirkungen auf unser Leben eingehen.

Die Anfänge

Das verschärfte Stalking begann bereits weit bevor es mir unmittelbar ins Bewusstsein rückte. Ich war damals 10 Jahre alt. Zuerst erspürte ich kleine Veränderungen in meinem Leben und in meinem Umfeld. Warum ist meine Mutter plötzlich so rastlos? Warum soll ich meine Privatadresse nicht mehr verwenden? Warum soll ich bei Veranstaltungen möglichst nicht auf Fotografien erscheinen? Warum soll ich es vermeiden, mich allein mit öffentlichen Verkehrsmitteln fortzubewegen? Warum ziehen sich Freunde von mir zurück, obwohl ich ihnen nichts getan habe? Irgendwann wurde ich dann eingeweiht. Das ist mit Sicherheit nichts, was eine Mutter ihrem Kind gerne aufbürdet, doch es war eine Notwendigkeit. Allein aus Gründen der persönlichen Sicherheit. Die Unausweichlichkeit dessen wurde sehr deutlich, als der Täter meiner Mutter und mir an unserem Auto auflauerte und zunehmend aggressiver und bedrohlicher wurde. Zu dieser Zeit war unser Vertrauen in die Durchsetzung geltenden Rechts unerschütterlich. Wir waren der festen Überzeugung, dass diese angespannte Situation nach einigen Monaten vorüber sein würde und wir zu einem normalen Alltag zurückkehren könnten – und ich wieder unbeschwert Kind sein könnte. Doch ich musste sehr schnell erwachsen werden, denn wie das nächste Kapitel zeigen wird, kamen die zuständigen Behörden ihren Pflichten nicht im Geringsten nach – Recht wich dem Unrecht.

Courage – Mangelware in der Führungsetage

Die Erkenntnis, die sich hinter dem im Volksmund bekannten Zitat „Wo der Mut keine Zunge hat, bleibt die Vernunft stumm" verbirgt, ist eine, die mir in den letzten Jahren mit furchtbarer Regelmäßigkeit mit dem Vorschlaghammer der Mutlosen, der Tatlosen, der Feigen eingeprügelt wurde. Es scheint offensichtlich, dass es Zeitpunkte im Leben gibt, in denen es Menschen an Mut fehlt und folglich wichtige, richtige Entscheidungen ausbleiben. Zeitpunkte, an denen nicht Verstand und Justitia die Feder menschlichen Handelns führen, sondern die Angst oder Indifferenz triumphiert und durch eine einzige falsche oder gar keine Entscheidung Flächenbrände in Dutzenden Leben ausgelöst werden. Doch was ich vorher nie für möglich gehalten hätte, wurde leider bittere Realität. Wir mussten erleben, dass polizeiliche und justizielle Institutionen, deren oberste Aufgabe es ist, Bürgerinnen und Bürger um jeden Preis zu schützen, indem sie neben der Vernunft keinen Platz für Angst lassen, über Jahre hinweg in solch großem Ausmaß Gleichgültigkeit und Unwillen zeigen, ihrer Pflicht nachzukommen. Institutionen, die damit betraut sind, das höchste Gut unserer Zivilisation zu schützen – die Unversehrtheit eines jeden. Es war mir unvorstellbar, dass Menschen, die sich für diesen bedeutenden Lebensweg entschieden haben, diese Institutionen zu verkörpern und somit rechtsstaatliche Werte unbeirrbar zu verfechten, dann doch lieber einmal mehr nicht die unbequemen Entschlüsse zum Schutz der Opfer und zur Gewährleistung der Sicherheit der Allgemeinheit treffen. Dass sie die Opfer von Kriminalität vor den Bus schmeißen, um nicht selbst bedroht zu werden. Selbstredend umschließt diese vernichtende Verfehlung nicht ansatzweise den gesamten Polizei- und Justizapparat, jedoch ist gerade in unserem Fall auffallend, dass leider besonders in der Führungsetage zuständiger Kriminalämter und Gerichte eine untragbare Diskrepanz zwischen Berufsideal und tatsächlicher Praxis herrscht: Genau dort, wo lebens- und überlebenswichtige Entscheidungen gegen Täter getroffen werden könnten, bleiben sie aus. Stattdessen wird die ohnehin bereits prekäre Lage der Opfer durch offenkundige Fehlentscheidungen oder eine nicht endende Menge formaler Fehler radikal verschärft.

Wenn die unverletzlichen Rechte eines Menschen verletzt werden, versagt der Staat. Jedes Mal, wenn jemand Opfer von Kriminalität wird, versagt der Staat. Müssten die zuständigen lokalen Behörden nicht nun alles Erdenkliche tun, um Gerechtigkeit wiederherzustellen und weitere Schädigungen zu unterbinden? Das müsste man meinen, bloß: Betrachtet man Beispiele wie unseren Fall und Fälle anderer Stalkingopfer, die medial aufbereitet wurden, dann scheint eine Selbstverständlichkeit mitnichten eine Gewissheit zu sein. Wenn die Mühlen der Justiz die Opfer zermahlen, dann kann etwas nicht stimmen. Wenn Unfähigkeit in Ungerechtigkeit mündet, muss ein Korrektiv her. Wenn ein Täter trotz unzähliger Gefährderansprachen, trotz Freiheitsberaubung und Körperverletzung für ungefährlich befunden wird und ohne Weiteres – weder Schutzmaßnahmen für die Opfer noch Strafmaßnahmen für den Täter – ungestraft davonkommt, scheint es an der Ausübung geltenden Rechts, geschweige denn Verstandes zu mangeln.

Statt Schutz Schaden. Hierfür gibt es zahlreiche Belege: Verfahren werden in die Länge gezogen, einstweilige Verfügungen nicht vollstreckt. Nicht nur werden Strafen vereitelt und durch die Staatsanwaltschaft noch Ratschläge an den Täter vermittelt, wie „Sie müssen nur auf verrückt machen, dann passiert Ihnen nichts": Briefe, die der Täter an die örtliche Staatsanwaltschaft und Polizei sendet, enthalten von haarsträubenden Beleidigungen und Bedrohungen über völlig verrückte Unterstellungen bis hin zu Todesdrohungen an meine Mutter und mich wirklich alles. Was tun die zuständigen Behörden nun? Sie stellen besagte Schreiben, ohne mit der Wimper zu zucken, an uns durch und vertiefen Traumata. Sie lassen sich instrumentalisieren und werden zu Dritten im Sinne des „Stalkingparagraphen". Konkret bedeutet das in diesem Fall, dass sich der Täter der Justiz und Polizei bedient, um seine Beleidigungen und Bedrohungen an die Opfer zuzustellen. Tätersolidarität scheint einen größeren Stellenwert als das Gesetz zu haben. Diese institutionalisierte Mittäterschaft ist für mich noch immer nicht richtig greifbar. Warum werden wir von denen, die uns beschützen sollten, alleingelassen? Ist es ihre Angst, ihr Unwille, sich der der eigenen Position inhärenten Belastung auszusetzen? Diese Fragen könnten wohl nur jene beantworten, die ihre Schutzverpflichtung verraten haben. Doch ich bezweifle, dass im Angesicht des verursachten Leidens, der Verzweiflung und der vielen schlaflosen Nächte eine zufriedenstellende Antwort zu bekommen wäre. Mit John Lockes Aussage, die den meisten als „Den Schuldigen zu schonen, ist Grausamkeit gegen den Unschuldigen" geläufig ist, lässt sich solch Unvorstellbares vielleicht ein wenig besser vorstellbar machen – wobei man in unserem Fall leider nicht nur von Schonung des Schuldigen sprechen kann ...

Lebensrealität

Wie sieht das Leben eines Jugendlichen aus, dessen Mutter Opfer von Stalking ist? Wie geht man damit um, vom personifizierten Staatsversagen bedroht zu werden? Wie soll man verkraften, dass das tiefste Vertrauen, das man als Kind von zwei Juristen in ein System hatte, sukzessiv erschüttert wird – während man vergeblich nach rationalen Erklärungen für die manifestierte Dystopie sucht? Ich weiß es nicht. Uns ist in den letzten Jahren so viel Unsägliches widerfahren, von Freunden, die zu Fremden wurden, weil die Opfer als Gefahr angesehen werden. Weil ein Zusammenhang zwischen Tun und Ergehen hergestellt wird, der widerlicher nicht sein könnte, Opfer kriminalisiert und sie als Schuldige für ihr Leiden hinstellt, denn schließlich „musst du doch irgendetwas getan haben, dass der Stalker sich für dich interessiert". Ignorant gegenüber der Tatsache, dass Hass keiner Logik folgt und keine Begründung verlangt. Plötzlich müssen sich die Opfer für eine Situation rechtfertigen, die ein anderer forciert hat. Plötzlich müssen sich die Opfer für das Handeln des Täters rechtfertigen. Abscheulich.

Wie bin ich im Hinblick auf eine solche Extremsituation, der wir ausgesetzt wurden, aufgewachsen? Das lässt sich schwer in wenigen Worten ausdrücken, denn selbstverständlich hat sich das Stalking negativ auf mein Leben ausgewirkt. Vielleicht können manche nachempfinden, mit welchen Dimensionen von Furcht man sich tagtäglich konfrontiert sieht, wenn man sich um die Sicherheit der eigenen Familie, insbesondere der eigenen Mutter sorgen muss. Wenn sich Fragen aufdrängen, wie: Wird es heute so weit sein, dass der Stalker durch einen Fehler von Polizei oder Justiz an unsere Adresse kommt? Wird er heute an einem Ort auftauchen, den ich regelmäßig besuche? Was passiert, wenn sich unsere Wege kreuzen sollten? Sind wir sicher und – werden wir jemals wieder sicher sein? Im Gleichschritt folgen albtraumhafte Szenarien, die den Geist in unbändige Unruhe versetzen. Wieder und wieder. Zum Selbstschutz müssen wir einschneidende Entscheidungen treffen – Präsenz in den sozialen Medien absolut beschränken, teilweise nicht mit dem ÖPNV fahren, die Dienstadresse meiner Mutter anstelle der Privatadresse verwenden, bei Fotos keine Erlaubnis geben, die Schule informieren, dass sich jemand unter falschem Namen und Vorwand nach mir erkundigen könnte – allgemein immer ein paar Meter Abstand zu größerer Öffentlichkeit halten und dabei nicht vergessen, sich über die Schulter zu schauen. Leben in einer Glasglocke. Bloß: Hat der Täter nicht schon gewonnen, wenn man das eigene Leben durch seinen Terror formen lässt? Es beißt sich Sicherheit, die fragiler nicht sein könnte, mit Widerstand, der in Anbetracht der Schlaglöcher, die in das Leben von außen hineingehämmert werden, schwerer nicht sein könnte. Doch er könnte auch notwendiger nicht sein! Man darf nicht aufgeben und muss den Mut zum Widerstand wahren, auch wenn man dreifach zum Opfer gemacht wird. Durch den Täter, durch diejenigen in justiziellen und polizeilichen Institutionen, die apathisch zusehen oder sich zur Spielfigur des Täters machen lassen und so weitere Viktimisierung befeuern, sowie durch die Gesellschaft, die einem viel zu oft statt mit Solidarität mit Verklärung von Tatsachen oder sogar, unglaublicherweise, mit Neid begegnet. Meine Mutter hat hier einmal von einer ehemaligen Arbeitskollegin den Satz „Na, du Fernsehstar" als Reaktion auf die Partizipation in einer Reportage zum Stalking zu hören bekommen, der uns wahrlich sprachlos zurückließ.

Auch gesundheitliche Folgen sind nicht außer Acht zu lassen. Es häuften sich schlaflose Nächte bei meiner Mutter und mir. Wachte man mal wieder schweißgebadet um zwei Uhr nachts auf, weil man geträumt hatte, dass der Stalker unsere Adresse herausgefunden hat und in unsere Wohnung eindringt, war dies ein typischer Montag. Meine

Mutter litt gesundheitlich noch viel stärker: viel zu hohe Entzündungs-
werte, Verspannungen, eine neue Hüfte, ein doppelter Bandscheiben-
vorfall und vieles mehr. Eine Operation jagte die nächste. Da zumeist
stationäre Rehabilitationsmaßnahmen nötig waren, waren wir teilweise
über mehrere Wochen räumlich getrennt, was in einer solchen Situation umso schrecklicher ist. Auch die ohnehin geringe Freizeit wurde
vollkommen von dem Schatten verschlungen, der einem auf Schritt
und Tritt zu folgen schien: Schlaf so gut es geht nachholen, Dutzende
und Aberdutzende juristische Schreiben verfassen, parallel versuchen,
im Berufs- bzw. Schulbereich den Status quo aufrechtzuerhalten – es
war eigentlich unmöglich.

Ferien fingen damit an, dass meine Mutter stundenlang auf die
nächste infame Attacke des Stalkers reagieren musste – man konnte
schlichtweg niemals zu Ruhe kommen. Man befand sich in einem
dauerhaften *Fight-or- flight*-Zustand. Nachdem nach einigen Jahren
und vielen erbitterten juristischen Gefechten endlich ein erster Prozess
scheinbar ins Rollen geriet (was sich später als wirkungslos entpuppen
sollte), ließ sich meine Mutter, wider ihren Instinkt, von der Staatsanwaltschaft überreden, ein Gutachten über die medizinischen Auswirkungen des Stalkings auf ihren Körper einzuholen. Ihr wurde erklärt,
dass dies den Tatbestand bekräftigen und niemals in die Hände des
Täters gelangen würde, und meine Mutter war eben, wie wir alle, der
Überzeugung, dass für justizielle Institutionen Opferschutz an erster
Stelle stünde – dem war nicht so. Das Gutachten erreichte den Täter
und dieser verteilte es an allen möglichen Stellen im Umfeld meiner
Mutter. Dass so etwas überhaupt geschehen konnte, ist untragbar. Wir
waren zu diesem Zeitpunkt auf Urlaubsreise nach Den Haag. Das Telefon klingelte ununterbrochen, da alle möglichen Leute unbedingt nach-
haken wollten, nachdem sie das Gutachten bekommen hatten. Noch
vor dem Einchecken mussten wir an einem Park halten, während meine Mutter die nicht abreißende Kette von Anrufen beantwortete. Beide
saßen wir also tränenüberströmt im Auto, das Gefühl der Hilflosigkeit
gegenüber dem Terror im Nacken, was bei mir dadurch verstärkt wur-

de, dass ich meine Mutter vor Schaden schützen wollte, ich jedoch dabei zusehen musste, wie es sie seelisch zerfraß.

Diese Schilderung ist leider bei Weitem nicht das einzige Beispiel gravierender Schädigung durch sekundäre Viktimisierung, denn auch polizeiliche Behörden erwiesen den Opfern des Stalkings einen Bärendienst. Nicht nur trugen sie Fälle nicht zusammen, obwohl der Stalker in mehreren Städten in Nordrhein-Westfalen Menschen geschadet hatte. Sie gaben zudem Akten mit Adressen von Zeugen und Geschädigten ungeschwärzt an den Anwalt des Täters weiter, der diese dann genauso an den Täter durchgab. Dieser missbrauchte besagte Daten unmittelbar für weitere Morddrohungen und anderweitige Einschüchterungen. Die vor Ort zuständigen Polizisten machten sich sogar in offiziellen Polizeischreiben die Sprache des Täters zu eigen. Was diese Geschehnisse mit den Betroffenen machten, kann gar nicht allumfassend beschrieben werden. Sicher ist, dass wir immer verzweifelter wurden, denn unser mächtigstes Instrument zur Verteidigung und unser Schutzschild, der Rechtsstaat, versagte und gab nach.

Der Prozess in Köln

Der Gerichtsprozess am Landgericht Köln, der nach 5 Jahren begann, muss hier Erwähnung finden, da er in meinen Augen ein Paradebeispiel für Untätigkeit zuständiger Repräsentanten der Justiz, Grenzüberschreitung und Verklärung darstellt. Die Ladung meiner Mutter als Nebenklägerin erfolgte äußerst kurzfristig, sodass sie spontan in ihrem Urlaub nach Köln musste. Zunächst ist zum Verfahren festzuhalten, dass wir einen Beschluss des Bundesgerichtshofs erwirkt hatten, der forderte, dass andere Straftatbestände mit diesem Prozess verknüpft werden sollten, was das Landgericht jedoch im Ergebnis nicht tat. Es widersetzte sich also aktiv dem obersten Gericht der Bundesrepublik. Außerdem schloss man die Öffentlichkeit aus, wodurch jene Freunde und Bekannten, die zur Unterstützung meiner Mutter dort waren, des Saales verwiesen wurden. So wurden nur einige wenige Zeuge des grässlichen Schauspiels aus Versagen und Unrechtmäßigkeit. Meine

Mutter kam nach dem kräftezehrenden Prozess nach Hause und schilderte mir völlig erledigt, was sie hatte ertragen müssen – was ich hören sollte, musste ich erst einmal die nächsten Tage sacken lassen.

Meine Mutter wurde im Saal vom Täter wiederholt beschimpft, während die Richterbank ohne einzugreifen zusah. Der Täter wurde aufgrund seiner aggressiven Störung des Verfahrens einmal des Saales verwiesen. Daraufhin folgte ihm einer der Gutachter, der ihn beurteilen sollte und dementsprechend Distanz zu ihm halten musste, in ein Nebenzimmer und „beruhigte" ihn. Der Gutachter sagte daraufhin aus, dass er ein „gutes Verhältnis" zum Stalker habe. In seiner Abschlussbegutachtung behauptete er, dass er die „tiefsitzende Frauenproblematik", wie er den widerlichen Frauenhass des Täters nannte, erst im Prozess bemerkt habe. Auch stellte er den Straftäter in seiner Einführung als Lichtgestalt dar, die sich um das Wohl von Kindern sorge. Dies ist die Passage, die mich am ungläubigsten machte. Dass der Gutachter eine derartige Lüge äußerte, empfand ich als zutiefst schockierend. Schließlich hatte uns der Stalker einige Monate vorher durch Falschaussagen beim Jugendamt, gegen die wir uns verteidigen mussten, terrorisiert. Hier stellt sich mir immer wieder die bohrende Frage, warum sich eigentlich immer die Opfer von Kriminalität rechtfertigen müssen und nicht die Täter. Zudem fand der Nebenklagevertreter eine passende Antwort auf diese haarsträubende Aussage: Er verlas einen Ausschnitt aus einem der verstörenden Schreiben des Täters – die zumeist mit Zeichnungen von Grabsteinen, Genitalien, „Letzte Mahnung"-Stempeln und Ähnlichem überzogen waren –, in dem dieser beschrieb, was er mir alles antun wolle. Stille im Saal. So schreibt bestimmt jemand, dem Kindeswohl am Herzen liegt – und nicht an der Faust.

Der Gutachter relativierte den abstoßenden Text, indem er behauptete, dass der Stalker damit ja nur versuche, meine Mutter zu treffen, weil er ein Problem mit starken Frauen habe. Der Straftäter schädigte auch die andere Stalking-Betroffene im Gerichtssaal. Sie war im Gegensatz zu meiner Mutter nicht von „Rachestalking" (aufgrund einer Probezeitkündigung), sondern von „Liebeswahn"-Stalking betroffen. Der Stalker formte mit seinen Händen ein Herz, zeigte es ihr und erklärte, es gebe nur sie für ihn. Der Gutachter machte ihm ein Beschwichtigungszeichen, die Richterbank stoppte ihn nicht. Hierbei ist zu beachten: Der Stalker machte der anderen Geschädigten zuvor im Rahmen der Anhörung zu einem Gewaltschutzantrag im Gericht einen Heiratsantrag, der beteiligte Richter fragte, dies als belustigende Situation verstehend: „Den wollen sie wahrscheinlich nicht annehmen, oder?" Wie sich so etwas auf das Opfer auswirkt und was für eine abschreckende und vertrauensbrechende Signalwirkung es für weitere Geschädigte hat, wenn das Leiden der Betroffenen als lächerlich oder nicht mit dem nötigen Ernst behandelt wird, muss, glaube ich, nicht weiter ausgeführt werden.

Fazit

Die oben erläuterten Situationen in unserem Fall und die gravierenden Auswirkungen auf unser Leben sind mit Sicherheit erschreckend, doch steht unser Beispiel nur stellvertretend für unglaublich viele Menschen, die jedes Jahr in Deutschland zum Opfer von Stalking werden und anschließend kein Gehör finden. Es ist erschreckend, wie sehr justizielle und polizeiliche Institutionen bei einem einzelnen Täter derart daran scheitern können, unverletzliche Rechte zu schützen und ihrer Pflicht nachzukommen. Es gemahnt daran, was passieren kann, wenn einige wenige Zahnräder im System verformt und verrostet sind – wie Menschen von jetzt auf gleich der Boden unter den Füßen zu entgleiten scheint und was für schreckliche Schicksale die Folge sein können, nur weil man auf Polizei und Justiz vertraut hat. Das kann nicht sein und darf nicht sein!

Deshalb ist es so unglaublich wichtig, dass nicht immer nur die Täter, sondern viel mehr die Opfer von Kriminalität Gehör finden, um der breiten Masse an Staatsdienern, die ihren Job gewissenhaft ausüben, zu zeigen, dass es nicht reicht, einfach den gemütlichen Weg zu gehen. Damit jene, die mit den richtigen Entschlüssen hadern, für das Gewicht ihrer Entscheidungen sensibilisiert werden. Und selbstverständlich auch für andere Opfer von Kriminalität, damit diese sehen, dass sie in ihrem Leiden nicht allein sind und eine tiefere Form von Solidarität zwischen Opfern, aber vor allem zwischen Nichtbetroffenen und Betroffenen entstehen kann. Letztlich bleibt dieser Text ein Handlungsappell dafür, das Richtige zu tun und Opferschutz nicht bloß eine hohle Phrase bleiben zu lassen, denn wie Edmund Burke zutreffend konstatierte: „Alles, was nötig ist, damit schlechte Menschen triumphieren, ist, dass gute Menschen nichts dagegen tun."

Der Tod meines Mannes als „tragischer Einzelfall"

von Tülay

> *„Jeder Tod nimmt uns nicht nur einen anderen Menschen,*
> *sondern auch den Teil in uns, der wir nur waren in der Beziehung*
> *zu diesem Gegenüber."*
> *(Jean-Paul Sartre[1])*

1988 lernten mein Mann und ich uns kennen. Mit Anfang zwanzig gaben wir uns 1992 das Jawort. In den gemeinsamen dreißig Jahren haben wir unseren Tagesablauf, sowohl beruflich als auch privat, mit allen Höhen und Tiefen gemeinsam geplant, gelebt und gemeistert. Unsere Tochter, Papas Prinzessin, war bereits mit drei Monaten bei uns in der Praxis. Anfangs mit Säuglingsbett und später mit Rutsche und Spielküche. Das war unsere Welt.

Am 16. August 2018 tötete Herr S. meinen Mann mit mehr als 30 Messerstichen in seiner Praxis. Im Anschluss flüchtete der Täter zu Fuß in seine Unterkunft, duschte und verarztete sich und machte sich dann auf den Weg Richtung Bahnhof. Die Bundespolizei fasste ihn in unmittelbarer Nähe der Züge. Die Täterschaft stand aufgrund von Blutspuren und Zeugenaussagen zweifelsfrei fest. Der Pathologe sagte im Gericht aus, dass er in seiner beruflichen Laufbahn eine derartige Dimension an Brutalität kaum gesehen habe. Der Angeklagte, der sich zwei Strafverteidiger gönnte, leugnete trotz der gesicherten Beweise

---

1 Das Zitat wird Sartre zugeschrieben, vgl. https://www.reflab.ch/die-hoelle-das-sind-di e-anderen-jean-paul-sartre/ (Zugriff am 22.9.2024).

die Tat bis zur Urteilsfindung ab. Die Tatortaufnahmen erzeugten bei ihm keinerlei Reue. Herr S. stand zum Tatzeitpunkt weder unter dem Einfluss von Alkohol noch von Drogen. Er zeigte auch sonst keinerlei sprachliche Auffälligkeiten. Die ebenfalls vom Täter angegriffene und verletzte Angestellte überlebte. Was wäre gewesen, wenn sie dem Messer nicht mit ihrem Oberkörper ausgewichen wäre? Zwei Zentimeter neben ihrer Halsschlagader waren die Messerspuren vom Täter zu sehen. Ihr BH war ebenfalls von hinten aufgeschnitten, weil Herr S. versuchte, Frau D. beim Wegrennen, als sie nach Hilfe rufen wollte, noch mit dem Messer zu erwischen. Die Staatsanwaltschaft sah die Angestellte, Frau D., nicht einmal als bedroht an. Sie sei zu keiner Zeit in Gefahr gewesen, so die Äußerungen der Staatsanwaltschaft! Frau D., die bei der Ermordung meines Mannes im Besprechungszimmer anwesend war, sagte aus: „Der Täter hat gewiss nicht das erste Mal getötet." Ihre körperlichen Verletzungen sind geheilt. Jedoch sehen all die Menschen, die Frau D. auch nur ansatzweise kennen, ihre „tiefen Narben". Verbunden mit ihrem Leben, wurde auch das Leben ihres Sohnes und ihres Mannes in Mitleidenschaft gezogen. Frau D. war eine sehr engagierte und beliebte Fachkraft. Für uns ist sie eine aufrichtige, verlässliche und liebenswerte Freundin. Insofern schließe ich mich der Darstellung des Staatsanwaltes nicht an, denn der Angriff des Täters hätte auch für Frau D. tödlich enden können. Der Täter zielte mit dem Messer auf ihren Hals und ihren Kopf. Wer so etwas macht, nimmt billigend den Tod der Person in Kauf. Ihr Überleben hat sie ihrer schnellen Reaktion und ihrem Schutzengel zu verdanken. Doch vor Ort wurde sie nicht medizinisch versorgt. Man ließ sie mit zerschnittenem BH die knapp acht Kilometer nach Hause mit dem Fahrrad zurückfahren. Und sie wurde auch nicht von dem leitenden Ermittlungsbeamten als Hauptzeugin befragt. Das Gericht schloss die Akte. Frau D. wurde nicht einmal als Opfer vermerkt.

Der Mann, der meinem Mann das Leben nahm und unsere Familie zerstörte, war zum Tatzeitpunkt Ende 30. Er reiste im Zuge der Flüchtlingskrise 2015 mit Mitte 30 ohne Papiere nach Deutschland ein. Sein Asylantrag wurde abgelehnt. Er bekam einen subsidiären

Schutzstatus mit einer Fiktionsbescheinigung bis 22.10.2018 und einem Aufenthaltstitel, der Ende Juli 2018 abgelaufen war. Tatsächlich lebte Herr S. mit mehreren Identitäten, einer erfundenen Legende, ohne verwertbare Fingerabdrücke aufgrund manipulierter Fingerkuppen, sich 12 Jahre jünger ausweisend und mit zwei anhängigen Strafanzeigen in Deutschland. Der Mann, der weder in wirtschaftlicher Not noch in Lebensgefahr war und somit keinerlei Grund hatte, seine Legalität mithilfe falscher Identitäten, auf Kosten aller hier lebenden Menschen neu zu erschaffen, geht dennoch diesen Weg der Vortäuschung falscher Tatsachen. Sein unrechtes Handeln bringt offensichtlich all die Jahre keinerlei negative Konsequenzen für ihn mit sich. Herr S. ist ein Mann, der in einem intakten Elternhaus aufwuchs. Er hat ein französischsprachiges College in Djibouti absolviert und war durch die Immobilien seiner Eltern offensichtlich finanziell abgesichert. Er musste also nicht unter Existenzängsten leiden. Weiterhin ist er ein Mann, der hier bereits direkt nach seiner ersten Einreise im November 2015 strafrechtlich in Erscheinung trat. 2016 bedrohte er in der Kantine der Flüchtlingsunterkunft mit einem Messer einen Mitbewohner, weil dieser es wagte, über ihn zu lachen. Trotz mehrfachen Hausverbots suchte er einen Supermarkt in seiner Nähe auf und ließ sich immer wieder von Polizei und Sicherheitspersonal hinausführen. Im Juli 2018 war eine Strafanzeige wegen Körperverletzung anhängig, und er griff am 10. August einen anderen Mitbewohner, ohne jegliche Vorwarnung, mit dem Messer an, lediglich, weil er wütend auf ihn war. Im Polizeiprotokoll ist von mehreren Stichbewegungen die Rede. Die Gefahr, die von diesem Mann ausgeht, ist im Polizeiprotokoll vom 14. August 2018 vermerkt, und dennoch wurde kein Psychologe zur weiteren Abklärung der Wutausbrüche hinzugezogen. Niemand stoppt diesen Mann auf seinem Weg in die Gewaltspirale. Warum nicht?

Die Tatwaffe kaufte Herr S. einen Tag zuvor in dem Einkaufszentrum, in dem ein Hausverbot gegen ihn verhängt worden war. Vor seinem Verbrechen löschte er alle verwertbaren Daten auf seinem Dual-SIM-Handy ohne Internetzugang, und nachdem er noch am Tattag mit seinem zweiten Handy, einem Smartphone, auf Facebook online war, entsorgte er dieses. Fakt ist: Es wurden bei Facebook keinerlei Abfragen im Rahmen der Ermittlungen bis zu den Prozesstagen in Auftrag gegeben. Nicht einmal seine telefonischen Kontaktpersonen vor Ort wurden ausfindig gemacht und angehört. Eine Ermittlungsuntersuchung an Google, Google Kalender sowie eine Verfolgung nach eingetippten Suchanfragen, Sprachnotizen oder vom Angeklagten aufgerufenen Seiten hätte bereits verwertbare Informationen über seine Person geben können. Auf Facebook war er wohl schon seit zehn Jahren mit seiner korrekten Identität angemeldet und hatte einen E-Mail-Account mit der Endung „.fr" für Frankreich. Seine Angaben vor Gericht, dass er seit Jahren nicht mehr auf Facebook gewesen sei, weil er Stimmen im Kopf habe, da der Staat seine Gedanken lesen könne, waren weitere Lügen, die ihm vor Gericht geglaubt wurden. Nichts wurde kritisch hinterfragt.

Der Fall wurde faktisch nicht ausermittelt. Von den üblichen W-Fragen sind „Was" und „Wann" eindeutig belegt. Das „Wer" wird nicht hinterfragt. Warum die wahre Identität des Täters im globalen digitalen Zeitalter in den vergangenen sechs Monaten von den staatlichen Behörden, den Ermittlungsbeamten nicht ermittelt werden konnte, warum die Identität im Gericht zum zigsten Mal geändert werden konnte, wird nicht hinterfragt, denn das Hinterfragen könnte bereits der falschen Seite zuspielen oder Mängel im System offenlegen. Man fragt im Gericht nicht einmal, warum ein Mithäftling, der vom Täter in der Gemeinschaftszelle angegriffen wurde, nicht als Zeuge bei Gericht erscheinen konnte, denn der Mithäftling in der Untersuchungshaft sei im Rahmen von Verlegungen „abhandengekommen". Man wüsste nicht mehr, wo dieser Zeuge zuletzt abgesetzt wurde. Doch das Gericht ist sich erstaunlicherweise sicher: Der Täter genoss weder eine militärische Ausbildung noch gehört er einer terroristischen Gruppierung an. Wie so eine verbindliche Aussage getroffen werden kann, wo zu diesem Zeitpunkt weder die Identität geklärt war noch die Handydaten des Täters, sein Smartphone und seine Facebook-Kontakte inhaltlich überprüft wurden, bleibt offen. Was wir jedoch wissen: Er hatte keinerlei sprachliche Auffälligkeiten, lehnte Alkohol und Drogen ab.

Es wäre sicherlich ein Leichtes gewesen, seine diversen telefoni-schen Kontakte auszuwerten, um zu erfahren, dass er regen Kontakt nach Djibouti, aber auch nach Somalia hatte. Man hätte sich gleich mit Djibouti und Somalia in Verbindung setzen können. Doch dieser Weg wurde im Mai 2018 bereits mit dem Vermerk verbaut, dass eine Anfrage nach Somalia auszuschließen sei, da ihm dort die Todesstrafe drohe, weil er das ja behauptet hat. Hätte Herr S. wiederum nicht auch noch seine perfekten Kenntnisse im Französischen seit seiner Einreise konsequent geheim gehalten, wären ihm vermutlich die Behörden auch über seine Sprachkenntnisse auf die Schliche gekommen und sein sub-sidiärer Schutzstatus wäre somit hinfällig gewesen. Die zweite Amts-sprache in Djibouti ist Französisch. Unmittelbar nachdem im Gericht seine Herkunft aus Djibouti offengelegt wurde, nahm er die Dienste seines Dolmetschers vor Gericht nicht mehr in Anspruch. Er sprach forthin mit seinem Anwalt fließend Französisch, in seiner Zweitspra-che, die er in Deutschland drei Jahre geheim hielt. Inzwischen wissen wir, dass Herr S. im Besitz der doppelten Staatsbürgerschaft ist, keinen Fluchtgrund hatte und sowohl in Djibouti als auch in Somalia Eigen-tümer von Immobilien ist oder bis zu seiner Reise nach Deutschland war. Ferner frage ich mich nach der Logik: Welche Gefahr sollte ihm durch eine Anfrage nach Somalia hier in Deutschland drohen? Warum gingen die Ermittler davon aus, dass dieser Mann, der es sonst mit der Wahrheit offenbar nicht so genau nahm, die zuständigen Sachbe-arbeiter nicht erneut im Sinne seiner Interessen mit Falschangaben instrumentalisierte?

Selbst als er am 10. August 2018 seinen Mitbewohner mehrfach mit einem Küchenmesser angriff, wurde er auf freien Fuß gesetzt. In den Folgetagen kontaktierten zwei junge Angestellte vom Migrationsamt Herrn S. telefonisch, um ihm eine bessere Unterkunft mit eigenem Zimmer anzubieten. Doch er lehnte dieses Angebot ab. Aus seinen schriftlichen Aufzeichnungen geht hervor, dass sein Aufenthaltstitel zu jenem Zeitpunkt noch nicht verlängert worden war und er das Land mit seinen Papieren nicht legal verlassen konnte. Zu diesem Zeitpunkt waren zwei Strafanzeigen gegen ihn offen. Vermutlich gab es deshalb im Bürgerbüro mit ihm bereits diverse Gespräche. Zusätzlich erfolgten Abfragen, wie im Mai 2018 an Europol und im Juli 2017 an das LKA BW, den BND, das ZKA, den MAD und das LfV.

Bereits zu Beginn der Prozesstage wurde betont, dass der Täter an einer paranoiden Schizophrenie leide. So wird die Suche nach der Wahrheit lösungsorientiert und effektiv abgewickelt. Der Täter wird freigesprochen und die Einweisung in eine forensische Klinik eingeleitet. Der Staatsanwalt behauptete in seiner Abschlussrede, dass mein Mann sich den Freispruch gewünscht hätte, damit der Angeklagte im Anschluss in einer Fachklinik therapiert werden könne. Ohne meinen Mann überhaupt zu kennen. Ohne überhaupt einmal mit mir zu sprechen. Ohne sich darüber auch nur ansatzweise Gedanken zu machen, was unsere Tochter bei so einer Äußerung wohl empfinden werde.

Mit einem Gutachten steht und fällt das Urteil, so unsere Realität. Doch wie durchlässig können Gutachten erstellt werden? „Eine von psychiatrischer Seite angeregte Unterbringung zur Begutachtung ist nicht erfolgt", so die Aussage des forensischen Gutachters im Prozess. Eine Einverständniserklärung zu einer psychiatrischen Exploration des Probanden lag ebenfalls nicht vor. Sprachlich-kulturell bedingte Redewendungen, die in der Heimat des Täters Wut und Hass zum Ausdruck bringen, wurden seitens des Gutachters ebenfalls nicht abgeklärt. Wenn nicht mehr an Datenmaterial vorhanden ist – zu diesem Schluss kommen die Ärzte im Justizvollzugskrankenhaus selbst nach fünf Monaten (trotz 24 Stunden täglicher Videoüberwachung) –, kann keine verbindliche Beurteilung abgegeben werden. Daher müssen nun Wahrscheinlichkeitsrechnungen, Annahmen, Plausibilitätsgedanken und Hinweise, binnen einiger Tage, vor Gericht ausreichen. Werden also keine plausibleren Anhaltspunkte für eine unfassbare Tat gefunden, wird die Brutalität, inzwischen schon gewöhnlich, mit dem psychischen Zustand des Täters begründet. „Dem Gutachter des Gerichtes liegt nichts Plausibleres vor", so der O-Ton des Gutachters. Und deswegen wird der Täter freigesprochen. Die Schuldfrage, das Motiv und seine wahre Identität geraten zu Trivialitäten, die nicht mehr geklärt werden müssen. Ich habe nach der Urteilsfindung das Gutachten wiederum von zwei Professoren begutachten lassen, und trotz aller kollegialer Vorsicht befanden sie dies als äußerst fragil. Eine Urteilsfindung, die nicht wahrheitssuchend, sondern lediglich auf eine schnelle Lösung hinarbeitet, ist mitunter das Schlimmste, was Opfern und ihren Angehörigen nach Gewaltverbrechen zusätzlich angetan werden kann. Solange wir Täter in einen Kokon einwickeln, sie auch nach all dem Hass und der Zerstörung, aus welchen Beweggründen auch immer, vorschnell mit Formeln wie „im psychologischen Ausnahmezustand" als Opfer deklarieren, unterschreiben wir einen Freischein für noch grausamere Taten. Und wir zeigen gewaltbereiten Dritten, wie einfach es ist, nach grausamen Taten wie Mord oder auch Vergewaltigung aus der Schuldfähigkeit entlassen zu werden. Nicht der Täter ist hier das Opfer!

Das „Opfer" – ein Begriff, mit dem ich mich sehr schwertue – war ein hilfsbereiter, intelligenter, wertvoller, engagierter Arzt und vor allem ein liebevoller Vater und Ehemann. Ein Mensch, der sich für seine Mitmenschen eingesetzt hat, der gewissenhaft handelte und es mit der Ehrlichkeit sehr genau nahm. Ein Mensch, der das Gesetz und unsere Grundrechte achtete. Er war mein Ehemann, mein Wegbegleiter, mein Freund. Der Mann, mit dem ich mein Leben sowohl privat als auch beruflich seit unserer Jugend teilte. Er gehörte zu den Vätern, die mit ihren Kindern auf Augenhöhe kommunizieren können und beinahe für jeden Spaß zu haben sind. Diese Geborgenheit und unendliche Liebe in sich tragend, sagte unsere Tochter, Papas Prinzessin, später zu mir: „Ich habe nicht nur meinen Vater, sondern auch meinen besten Freund verloren. Mama, ich kann es mir nicht mehr anhören, wenn jeder mir sagt, was der Papa sich gewünscht hätte und dass er bei uns sei. Denn das ist er nicht. Er ist nicht hier!" Ihre Stimme klingt so reif und in ihren Augen sehe ich die Verzweiflung. Ihr Gesichtsausdruck und ihre Körperhaltung schreien still. Unserer Tochter wurde am 16. August, an jenem Donnerstagmorgen, ihre Kindheit genommen. Sie wird nie mehr nach ihrem Papa rufen können, ihn nie mehr foppen, mit ihm spielen oder auch nur zanken können. Sie wird nie mehr ihre Sorgen mit ihm teilen können und wenn sie sich verletzt oder krank fühlt, mit dem Wissen „Er ist für mich da!" zu ihm oder in die Praxis gehen können.

Direkt im Anschluss an die Urteilsverkündung, noch bevor das Urteil rechtskräftig war, kam es zu einer Anhörung seitens des Regierungspräsidiums. Diese Information wurde uns, wie üblich, erst über die Presse zugetragen. Der Schutzstatus solle aufgehoben werden, da der Mann, der meinen Mann tötete, zu Unrecht einen Duldungsstatus innehatte. Anschließend erfuhren wir über die Presse, dass das Regierungspräsidium an einer Ausweisung des Täters interessiert sei. Der Mann würde eine erhebliche Gefahr für die Ärzte in der forensischen Klinik darstellen. Seine Fingerabdrücke würden dafür sorgen, dass er nicht wieder nach Deutschland einreisen könne und Djibouti würde wiederum nicht erfahren, welches Leid dieser Mann in Deutschland verursacht habe. Der Freispruch ermöglicht ihm bei einer Rückführung, sich als unbescholtener Mensch ein neues Leben in seiner Heimat aufzubauen. Ob der Mann in Djibouti eine Gefahr für die Bürger darstelle, tangiere wiederum das Regierungspräsidium nicht. Die Presse gab lediglich die offiziellen Stellungnahmen wieder. Als im Prozess Widersprüche offenbar wurden, fanden diese keine Beachtung. Dies sicher, um in der angespannten gesellschaftlichen Stimmung nicht noch dem falschen politischen Lager in die Hände zu spielen.

Der Täter, Herr S., kommt in die nahe gelegene forensische Klinik. Diese ist gerade einmal 45 Kilometer vom Tatort, unserem Wohnort, entfernt. Der Wunsch, den Äußerungen des Richters und des forensischen Gutachters Glauben zu schenken, dass der Täter aufgrund der Schwere seiner Krankheit mit aller Wahrscheinlichkeit sein Leben sicher aufbewahrt verbringen wird, weshalb wir auf eine Berufungsinstanz verzichteten, erweist sich als trügerisch. Bereits viereinhalb Jahre später erhält der Täter Ausgang. Die Staatsanwaltschaft informiert uns über diesen Tatbestand trotz eines vorliegenden schriftlichen Antrags nicht. Erst der Kontakt unseres Anwalts mit der Klinik bringt Klarheit über den Freigang. Hatte das Regierungspräsidium direkt im Anschluss an die Urteilsverkündung den Wunsch nach einer Rückführung in die Heimat mit der Gefahr, die für die Klinikärzte gegeben ist, begründet, verweist die Klinik auf den Erfolg der Therapie und darauf, dass immer wieder Blutproben genommen worden seien und keine Drogen oder Alkohol nachgewiesen worden wären. Was sie jedoch nicht benennen: Keiner der Gewaltausbrüche von Herrn S. war auf Drogen oder Alkohol zurückzuführen. Er war nie drogen- oder alkoholsüchtig. Später erfährt man in einem Nebensatz über die Presse, dass er sich mit seinem Tun, mit dem, was er meinem Mann angetan hatte, nicht auseinandergesetzt habe. Es wird zeitnah kommuniziert, als nächsten Schritt würde man den Ausgang des Patienten S. in absehbarer Zeit ausweiten wollen. Als Ehefrau und Mutter würde ich darum bitten, dass in Zukunft Geschädigte, auch ohne stets einen Anwalt konsultieren zu müssen, über jegliche Schritte vorab und zeitnah informiert werden. Ohne diese Informationen aus der Presse zu beziehen müssen. Das wäre doch das Mindeste, oder?

Uns wurde später noch die allgemeine Information zuteil, dass Straftäter in ihrem gewohnten sozialen Umfeld resozialisiert und integriert werden sollen. Dies stets mit der Gefahr verbunden, in der Öffentlichkeit auf frühere Opfer oder deren Angehörige zu treffen. Vielleicht ist das, was wir durchleben, juristische Normalität, und Grundrechte sind so sehr auf Täterschutz und Wiedereingliederung in die Gesellschaft ausgerichtet, dass die Bedeutung für die Angehörigen der Opfer völlig aus dem Blickfeld gerät. Wir vereinbarten für meine Tochter einen Gesprächstermin bei der deutschen Schule in Istanbul. Einen weiteren Einzelfall oder ein weiteres Zufallsopfer im Rahmen eines psychologischen Ausnahmezustandes von Herrn S. könnten wir nicht auch noch ertragen, denn wir leben bereits mit dem Wissen, was meinem Mann angetan wurde und können gerne auf relativierende und verharmlosende Sätze verzichten.

Wie gehen Hinterbliebene, Angehörige mit dem Verlust, mit der Tat und den Folgen um? Jeder auf seine Art. Bildhaft gesprochen könnte man sagen: Sie sitzen in einem Boot, das weit im Meer, ohne Land in Sicht, vor sich hintreibt. Diese Zeit zu überstehen, entscheidet oftmals über Leben und Tod. Doch im Idealfall gibt es auf dem Boot viele Rettungsringe. Sie geben Halt, oftmals über Jahre hinweg: Familien, Freunde, Verwandte, aber auch Menschen, die man zuvor nicht kannte. Sie alle versuchen uns mit ihren eigenen Kräften zu unterstützen. Hierfür bedanke ich mich von ganzem Herzen! Doch was, wenn Opfer und Hinterbliebene nicht das Glück haben, so feine und stark aufgestellte Menschen um sich zu haben? Sie sitzen in diesem Boot auf hoher See, gefangen in ihren Gefühlen der Hilflosigkeit, der Wut, des Schmerzes und der Angst. Das Leben spielt sich zwischen schlaflosen Nächten, Atemnot, Übelkeit, Fragen über Fragen und einem Empfinden ab, welches einem freien Fall ohne Sicherheitsnetz gleicht. Man möchte eingreifen, nicht akzeptieren und stellt immer wieder fest – das geht nicht. Das schlechte Gewissen, selbst am Leben zu sein, nicht bei ihm gewesen zu sein, wird zum ständigen Begleiter. Es gibt nur noch den Wunsch, aus diesem Alptraum aufzuwachen, ihm zu sagen: „Das war nur ein schrecklicher Traum!"

Manche Opfer und Hinterbliebene resignieren aufgrund fataler Zustände im System „Opferschutz", aufgrund ihres verlorenen Vertrauens in Politik und Gesellschaft und das Gute im Menschen oder entwickeln einen Fatalismus, um selbst diese Zeit der Finsternis durchstehen zu können. Denn bereits der eigene Überlebenskampf, das Funktionieren-Müssen als Elternteil, die Sorge, bei Gefahr im Verzug das eigene Kind nicht schützen zu können, wird zu unserem Wegbegleiter in einer neuen Form des Alltags. Die Würde des Menschen ist unantastbar, doch bei den Geschädigten geht es um weit mehr als um die Würde, es geht um das nackte Überleben. Was lässt der Staat zu? Wie viele „Einzelfälle" und zerstörte Seelen toleriert ein Staat, bis er in die Gänge kommt und seine Aufgabe, Menschen zu schützen, angemessen erfüllt?

Opfer und deren Angehörige empfinden nach einem so fürchterlichen Verbrechen relativierende und beschwichtigende Floskeln wie „Wir leben in Sicherheit" als blanken Hohn. Wir fragen uns: Warum konnte dann der Staat uns nicht schützen, wenn doch die Täter zuvor in der einen oder anderen Form sowohl der Justiz als auch sonstigen Schnittstellen bereits durch ihre Gewaltbereitschaft bekannt waren? Ich wünsche mir statt Floskeln einen Opferschutz, der keine Eskalation der Gewalt zulässt.

Opferschutz setzt erst dann an, wenn eine tickende Zeitbombe, aus welchen Beweggründen auch immer, das Leben von unschuldigen

Menschen vernichtet und mit ihnen auch das Leben ihrer Familien, Freunde, Verwandten und Kollegen zerstört. Eine Korrekturtaste – eine sogenannte zweite Chance im Leben – gibt es für Opfer von Gewaltverbrechen nicht. Opferschutz muss bei der Präventionsarbeit ansetzen.

Gewissenhaft Schaden von Bürgern abzuwenden, erfordert eine realistische politische Strategie mit angemessener Anlaufzeit und konsequenter Umsetzung. Der Staat sollte sich nicht hinter Paragraphen, Datenschutz, ideologischen Erwägungen und Wortspielereien verschanzen. Im großen Ganzen wären ein Umgang mit und ein Blick auf den einzelnen Menschen richtig – ohne ideologische, religiöse, politische oder sonstige Scheuklappen. Dazu gehört auch eine klare Feststellung von Identitäten. Wer jetzt fragt: „Wozu Identitätsfeststellung?", dem kann ich nur sagen: Schaffen Sie dann gleich jegliche Visavorkehrungen in Deutschland ab! Unsere Freunde, Verwandte, Familie aus Istanbul konnten meinem Mann die letzte Ehre nicht erweisen. Sie scheiterten am Visum! Offensichtlich stellten nämlich diese Leute mit geregeltem Einkommen, legalen Papieren und einwandfreiem polizeilichem Führungszeugnis eine größere Gefahr dar als Herr S. mit Mehrfachnamen, ohne Fingerkuppen und mit einem offensichtlichen Hang zur Gewalt. Die Realität sieht für die Opfer und deren Angehörige eine gänzlich andere Gewichtung vor, als den Tätern zugestanden wird.

Der letzte Mensch, den mein Mann gesehen hat, war eine „Bestie", die auf ihm kniend unaufhörlich immer wieder auf ihn einstach. Die letzten Bilder von uns zeigen einen Ort, an dem Personen mit weißen Kitteln und einem Diktiergerät in der Hand herumlaufen und unser zweites Zuhause zu einem Tatort wird. Die letzten Bilder von uns sind die Gewissheit, dass ich meinen Mann, dass unsere Tochter ihren Vater nie mehr in die Arme nehmen wird. Die letzten Bilder zeigen eine Familie, die es nicht mehr geben wird!

Unsere Tochter hat noch ihr ganzes Leben vor sich. Ich wünsche mir für sie ein Leben, in dem sie die Leichtigkeit spürt, die sie vor dem 16. August 2018 in sich getragen hat. Ich versuche, mein Bestes zu geben, um sie darin zu bestärken, auch wenn ich nicht mehr die Mutter bin, die ich einmal war und sie nicht mehr das Mädchen ist, das sie zuvor war.

Ich wünsche mir für unsere Gesellschaft ein Mehr an Ehrlichkeit und echter Toleranz. Ohne Kultcharakter, ohne Geschäftsmodelle oder Profilierungssucht; ohne Schieflage und ohne, dass der Täterschutz oder der Datenschutz über den Schutz von Leib und Leben von uns Bürgern gestellt wird. Ein ehrliches und realisierbares „Wir" auf Augenhöhe in Freiheit und in Sicherheit für alle Beteiligten unter gleichen Bedingungen. Ich wünsche mir eine Justiz, die bei den Ermittlungen politisch unabhängig agiert und Gutachter, die im Strafprozess begutachtet gehören. Ich wünsche mir, dass die Rechte von Bürgern auf Unversehrtheit, Mitgefühl und Würde mit der Hingabe geschützt werden, wie dies bei Tätern jeden Tag aufs Neue praktiziert wird.

> *„Die wichtigen Menschen in unserem Leben hinterlassen Spuren.*
> *Rein körperlich mögen sie kommen und gehen, aber sie sind*
> *für immer in unserem Herzen, denn sie haben dazu beigetragen,*
> *dieses Herz zu formen."*
> *(Rachel Cohn und David Levithan[2])*

---

2 Cohn, Rachel/Levithan, David (2017): *Dash & Lily. Ein Winterwunder*, S. 286.

Alt, ausgenutzt, abgeschrieben – Straftaten zum Nachteil älterer Menschen

von Tina Bommert

Seit Jahren kommt es zu einem stetigen Anstieg von Straftaten zum Nachteil von älteren Menschen. Diese Taten werden zumeist von im Ausland ansässigen Tätergruppen begangen.[1] Ziel der Täter ist es dabei, Barvermögen, Schmuck, Uhren, wertvolle Münzen und andere Wertgegenstände der Opfer zu erlangen.[2]

Abhängig von der durch den Täter verwendeten Masche erfolgt die Kontaktaufnahme mit dem Opfer entweder auf telefonischem Wege oder persönlich vor Ort an der Wohnanschrift der Geschädigten. Die Täter, die ihre echte Identität verschleiern, gaukeln den Opfern eine fiktive Geschichte vor, die Angstzustände oder den Willen der Hilfsbereitschaft bei den Opfern hervorrufen soll. Dadurch sollen die Geschädigten dazu bewegt werden, Wertgegenstände und Bargeld an einen in Deutschland befindlichen Mittäter zu übergeben oder diesem Zutritt zu der Wohnung des Opfers zu gewähren, in der es dann zu einem Diebstahl seitens des Täters kommt.

Wie kann man darauf hereinfallen?!

---

1 Zur besseren Lesbarkeit wird in diesem Beitrag nicht gegendert. Sowohl Täter als auch Opfer können alle Geschlechter umfassen.
2 Seitens der Polizei wird für diese Taten die Abkürzung SÄM-ÜT verwendet. Diese steht für „Straftaten zum Nachteil älterer Menschen mit überregionaler Tatbegehung".

Genau das ist die Aussage vieler Menschen, wenn sie von Sachverhalten erfahren, in denen lebensältere Personen Opfer eines Trickbetruges oder Trickdiebstahls geworden sind. Diese Aussage kann jedoch meiner Erfahrung nach nur jemand treffen, der nicht selbst von dem Phänomen betroffen wurde. Tatsächlich ist es nämlich so, dass nahezu alle Geschädigten, deren Taten ich bearbeitet habe, die Maschen kannten und überzeugt davon waren, niemals darauf hereinzufallen.

Zu meiner Person: Mein Name ist Tina Bommert. Ich bin Kriminalhauptkommissarin beim Polizeipräsidium Essen und habe mehrere Jahre Straftaten zum Nachteil älterer Menschen (über 60 Jahre), insbesondere in Form von Enkeltricktaten, Schockanrufen und Taten falscher Polizisten bearbeitet und zudem eine diesbezüglich eingerichtete Ermittlungsgruppe (EG Call Center) für die Polizeipräsidien Essen und Oberhausen geleitet.

Die rhetorisch geschulten und hochprofessionellen Täter wenden zur Manipulation unterschiedliche Rollen an, die stets dazu dienen sollen, die Geschädigten in einen psychischen Ausnahmezustand zu versetzen, den die Täter sodann ausnutzen. Entweder geben sie sich als Polizeibeamte aus und suggerieren den Senioren, sie oder ihre Wertgegenstände seien in Gefahr. Oder aber sie teilen den Senioren mit, dass ein Angehöriger einen schweren Verkehrsunfall verursacht habe und nun inhaftiert werden müsse, wenn keine Kaution im fünfstelligen Eurobereich hinterlegt werden könne. Die Täter agieren vorausschauend und nutzen gesellschaftliche Ereignisse dazu, ihre Vorgehensweisen zu modifizieren. So hat beispielsweise zu Beginn der Coronapandemie eine neue Masche Einzug gehalten, bei der den Senioren seitens der Täter mitgeteilt wurde, ein Verwandter sei mit einem schweren Coronaverlauf in ein Krankenhaus eingeliefert worden. Dieser müsse umgehend ein teures Medikament erhalten, um nicht zu versterben. Da das Medikament nicht von der Krankenkasse übernommen werde, werde ein Mitarbeiter des Krankenhauses das erforderliche Geld in bar bei dem Angerufenen, also dem späteren Opfer, abholen.

Die Täter handeln im Bereich der falschen Polizei, des Enkeltricks und der Schockanrufe in organisierten und hierarchischen Bandenstrukturen. Ihre Opfer suchen sie sich gezielt anhand alt klingender Vornamen aus, beispielsweise aus dem Onlinebestand des Telefonbuchs.

Die Callcenter, aus denen die telefonisch angebahnten Taten erfolgen, befinden sich im Ausland. Um die Echtheit der Anrufe zu untermauern, nutzen die Täter eine spezielle Software, die es möglich macht, beliebige Telefonnummern, wie beispielsweise die Nummer des Notrufs der Polizei, im Display erscheinen zu lassen. Weiterhin nutzen sie das Internet, um sich in Bezug auf die Umgebung der Wohnung des Opfers ortskundig zu machen oder die Namen der Mitarbeiter benachbarter Banken zu recherchieren. Die Täter üben in ihren Gesprächen oft enormen psychischen Druck auf die Opfer aus und drohen mit Sanktionen, falls diese die „Polizei" nicht bei ihren Maßnahmen unterstützen sollten. Im Nachgang kontaktieren die Täter die Opfer nicht selten erneut, um sie zu verhöhnen und zu verspotten.

Nur in seltenen Fällen wollen oder können sich die Geschädigten in der Öffentlichkeit oder selbst im Familienkreis oder im sonstigen sozialen Umfeld zu den Taten äußern. Zu groß ist die Angst, als dumm oder nicht mehr zurechnungsfähig abgestempelt zu werden. Etliche Taten werden von den Opfern gar nicht zur Anzeige gebracht, weil sie die Reaktion ihrer Angehörigen fürchten. Die Angst, in ein Altenheim abgeschoben zu werden, ist zu präsent, weil man ihnen die Fähigkeit, eigenständig zu wohnen, absprechen könnte. Die nicht angezeigten Taten werden der Polizei zumeist lediglich aufgrund von verdeckten Ermittlungen bekannt. Die Anzahl der Taten, die nicht gemeldet werden und von denen die Polizei niemals Kenntnis erlangen wird, dürfte erschreckend hoch sein. Teilweise werden Taten jedoch auch nicht angezeigt, weil die Opfer aufgrund einer Demenzerkrankung gar nicht bemerkt haben, betrogen oder bestohlen worden zu sein; teilweise aber auch, weil die Scham der Betrogenen zu groß ist.

In der Regel hört oder liest man in den Medien von Straftaten zum Nachteil älterer Menschen, bei denen die Täter hohe Schadenssummen erbeutet haben. Bei Einzeltaten liegen diese teilweise im Millionenbereich. Die Taten, bei denen geringere Geldbeträge durch die Täter erlangt werden, finden in den Medien in der Regel keine Beachtung. Dabei ist der Verlust von beispielsweise 1.000 Euro für denjenigen, der über eine geringe Rente und keine Ersparnisse verfügt, oft dramatischer als der Verlust von beispielsweise 50.000 Euro für Personen, die finanziell gut abgesichert sind.

Wie sich die Geschädigten nach den Taten fühlen und welche Folgen durch die Tat entstanden sind, hinterfragt leider kaum jemand mehr.

AUS DIESEM GRUNDE GEBE ICH DEN OPFERN HIER (M)EINE STIMME!

Ich möchte exemplarisch verschiedene Fälle beleuchten, die die Folgen der Taten für die Opfer verdeutlichen und teilweise Erklärungen liefern, wieso die Opfer aufgrund ihres persönlichen Werdegangs empfänglich für die Taten waren.

Die Namen der Opfer habe ich bei allen Sachverhalten geändert, um keine Rückschlüsse auf die Echtpersonalien zuzulassen.

Die Tat falscher Polizisten zum Nachteil von Frau Hermine Schulte

Die 82-jährige Hermine Schulte, die zur Tatzeit eine kleine, aber gemütliche Wohnung in Essen bewohnte, erhielt am späteren Abend einen Anruf eines falschen Polizisten. Verwundert schaute sie auf das Display ihres Telefons, als es am späten Abend klingelte. Dort war die Nummer 110 eingeblendet. Der Anrufer, der sich als Hauptkommissar Jochen Weber vorstellte, teilte ihr mit, dass es in der Nähe ihrer Wohnung zu einem Raubüberfall in einer Wohnung gekommen sei, bei dem eine allein lebende Seniorin schwer verletzt worden sei. Der falsche Polizist beschrieb Frau Schulte, dass man einen Täter habe festnehmen können. Weitere Täter befänden sich jedoch auf der Flucht. Im Rucksack des festgenommenen Täters habe sich ein Zettel befunden, der mit der Überschrift „Allein lebende Frauen" und einer Auflistung verschiedener Adressdaten weiblicher Personen versehen war. Ihr Name habe sich direkt unter dem Namen der Frau, die nun überfallen worden sei, auch auf der Liste befunden.

Frau Schulte, die sich zum Zeitpunkt des Anrufs bereits schlaftrunken bettfertig gemacht hatte, zitterte vor Angst am ganzen Körper, als sie die Worte des angeblichen Polizisten hörte.

Am Abend hatte sie noch eine Sendung im Fernsehen angeschaut, in der wahre Kriminalfälle thematisiert wurden. Diese Sendung hatte sie früher bereits regelmäßig mit ihrem Mann Heinz gesehen, bevor dieser plötzlich verstarb. Obwohl sie sich fürchtete, wenn sie die Sendung alleine anschaute, wollte sie das alte Ritual weiter aufrechterhalten, weil es sich irgendwie so anfühlte, als wäre Heinz in diesem Moment wieder bei ihr.

Als sie den Anruf des falschen Polizisten erhielt, war sie völlig geschockt. Sie fragte sich, warum die Verbrecher ausgerechnet auf sie gekommen waren. Sie hatte doch schließlich nur eine kleine Rente.

Der falsche Polizist versuchte sie zunächst zu beruhigen, erklärte ihr aber, dass es sich bei den Tätern um eine hochprofessionelle Bande handle. Die Polizei sei aber nun bereits an ihrer Wohnanschrift eingetroffen und observiere ihre Wohnung.

Die Polizei werde ihre Wertgegenstände zur Sicherheit an sich nehmen, damit diese gesichert wären, falls es den Tätern doch gelingen sollte, in Frau Schultes Wohnung einzudringen. Sie solle ihre Wertgegenstände nun zügig in eine Tasche packen und an einen zivilen Polizeibeamten übergeben, der kurze Zeit später an ihrer Wohnanschrift erscheinen werde. Dieser werde die Tasche dann direkt zur Wache bringen.

Frau Schulte fragte, ob sie nicht schnell ihre im Nachbarhaus wohnhafte Tochter anrufen dürfe. Der Polizist entgegnete daraufhin forsch, dass es zu gefährlich sei, wenn sie das Telefonat mit ihm unterbrechen würde, weil er sie fortlaufend über den Stand der Ermittlungen bezüglich des Standortes der Täter auf dem Laufenden halten müsse.

Außerdem treffe der Kollege, dem sie die Tasche übergeben müsse, bereits in wenigen Minuten bei ihr ein. Sie solle nun alle Wertgegenstände einpacken und dürfe keine Zeit verlieren. Außerdem solle sie ein Codewort festlegen, das der zivile Polizist, der die Tasche abholen werde, ihr auf Nachfrage übermitteln müsse, damit sie sichergehen könne, dass es sich um einen echten Polizisten handle. Frau Schulte legte ohne zu überlegen das Wort „Heinz" fest. Rasch suchte Frau Schulte ihre Wertgegenstände zusammen. Viele Schmuckstücke besaß sie nicht. Lediglich eine Kette und ihren Ehering, die ihr dafür besonders am Herzen lagen. Die goldene Kette mit einem Anhänger hatte sie kurz vor Heinz' Tod von ihm geschenkt bekommen. Sie selbst hätte sich nie etwas für sich gegönnt, weil sie immer nur auf das Wohl anderer Menschen bedacht war. Dass Heinz wenig später versterben würde, konnten beide zu diesem Zeitpunkt nicht ahnen. Umso wichtiger war ihr die Kette nun. Als Andenken an Heinz und außerdem etwas, das sie einmal an ihre Enkelin vererben könnte. Andere wertvolle Dinge besaß sie schließlich nicht. Zusätzlich zu der Kette packte sie dann noch die beiden Eheringe in die Tasche. Ihren und auch den von Heinz.

Sie packte rasch noch Bargeld, ein paar Schokoriegel und mehrere Trinkpäckchen ein. Süßigkeiten hatte sie stets zu Hause, weil sie diese immer gemeinsam mit ihrer Enkelin gegessen hatte, wenn sie zusammen ins Fußballstadion gegangen waren, um ihren gemeinsamen Lieblingsverein anzufeuern. Seit Jahren hatten sie kein Heimspiel verpasst. Beide genossen die Zeit zusammen sehr. Für nichts in der Welt hätten sie ein gemeinsames Spiel ausfallen lassen.

Sekunden später klingelte es an Frau Schultes Tür. Der falsche Polizist am Telefon erteilte ihr die Anweisung, die Tür zu öffnen und nach dem Codewort zu fragen. Der junge und sehr sympathisch aussehende Mann, der ihr nun gegenüberstand, teilte ihr umgehend mit, dass seine Zentrale ihm das Codewort „Heinz" übermittelt habe.

Parallel schrie der falsche Polizist, der noch immer in der Leitung ihres Telefonanschlusses verharrte, dass sie die Tasche sofort übergeben solle. Es müsse jetzt alles schnell gehen. Sie übergab dem Abholer schließlich die Tasche und beschrieb ihm, dass sie Schokolade und Trinkpäckchen für ihn und seine Kollegen mit in die Tasche gepackt habe, da sie so dankbar sei, dass die Polizei sie zu schützen versuche. Sie rief ihm noch nach, dass er gut auf sich aufpassen solle. Sein Beruf als Polizist sei schließlich sehr gefährlich.

Anschließend schloss sie die Tür. Der falsche Polizist, der sie angerufen hatte, teilte ihr nun mit, dass er das Telefonat jetzt beenden werde, weil er sich um die anstehenden Festnahmen kümmern müsse. Zu ihrer Sicherheit solle sie sofort die Jalousien ihrer Fenster herunterlassen und das Licht ausschalten. Ihre Tasche könne sie am nächsten Tag in der Polizeiwache abholen. Ihre Tochter dürfe sie noch nicht einweihen, weil es zu gefährlich für die Tochter sei, wenn sie das Haus verlassen und zu ihrer Mutter gehen würde.

An Schlaf war in dieser Nacht nicht mehr zu denken. Zu aufgeregt war Frau Schulte, ob mit der Festnahme alles geklappt hatte.

Als sie ihre Tochter am nächsten Morgen von dem Sachverhalt erzählte und die Tochter darum bat, gemeinsam mit ihr die Tasche bei der Polizei abzuholen, ahnte die Tochter bereits, dass ihre Mutter betrogen worden war. Frau Schultes Tochter wählte den Notruf der Polizei. Dort teilte man ihr dann mit, dass es nachts keinen Polizeieinsatz an der Anschrift ihrer Mutter gegeben habe und die Polizei demnach auch keine Tasche mit den Wertgegenständen ihrer Mutter sichergestellt hatte. Frau Schulte konnte es nicht fassen, als ihre Tochter ihr schließlich erklärte, dass sie Opfer eines Betruges geworden war.

Noch am selben Tag gelang es uns, den Abholer festzunehmen.

Bei der Durchsuchung seines Pkw konnten wir die Tasche von Frau Schulte auffinden. Leider ohne Wertgegenstände. Der Schmuck war schon eingeschmolzen worden und das Geld hatte er bereits ins Ausland gesendet.

Ich teilte Frau Schulte schließlich mit, dass wir ihre Tasche aufgefunden hatten, der Schmuck und das Bargeld jedoch nicht mehr in der Tasche waren. Sie weinte bitterlich und fragte, ob die Schlüssel noch in der Tasche seien. Das wäre sehr wichtig, da es sich um die Schlüssel der beiden Putzstellen handle, denen sie noch nachgehen müsse, weil ihre Rente nicht ausreiche. Ich konnte sie beruhigen und ihr mitteilen, dass sich die Schlüssel noch in der Tasche befanden. Gleichzeitig war ich erschüttert von der Tatsache, dass diese alte Dame in ihrem hohen Lebensalter noch körperlich arbeiten musste.

Frau Schulte erklärte mir schließlich, woher das Bargeld stammte, das sich in der Tasche befunden hatte. Sie habe 40 Jahre lang als Reinigungskraft in einem Unternehmen gearbeitet. Wenige Tage vor der Tat habe sie die Stelle kündigen müssen, weil ihr Rücken die dortige Arbeit nicht mehr habe verkraften können. Die Mitarbeiter, die sie liebevoll „Mutti" genannt hatten, da sie sich immer aufopfernd um alle gekümmert hatte, hätten für sie zusammengelegt und ihr 1.000 Euro geschenkt, damit sie sich zum ersten Mal in ihrem Leben etwas für sich gönnen könne. Noch nie habe sie 1.000 Euro besessen. Diese 1.000 Euro seien jetzt in der übergebenen Tasche gewesen.

Ich habe noch lange Kontakt zu Frau Schulte und ihrer Tochter gehalten. Der Abholer der Tasche hat eine Freiheitsstrafe von zwei Jahren und sechs Monaten erhalten. Gegen die Hintermänner, welche sich in der Türkei aufhalten, wurden Haftbefehle erwirkt. Die Täter werden aber von den türkischen Behörden weder festgenommen noch ausgeliefert, da es sich um türkische Staatsangehörige handelt. In einer Gerichtsverhandlung auszusagen, konnte ich Frau Schulte ersparen. Das Verfahren wäre meiner Ansicht nach zu belastend für sie gewesen.

Frau Schulte hat seit der Tat nicht mehr zurück ins soziale Leben gefunden. Sie musste beide Putzstellen, die sie zu diesem Zeitpunkt noch gehabt hatte, aufgeben, da sie das Haus nicht mehr verlassen wollte. Soziale Kontakte hat sie in Gänze abgebrochen. Zu Proben des Kirchenchors, in dem sie früher mit Begeisterung gesungen hat, ist sie nicht mehr gegangen. Seit der Tat musste sie starke Schlafmittel einnehmen, um zur Ruhe zu kommen.

In dem Fußballstadion ihres Lieblingsvereins war Frau Schulte nie wieder.

Wenige Monate nach der Verurteilung des Abholers kontaktierte mich Frau Schultes Tochter, um mir mitzuteilen, dass ihre Mutter verstorben sei. Ihre Mutter sei ihrer Meinung nach nicht aufgrund einer organischen Ursache, sondern an einem gebrochenen Herzen verstorben. Sie hatte die Folgen der Tat nicht verkraftet.

Die Tat falscher Polizisten zum Nachteil von Frau Elvira Feldmann

Die 61-jährige Elvira Feldmann erhielt einen Anruf eines falschen Polizisten, als sie gerade von der Arbeit nach Hause gekommen war.

Der falsche Polizist, der sich als „Kriminalhauptkommissar Stein" vorstellte, teilte ihr am Telefon mit, dass die Polizei ein Verfahren gegen eine Bande krimineller Bankmitarbeiter bearbeite. Durch abgehörte Telefonate habe man ermitteln können, dass auch Bankmitarbeiter von Frau Feldmanns Hausbank in die kriminellen Machenschaften involviert seien. Anschließend fragte er, ob sie ein Bankschließfach besitze.

Geschockt von dem Anruf erwiderte sie, dass sie ja gar nicht nachvollziehen könne, ob es sich bei ihm um einen echten Polizisten handle. Er beschrieb ihr, ihre Skepsis verstehen zu können, und forderte sie auf, nach einem Piepton, der in der Leitung ertönen werde, die 110 zu wählen und nach „Kriminalhauptkommissar Stein" zu fragen. Dies tat Frau Feldmann, da sie nicht wusste, dass sie das Gespräch über den roten Knopf am Telefon hätte beenden müssen, um nicht mehr mit dem Anrufer verbunden zu sein. Nachdem sie die 110 gewählt hatte, meldete sich eine weibliche Person mit den Worten „Einsatzleitstelle der Polizei". Frau Feldmann teilte der Frau mit, gerade von einem Mann angerufen worden zu sein, der sich als „Kriminalhauptkommissar Stein" ausgegeben habe. Sie wolle auf diesem Wege nun erfahren, ob der Anruf tatsächlich von einem echten Polizisten getätigt worden sei. Die Frau bestätigte, dass es einen „Kriminalhauptkommissar Stein" in der Behörde gebe und stellte das Telefonat schließlich an den Anrufer zurück. Versichert, dass sie mit einem echten Polizeibeamten sprach, gab Frau Feldmann sodann an, über ein Bankschließfach bei der Sparkasse zu verfügen.

Daraufhin schilderte „Kriminalhauptkommissar Stein", es gebe bereits Erkenntnisse, dass einer der kriminellen Bankmitarbeiter das gesamte Geld von ihrem Konto abheben werde, um es ins Ausland zu transferieren. Er halte es für sehr wahrscheinlich, dass der Bankmitarbeiter sich zugleich den Inhalt ihres Schließfachs aneigne.

„Kriminalhauptkommissar Stein" trug Frau Feldmann auf, sich umgehend zur Bank zu begeben, um ihr Schließfach leerzuräumen und das gesamte Geld von ihrem Konto abzuheben. Dies sei zeitlich dringlich, da die Bank nur noch ca. eine Stunde geöffnet habe. Wenn man sie bei der Bank fragen würde, wofür sie das Geld benötige, solle sie lediglich angeben, dass es sich um eine Privatangelegenheit handle. Unter keinen Umständen dürfe sie sich einem der Mitarbeiter offenbaren, da seitens der Polizei noch nicht abschließend geklärt sei, welche Mitarbeiter der Bank sicher der kriminellen Bande zuzurechnen seien.

Als Frau Feldmann „Kriminalhauptkommissar Stein" gegenüber äußerte, dass sie das alles nicht verstehe und sie nie schlechte Erfahrungen mit der Bank gemacht habe, fragte er sie, ob sie bei ihrer Bank einen Herrn Lange kenne. Sie antwortete verwundert, dass es sich bei Herrn Lange um ihren Bankberater handle. Daraufhin beschrieb „Kriminalhauptkommissar Stein" ihr, dass Herr Lange einer der bereits identifizierten Täter sei. Geschockt von dieser Aussage schob sie ihre Zweifel beiseite. Zu groß war die Angst, ihr Geld und den wertvollen Inhalt ihres Schließfachs an Kriminelle zu verlieren.

Sie hatte nämlich schon einmal alles verloren. Als junge Frau war sie lediglich mit einer kleinen Tasche aus dem Ausland nach Deutschland geflohen. Auf der Flucht wurde sie schließlich dann auf brutalste Art und Weise von einem LKW-Fahrer vergewaltigt. Nach der Tat hatte er sie in einem Waldstück in Deutschland zurückgelassen. Die Polizei hatte sie aus Sorge, zurückgewiesen zu werden, nicht informiert.

In Deutschland lernte sie schließlich ihren späteren Ehemann kennen, bei dem es sich um einen wohlhabenden Geschäftsmann handelte. Kurz nach der Eheschließung begann er jedoch, sie sowohl körperlich als auch psychisch zu misshandeln. Seine Entschuldigungsversuche brachte er ihr in Form von teuren Geschenken entgegen. Nach Jahren in der toxischen Ehe traf sie die Entscheidung, sich nicht weiter so behandeln lassen zu wollen. Sie reichte die Scheidung ein und suchte sich eine kleine Wohnung, die für sie ihren sicheren Rückzugsort darstellte. Sie fing also zum zweiten Mal ein neues Leben an. Alles sollte besser werden. Sie suchte sich eine Arbeitsstelle, um auf eigenen Beinen stehen zu können. Zum ersten Mal konnte sie autark leben, ohne dass es jemanden gab, der sie mit seiner dominanten Art zu unterdrücken versuchte. Die teuren Uhren und den wertvollen Schmuck, den sie einst von ihrem Mann geschenkt bekommen hatte, bewahrte sie seither in einem Bankschließfach auf. Bei diesen Wertgegenständen handelte es sich im Grunde um ihre Altersvorsorge. Eine große Rente hatte sie nicht zu erwarten, da sie erst seit der Scheidung von ihrem Mann berufstätig war.

Sie begab sich also auf Anweisung des „Kriminalhauptkommissars Stein" zur Bank und leerte ihr Bankschließfach. Als sie das Fach öffnete, war sie zunächst aufgeregt und dann froh, den gesamten Inhalt noch in dem Schließfach vorzufinden. Ihre Befürchtung, dass bereits alles weg sein könnte, hatte sich zum Glück nicht bestätigt. Hektisch packte sie alles in ihre Tasche. Anschließend begab sie sich zum Schalter und forderte, den Gesamtbetrag von ihrem Konto auszahlen zu lassen.

Tatsächlich wurde sie von Herrn Lange persönlich bedient, der sie umgehend fragte, was sie mit dem Geld vorhabe. Wortkarg antwortete sie, dass es sich um eine Privatangelegenheit handle. Herr Lange wies sie darauf hin, dass es verschiedene Betrugsarten gebe, und fragte sie, ob sie eventuell einen Anruf eines Enkeltrickbetrügers erhalten habe. Sie verneinte und bestand darauf, das Geld ausgezahlt zu bekommen. Er zahlte ihr schließlich knapp 6.000 Euro aus und fragte sie erneut, ob alles in Ordnung sei. Sie nickte, nahm das Geld an sich und verließ die Bank.

Zu Hause angekommen, forderte „Kriminalhauptkommissar Stein", der Frau Feldmann aufgetragen hatte, das Gespräch nicht zu beenden und somit seit Stunden nach wie vor am Telefon war, sie auf, ihm verschiedene Geldscheinnummern des abgeholten Geldes durchzugeben. Diese Vorgehensweise ist bei den Tätern üblich, um zu unterbinden, dass das Opfer die Möglichkeit hat, bei Unsicherheit über die Echtheit des Anrufers eine vertraute Person oder die Polizei über das Telefon zu kontaktieren.

Sie las ihm im Anschluss einzelne Nummern vor und wartete auf seine Rückmeldung. Wenige Minuten später teilte er ihr schließlich mit, dass er die Nummern überprüft habe und feststellen konnte, dass es sich um Falschgeld handle. Das habe er sich bereits gedacht, weil seine Kollegen Telefonate von Herrn Lange hätten abhören können, nachdem sie die Bank verlassen hatte. Da sei bereits die Rede davon gewesen, nun über das Falschgeld zu verfügen, das man den Kunden aushändigen wolle.

Das Falschgeld müsse er nun durch einen Kollegen bei Frau Feldmann abholen lassen, um Fingerabdrücke von Herrn Lange an den Scheinen sichern zu können. Weiterhin werde der Kollege die Wertgegenstände aus dem Bankschließfach auf Echtheit überprüfen. Er befürchte, dass diese auch bereits durch Plagiate ersetzt worden seien.

Frau Feldmann konnte es nicht fassen. Nervös erwartete sie den angekündigten Polizeibeamten, der das „Falschgeld" bei ihr abholen sollte. Sie hoffte, dass zumindest der Schmuck und die Uhren noch nicht ausgetauscht worden waren.

Als der Mann wenig später bei ihr eintraf, forderte er sie auf, ihm das „Falschgeld" und den Inhalt des Schließfachs zu übergeben. Die Spurensicherung und Prüfung des Schmucks müsse im polizeieigenen Labor durchgeführt werden. Sollte alles in Ordnung sein, erhalte sie eine Mitteilung, dass sie den Schmuck wieder abholen könne.

Sie übergab ihm sodann sowohl das Geld als auch ihren Schmuck und ihre Uhren.

Als er gegangen war, nahm sie ihr Telefon wieder auf und teilte „Kriminalhauptkommissar Stein" mit, dass sie alles wie vereinbart an seinen Kollegen übergeben habe. Sie hatte keinen Zweifel mehr an der Echtheit des Anrufs der Polizei, bis nachts schließlich erneut das Telefon klingelte. Als sie das Telefonat entgegennahm, meldete sich wieder derselbe Mann wie bei den Telefonaten zuvor. Er lachte laut. Anschließend bedankte er sich dafür, dass sie es ihm so einfach gemacht habe und dass er von ihrem Geld ein neues Auto kaufen und „seine Eier fliegen lassen" werde.

Frau Feldmann brach unmittelbar zusammen und informierte verstört die Polizei. Noch am selben Tag musste sie einem psychiatrischen Krankenhaus zugeführt werden.

Nach dem Krankenhausaufenthalt musste sie sich für vier Monate stationär in eine Traumaklinik begeben, weil die Tat enorme Angstzustände bei ihr ausgelöst hatte, die sie selbst Jahre später noch nicht überwunden hatte. Während ihres Klinikaufenthaltes hatte sie einen Suizidversuch unternommen. Ihrer Arbeit konnte sie nach der Entlassung aus der Klinik nicht weiter nachgehen. Wie es ihr derzeit geht, weiß ich nicht. Sie wollte den Kontakt irgendwann nicht weiter aufrechterhalten, weil sie sonst immer wieder an die Tat erinnert wurde.

Die Identität der Täter ist bis heute nicht ermittelt worden. Die Schadenssumme betrug ca. 88.000 Euro.

Der Fall falscher Polizisten zum Nachteil der Eheleute Weindorf

Gertrud und Hermann Weindorf kamen gerade vom Einkaufen nach Hause, als sie von zwei Männern vor ihrem Wohnhaus angesprochen wurden. Die beiden Männer erklärten, dass es sich bei ihnen um Polizeibeamte handle und es ein großes Glück sei, dass die Eheleute gerade nach Hause kommen. Ein Nachbar habe gemeldet, dass bei ihnen eingebrochen worden sei und man wisse aktuell seitens der Polizei nicht, ob die Einbrecher sich noch in der Wohnung befänden. Die Männer forderten die Eheleute auf, ihnen den Wohnungsschlüssel auszuhändigen, damit diese Nachschau nach den Tätern halten könnten. Die Geschädigten müssten draußen warten, weil es sonst zu gefährlich sei. Schließlich könnten die Täter sich brutal verhalten, wenn sie bei der Tat gestört würden.

Völlig überfahren von der Situation, händigte der 86-jährige Hermann den Männern seinen Schlüssel aus. Einer der Männer fragte anschließend, wo sie denn ihre Wertgegenstände aufbewahren würden, damit sie direkt nachsehen könnten, ob etwas fehle.

Hermann Weindorf schilderte, dass sie 11.000 Euro in einer Schublade im Wohnzimmerschrank aufbewahren würden.

Daraufhin verschwanden die beiden Männer im Haus. Kurze Zeit später kamen sie wieder heraus und teilten mit, dass tatsächlich eingebrochen worden sei. Der Täter sei offenbar bereits vor Eintreffen der Polizei geflohen. Bei der Nachschau nach dem Bargeld habe man leider festgestellt, dass die Schublade, in der das Geld deponiert gewesen war, nun leer sei.

Die beiden Männer teilten dem Ehepaar mit, dass sie jetzt wieder in ihre Wohnung gehen könnten. Allerdings dürften sie nichts anfassen, weil später noch Spezialisten von der Spurensicherung vorbeikommen würden.

Gertrud und Hermann Weindorf begaben sich anschließend in ihre Wohnung. Dort stellten sie fest, dass alle Schränke komplett durchwühlt waren. Als zwei Stunden später noch immer niemand von der Spurensicherung erschienen war, riefen sie bei der Polizei an. Dort wurde ihnen schließlich mitgeteilt, dass es keinen Polizeieinsatz an ihrer Wohnanschrift gegeben habe.

Als ich bei ihnen zu Hause eintraf, um den Sachverhalt aufzunehmen, saßen beide völlig verzweifelt im Wohnzimmer der zweckmäßig eingerichteten Wohnung.

Sie schilderten mir, dass es sich bei den entwendeten 11.000 Euro um die gesamten Ersparnisse gehandelt hatte. Diese hatten sie nach Hause geholt, da Gertrud Weindorf schwer krank gewesen war und ihre Bestattung schon habe regeln und bezahlen wollen.

Ein paar Wochen nach der Tat suchte ich die beiden noch einmal zu Hause auf. Als ich fragte, wie es ihnen gehe, schilderte Herr Weindorf mir, dass seine Frau sich von der Tat nicht erholt habe. Gesundheitlich habe sich ihr Zustand rapide verschlechtert. Sie schlafe viel, sodass er quasi den ganzen Tag alleine sei. Vor der Tat seien sie noch täglich mit ihrer Gehhilfe zu einem Spaziergang nach draußen gegangen. Daran sei jetzt gar nicht mehr zu denken.

Früher seien sie zusammen zum Mittagessen in ein benachbartes Altenheim gegangen, damit seine Frau nicht habe kochen müssen. Das Gericht koste dort inklusive eines Getränks für beide zusammen 5 Euro. Das sei nun finanziell nicht mehr zu stemmen, sodass beide täglich in der Regel lediglich Brot mit Marmelade und hin und wieder Kartoffeln essen würden.

Im Dezember suchte ich die Eheleute erneut auf. Frau Weindorf war wach und saß im Wohnzimmer, als ich kam. Sie sagte mir, dass sie versuche, nicht permanent an die Tat zu denken, was ihr kaum gelinge. Die psychischen und finanziellen Folgen seien einfach zu schwer. Peinlich berührt und unter Tränen sagte sie, dass sie dringend ein Paar Winterschuhe brauche, da sie das Haus verlassen müsse, um ihre Arzttermine wahrzunehmen, aber eine solche Ausgabe könnten sie sich nun einfach nicht mehr leisten.

Meine Kehle schnürte sich zu. Auch an mir als Ermittlerin gehen die Taten nicht spurlos vorbei.

Ich frage mich oft, wie Menschen zu solchen Taten fähig sind. Und wie sie sich manchmal noch daran ergötzen können, die Senioren, die teilweise aufgrund des Krieges oder anderer Schicksalsschläge Schlimmstes im Leben haben durchmachen müssen, zu verspotten.

Die hier beschriebenen Taten sind nur exemplarisch für die Taten zu sehen, die sich in Deutschland jeden Tag aufs Neue ereignen. Jede einzelne Tat verursacht schwerwiegende Folgen für die Opfer. Dabei spielt es keine Rolle, ob der Beutewert hoch oder eher gering ist. Die hier von mir beschriebenen Fälle zeigen, dass auch geringe Beutewerte existenzielle Folgen für die Opfer haben. Die psychischen Folgen sind für alle Opfer ähnlich. Sie verlieren das Selbstvertrauen, erleiden Selbstzweifel und verspüren das Gefühl der absoluten Hilflosigkeit. Viele verfallen in eine Depression, die mit Schlafstörungen einhergeht. Sie verlieren die Lebenslust und vermeiden soziale Kontakte. In manchen Fällen führen die Taten zum baldigen Versterben der Opfer, weil der Lebenswille erloschen ist.

Mir persönlich ist kein nicht dementes Opfer bekannt, das jemals mit der Tat hat abschließen können und das Leben unbeschwert weitergeführt hat.

Eine Prognose, welche gesellschaftliche Schicht besonders gefährdet ist, Opfer einer solchen Tat zu werden, kann ich nicht stellen, da meine Opfer alle finanziellen Schichten und Bildungsgrade umfasst haben. Es gibt allerdings Tätergruppierungen, die die Tatausführung selbstständig abbrechen, wenn der zu erwartende Beutewert 20.000 Euro unterschreitet. Diese Täter kontaktieren häufig gezielt Personen, die über einen akademischen Titel verfügen, weil sie sich davon eine

Chance auf einen höheren Beutewert versprechen. Der Erfolg der Täter macht deutlich, dass es keine Frage des Intellektes oder des Bildungsstandes ist, Opfer einer solchen Tat zu werden.

Jeder kann betroffen sein! Jeder kann Opfer werden!

Opfer haben viele Gesichter

Gewalt im Namen der Ehre

von Ninve Ermagan

Ehre – und die Folgen für Frauen

Gewalt im Namen der Ehre betrifft Frauen in nahezu allen Teilen der Welt und aus verschiedenen sozialen Schichten. Die Gewaltausübungen basieren oft auf tief verwurzelten patriarchalen Normen und traditionellen Vorstellungen von Ehre und Schande. Sie betreffen viele Menschen, vor allem Frauen und Mädchen, die gegen ihren Willen zur Heirat gezwungen oder anderen Formen von Gewalt ausgesetzt werden. Diese Gewalt wird oft innerhalb der Familie, Gemeinschaft und Gesellschaft toleriert und als legitim angesehen. Ehrverbrechen werden weltweit als Menschenrechtsverletzungen betrachtet und kommen sowohl in muslimischen als auch in nicht muslimischen Ländern vor. Allerdings sind sie in islamisch geprägten Regionen, wie dem arabischen, persisch-afghanischen, türkischen und kurdischen Kulturkreis, häufiger anzutreffen (Erben 2012, 48).

Um Gewalt im Namen der Ehre überhaupt verstehen zu können, ist es wichtig zu klären: Was bedeutet überhaupt „Ehre"? Und warum hat sie in patriarchalen Kulturkreisen einen so hohen Stellenwert? Ehre bezieht sich auf traditionelle Bereiche: Sexualität, Verhalten der Frauen und das Außenbild der Familie, so beschreibt es Ahmet Toprak, Professor für Erziehungswissenschaften an der Hochschule Dortmund (Toprak 2012, 38). Im kulturellen Kontext des Nahen und Mittleren Ostens spielt die „allgemeine" Ehre (arabisch: *sharaf*) eine entscheidende Rolle. Laut Ahmet Toprak handelt es sich um einen „Wert, der variabel ist" (ebd., 39). Diese Ehre wird einer Person zugeschrieben, die als besonders gastfreundlich, hilfsbereit und ehrlich gilt. Tugend, Respekt und Integrität sind demnach essenziell, um „sharaf" zu erhalten. Negative Charaktereigenschaften, wie Lügen, kriminelles Agieren und „respektloses" Verhalten, können dieses Ansehen mindern. Eine weitere Form von Ehre (arabisch: *namus*) bezieht sich auf die sexuelle Reinheit der weiblichen Familienmitglieder. Zu solch einer patriarchalisch geprägten Kultur gehört die Jungfräulichkeit der Frau, die die Ehre der Familie nach außen trägt. Diesen Männern ist die „Unschuld" des weiblichen Teils der Gesellschaft heilig. So beschreibt es auch der Familienvater Hasan, der als Gastarbeiter aus der Türkei in den 1960er-Jahren nach Deutschland gekommen ist:

> „Ehre ist uns heilig. Für mich kommt Ehre als Erstes. Wenn du keine Ehre hast, hast du auch keine anständige Familie. Die Menschen in deiner Umgebung beachten dich dann nicht, wenn du keine Ehre hast. Du wirst draußen schief angeschaut, und niemand hat Respekt vor dir. Die gesamte Familie muss Ehre haben. Wenn die Familie Ehre hat, dann hat auch der Mann Ehre. Wenn die Frau Ehre hat, hat auch der Mann Ehre. Ein Mann muss auf die Familienehre achten und sie schützen." (ebd., 20)

Aus Angst vor dem Verlust der eigenen Kultur zwingen Immigranten ihren Kindern einen mittelalterlich anmutenden Ehrbegriff auf. Oft trifft dies auf muslimische, christlich-orthodoxe und ezidische Kulturkreise zu. Der Ursprung vieler nahöstlich assoziierter Phänomene wie überhöhter Machismo, männliche Gewaltbereitschaft und die Unterdrückung der Frau liegt in der Verteufelung der weiblichen Sexualität. Um diese zu kontrollieren, wurde das Konzept der Ehre aufgestellt. Frauen aus solchen Kulturkreisen wird ihre gesamte sexuelle Entwicklung geraubt, während Männern vollständige sexuelle Freiheit ermöglicht wird. Denn Jungfräulichkeit ist ein einseitiges Konzept: Für Männer gibt es keine „Jungmännlichkeit" (Mangler et al. 2022, 814).

Cahits Familie stammt aus der zentralanatolischen Stadt Konya. In den 1960er-Jahren sind sie nach Deutschland gekommen. Er ist das älteste von vier Kindern und kommt 1982 zur Welt. Cahit wächst in einer traditionellen muslimischen Familie auf und bekommt von klein auf die strikten Rollenbilder und Autoritätsstrukturen mit, die sich nach Geschlecht und Alter gliedern. Die folgende Aussage unterstreicht die Überhöhung der Jungfräulichkeit in diesen streng konservativen Kulturkreisen:

> „Da wo wir herstammen, ist es wichtig, dass die Frauen sauber sind. Also, sie sollen vor der Ehe keinen anderen Mann haben. Das bringe ich meinen beiden Töchtern bei. Es ist bei uns auch nicht vorgesehen, dass ein Mädchen lange weg ist. Oder sie geht abends weg und trifft Freunde oder so. Das geht nicht. Anständige Mädchen und Kinder der anständigen und ehrenhaften Familien machen das nicht. Sie bleiben zu Hause und hören auf ihre Eltern" (ebd., 21).

Neben der Voraussetzung der Jungfräulichkeit der Tochter vor der Ehe – und dem Verbot aller außerehelichen Aktivitäten vor ihrer Heirat- illustriert diese Aussage, dass Frauen aus diesen patriarchalen Kulturkreisen auf ihr familiäres Umfeld beschränkt werden und alle Kontakte, die die „Ehre" der Tochter beschädigen könnten, vermieden werden müssen. Eine gute Frau ist aus der Sicht des Vaters eine, die sich zurückhält, ihren Eltern nicht widerspricht und so gut es geht im Haushalt mithilft. Der Aspekt der Jungfräulichkeit wird an dieser Stelle ebenfalls deutlich. Die Frau soll sexuell unberührt sein und ihr Hymen intakt. Ist das nicht der Fall, werden Betroffene in ihrer Community geächtet, verstoßen oder im schlimmsten Fall umgebracht. Nach einer UN-Studie werden weltweit 5.000 Mädchen und Frauen in mindestens 14 Ländern jährlich ermordet, weil sie durch ihr Verhalten angeblich die Ehre der Familie „beschmutzt" haben. Die Dunkelziffer dürfte jedoch um ein Vielfaches höher liegen, weil die wenigsten Fälle angezeigt werden. Denn häufig wird der Mord als Unfall oder Selbstmord getarnt, oder es wird eine Vermisstenanzeige erstattet, um so die Behörden zu täuschen.

Aus Sicht der Täter kann als Grund für einen Ehrenmord dienen: ein Trennungswunsch, ein neuer Partner, Untreue, außereheliche Schwangerschaft der Frau, Flucht der Frau aus dem Elternhaus, Verlust der Jungfräulichkeit vor der Heirat, freizügige Kleidung der Frau oder Heiraten ohne die Zustimmung der Familie (Erben 2012, 33). Den

Betroffenen wird in diesem Zusammenhang oft ein „zu westlicher Lebensstil" vorgeworfen.

Im Jahr 2015 ereignete sich in Darmstadt ein tragischer Ehrenmordfall, der große mediale Aufmerksamkeit erregte (Fittkau 2015). Die 19-jährige Lareeb Khan wurde von ihren Eltern, Assadullah und Shazia K., wegen ihrer Beziehung zu einem jungen Mann namens Raheel T. getötet. Die Eltern, ein streng religiöses muslimisches Ehepaar mit pakistanischen Wurzeln, akzeptierten die Beziehung nicht und planten gemeinsam den Mord an ihrer Tochter.

In der Nacht zum 28. Januar 2015 wurde Lareeb von ihrem Vater im Schlaf erwürgt, während die Mutter zusah. Danach klebten die Eltern die Überwachungskamera im Aufzug ihres Wohnhauses ab und transportierten die Leiche der Tochter mit einem geliehenen Rollstuhl in ein Waldstück, wo sie die Leiche ablegten.

Das Motiv für die Tat war der außereheliche Sex der Tochter mit ihrem Freund, was in ihrer Religionsgemeinschaft als unehrenhaft galt. Die Eltern befürchteten, dass diese Beziehung in ihrer streng religiösen Gemeinschaft bekannt würde und sie dadurch verstoßen würden. Trotz der Ablehnung von Ehrenmorden durch die Ahmadiyya-Gemeinschaft, der die Familie angehörte, fühlten sich die Eltern in ihrem Handeln berechtigt.

Im Prozess versuchte die Mutter, die Schuld allein auf ihren Ehemann zu schieben, doch das Darmstädter Landgericht erkannte die gemeinsame Planung und Durchführung der Tat an. Beide Eltern wurden zu lebenslanger Haft verurteilt, ohne Feststellung der besonderen Schwere der Schuld. Das Gericht betonte, dass der Mord Ausdruck der speziellen Moral einer „Parallelgesellschaft" sei, die sich dem herrschenden Recht nicht entziehen könne. Der Anwalt der Mutter erklärte: „Meine Mandantin hat mit einer normalen Welt nichts zu tun, sie ist in ihrer eigenen einbetoniert." Der Fall führte zu intensiven Diskussionen innerhalb der Ahmadiyya-Gemeinschaft über deren Geschlechterbild und die Auswirkungen patriarchaler Traditionen. Die Gemeinschaft distanzierte sich klar von Ehrenmorden und betonte die Notwendigkeit, zivilisatorische Grundsätze an ihre Mitglieder zu vermitteln.

Ein „zu westlicher Lebensstil" wurde auch Hatun Sürücü zum Verhängnis. 2005 ereignete sich ein Ehrenmord, der zum ersten Mal bundesweit Schlagzeilen machte (Der Spiegel 2017). Die 23-Jährige wurde von ihrem jüngsten Bruder umgebracht, weil sie frei und selbstbestimmt leben wollte. Sie musste als Jugendliche die Schule abbrechen, da sie mit 16 Jahren in der Türkei mit ihrem Cousin zwangsverheiratet wurde. Schon bald wurde sie schwanger und erlebte in ihrer Ehe vonseiten ihres Mannes immer wieder Gewalt. Diese Misshandlungen konnte die junge Frau nicht mehr aushalten und ergriff letztlich die Flucht, zurück nach Deutschland zu ihren Eltern. Doch auch dort gab es immer wieder Konflikte mit der Familie.

Die junge Mutter beschloss, von zu Hause auszuziehen und sich um eine Ausbildung zu kümmern, in ihrer neuen Freiheit lernte sie bald ihren ersten selbst ausgewählten Freund kennen. Hatuns Umfeld bekam diesen Wandel mit und schon bald empörten sich die Verwandten über ihren neuen Lebensstil, der in ihren Augen nichts mit einer „anständigen" muslimischen Frau zu tun habe. Die Familie schämte sich für Hatun, die sich immer mehr vom Islam abwendete und auch das Kopftuch ablegte. In der Moschee erkundigten sich die Brüder, was nach islamischem Recht zu tun sei, wenn eine muslimische Frau Unzucht begehe. Schon bald trafen sie die Entscheidung, dass Hatun ihre Freiheit mit ihrem Leben bezahlen müsse. Für ihr Umfeld war es nicht akzeptabel, dass Hatun ihre eigenen Entscheidungen traf, sich figurbetont anzog, feiern ging, Alkohol trank und einen deutschen Freund hatte.

Am Abend des 7. Februar 2005 wurde Hatun von ihrem jüngsten Bruder Ayhan Sürücü in ihrer Wohnung besucht. Dort kam es zu einem Streit zwischen den beiden, als der Bruder Hatun aufgrund ihres Verhaltens anschrie. Daraufhin soll die Deutsch-Kurdin ihm nach seinen Angaben entgegnet haben: „Ich darf ficken, mit wem ich will und wann ich will." Sie begleitete ihn nach ihrem Streit noch nach draußen zu der Bushaltestelle Berlin-Tempelhof. Danach fragte Ayhan seine Schwester: „Bereust du deine Sünden?", und drückte ab. Er schoss ihr nicht ein Mal, nicht zwei Mal, sondern ganze drei Mal in den Kopf.

Zwangsheirat in Deutschland

Ehrgewalt wird häufig auf bekannte Fälle von Ehrenmorden reduziert. Dabei gibt es noch weitere Formen, die viel verbreiteter sind: psychischer Druck, Erpressung, Nötigung, körperliche Gewalt, arrangierte Ehen und Zwangsheiraten. Der Ehrenmord ist die Spitze des Eisbergs. Die Folgen dieses Jungfrauenwahns sind oft Hymenoperationen zur Wiederherstellung der Jungfräulichkeit, stümperhafte Schwangerschaftsabbrüche, Depressionen und Suizide.

Zwangsverheiratungen und Frühehen haben ihre Wurzeln in streng patriarchalen Strukturen, die Mädchen und Frauen häufig nur einen Lebensweg vorschreiben: Ehefrau und Mutter zu sein. In diesen Traditionen werden Mädchen und Frauen oft als Besitz angesehen, zunächst des Vaters und dann des Ehemanns (Terres des Femmes o. J.). Ein häufiger Hintergrund für frühe Eheschließungen ist der Wunsch, voreheliche sexuelle Erfahrungen der Mädchen zu verhindern, was eng mit dem Mythos der Jungfräulichkeit verbunden ist.

Frühehen, bei denen mindestens ein Partner minderjährig ist, verfestigen patriarchale Strukturen und bringen junge Mädchen frühzeitig in eine starke ökonomische Abhängigkeit vom Ehemann. Diese Praxis betrifft hauptsächlich Mädchen und widerspricht der Gleichberechtigung der Geschlechter. Die betroffenen Mädchen müssen oft ihre Kindheit abrupt beenden, die Schule verlassen und sie haben selten Zugang zu höherer Bildung. Solche Ehen bergen erhebliche Gesundheitsrisiken durch frühe Schwangerschaften und sie erhöhen das Risiko, dass Frauen innerhalb der Ehe Opfer von häuslicher oder sexualisierter Gewalt werden. Frühehen schränken zudem das Recht auf freie Persönlichkeitsentwicklung und Partnerwahl ein. Minderjährige sind stark von ihren Eltern abhängig und haben in patriarchalen Gesellschaften selten die Möglichkeit, alternative Lebenswege zu erkunden oder zu verfolgen (Terres des Femmes 2024).

Ein zentraler Grund für Zwangsverheiratungen ist auch hier die Sicherung der Familienehre und die Kontrolle der weiblichen Sexualität. Ein weiterer Grund: Durch die Verheiratung der jungfräulichen Tochter soll das Ansehen der Familie gewahrt werden. Die Sexualität der Mädchen wird durch die Hochzeit kontrolliert und nur innerhalb der Ehe geduldet. Alles andere gilt als Beschädigung der Familienehre. „Die wichtigste Zutat für eine Ehe, nämlich die Liebe, hat in dieser Argumentation keinen Platz", erklärt Professor Ahmet Toprak (Toprak 2012, 49).

Auch die Sanktionierung für vermeintlich falsches Verhalten kann eine Rolle spielen. Mädchen werden gegen ihren Willen verheiratet, wenn sie sich angeblich nicht richtig verhalten haben, zum Beispiel durch den Kontakt mit Freunden, die die Familie nicht akzeptiert, durch selbstbewusstes Auftreten oder den Wunsch nach Freiheiten, die ihnen die Eltern nicht gewähren (Zwangsheirat.de o. J.).

Häufig wird zwischen einer arrangierten Ehe und einer Zwangsheirat nicht unterschieden es findet eine Gleichsetzung statt. „Hier zeigt sich, wie fließend der Übergang häufig ist und wie schwer sich eine Grenze schließen lässt", schreibt Ahmet Toprak (Toprak 2021, 49). Während bei einer arrangierten Ehe der Heiratskandidat oder die Kandidatin abgelehnt werden kann, wird bei einer Zwangsheirat Druck auf den Sohn oder die Tochter ausgeübt, den ausgewählten Partner zu heiraten.

Im Kontext von Flucht und Migration sehen Familien in einer frühen Verheiratung einen vermeintlichen Schutz vor sexuellen Übergriffen. Manche Mädchen glauben auch, durch eine Heirat der Gewalt zu Hause und der elterlichen Kontrolle entkommen und mehr Freiheiten genießen zu können. Dies erweist sich jedoch meist als Trugschluss.

Diese Gedanken, dass eine Heirat – weg von der Gewalt der Eltern – ein friedlicheres Leben bieten würde, hatte auch Latife Arab. Die Clan-Aussteigerin hat ihre Erfahrungen in einer kriminellen arabischen Großfamilie öffentlich gemacht. In ihrer Kindheit litt sie unter der brutalen Gewalt ihrer Eltern und wurde schon von klein auf in die kriminellen Machenschaften der Familie hineingezogen. Bereits mit achtzehn Jahren wurde sie gezwungen, den Sohn von Verwandten zu heiraten, was den Beginn eines neuen Martyriums markierte. In dieser Ehe war sie regelmäßig Schlägen, Erniedrigungen und erzwungenem Sex ausgesetzt, der hauptsächlich das Ziel hatte, sie möglichst schnell schwanger werden zu lassen (Schmid 2024). Diese Lebensumstände führten zu schweren psychischen Belastungen, einschließlich Suizidgedanken. Trotz der extremen Kontrolle und Gewalt in ihrem Leben gelang es Latife sieben Mal, ins Frauenhaus zu flüchten. Schließlich floh sie mit ihren drei Kindern, die sie mittlerweile hatte, um ihnen und sich selbst eine bessere Zukunft zu ermöglichen.

Zwangsheirat spielte eine zentrale Rolle in ihrem Leben. Ihr Vater bestimmte, wen sie heiraten sollte, und ihre Ehe war mehr eine Transaktion zum Nutzen des Clans als eine persönliche Entscheidung. Sie beschreibt, wie Frauen in ihrem Umfeld wie „Waren von einer Familie zur nächsten" übergeben wurden und kaum eine Möglichkeit zur Selbstbestimmung hatten. Diese Ehen waren oft von Gewalt und Missbrauch geprägt.

Latifes Versuch, sich aus dieser Unterdrückung zu befreien, war langwierig und schmerzhaft. Sie floh mehrfach in Frauenhäuser und suchte sich verschiedene Jobs, um unabhängig zu werden. Jedoch wurde sie immer wieder von ihrer Familie bedroht und gezwungen zurückzukehren. Die Gewalt und die Kontrolle durch ihre Familie und ihren Ehemann führten sie an den Rand der Verzweiflung.

Zwangsverheiratungen betreffen hauptsächlich Mädchen und junge Frauen, aber auch Jungen können gefährdet sein, insbesondere bei vermuteter Homosexualität, die als Schande für die Familie betrachtet wird. In solchen Fällen sollen Zwangsehen die Familienehre wiederherstellen und die als beschämend empfundene sexuelle Orientierung verbergen.

Zwangsverheiratet zu werden mit einem fremden Mann – dieses Schicksal stand auch der 23-jährigen Anna bevor. „Mein Vater hat mir mit 14 gesagt, wie er mich verheiraten wird", erzählt die Studentin. Er habe ihr drei Bilder von Männern aus Pakistan gezeigt und gesagt: „Du darfst dir einen davon aussuchen" (Ermagan 2024). Erst an ihrem

Hochzeitstag habe sie den Menschen, mit dem sie den Rest ihres Lebens verbringen soll, kennengelernt. Für Anna nichts Neues, denn so wurde auch ihre Mutter verheiratet.

Doch während ihrer Pubertät habe sich ihre Einstellung geändert. Sie fing an, sich für die deutschen Jungs in ihrer Klasse zu interessieren und merkte mit der Zeit: „Ich will keinen fremden Mann aus Pakistan heiraten!" (ebd.). Mit der Zeit nimmt auch die Gewalt in ihrer Familie zu. Ihre Schwestern halten das nicht mehr aus und so finden Anna und ihre zwei Schwestern nur noch einen Ausweg: die Flucht vor den Eltern. Vor den Schlägen. Vor der Zwangsheirat. „Umso länger ich bleibe, desto näher kommt der Tag, an dem ich zwangsverheiratet werde", blickt Anna zurück.

Viele Frauen wollen über das Erlebte nicht sprechen, nicht einmal anonym. Zu groß ist die Angst, das Trauma wieder aufkommen zu lassen. „Ich möchte echt keine Sekunde meines Lebens mehr in dieses Thema investieren", antwortet eine junge Frau auf eine Anfrage und lehnt ein Gespräch ab (ebd.). Sie habe sich aus diesen Zwängen befreit und führe heute eine Beziehung mit einem deutschen Mann.

Die Frauenrechtsorganisation Terre des Femmes (TdF) macht auf die Zwangsverheiratung von jungen Frauen aufmerksam, besonders vor den Sommerferien. Im Rahmen der „Weißen Woche" besuchten die Aktivistinnen gemeinsam mit der Polizei auch in diesem Jahr Berliner Schulen, um Aufklärungsarbeit zu leisten. „An allen Schulen Berlins erhielten wir die Rückmeldung, dass Fälle von Zwangsverheiratungen vorlagen", erklärt TdF-Mitarbeiterin Myria Böhmecke (ebd.).

„Ganz häufig werden Lehrkräfte alleine gelassen und sie wissen nicht, wie sie die Fälle auffangen", berichtet Böhmecke. Einmal habe eine Lehrerin zwei Minderjährigen geholfen, aus ihrer Zwangsheirat zu entkommen – und daraufhin standen die Eltern vor der Schule, um sie einzuschüchtern. „Alle wissen, dass es passiert und alle schauen weg", habe sie TdF mitgeteilt (ebd.).

Eine ehemalige Sonderbeauftragte für geschlechtsspezifische Verfolgung, die beim Bundesamt für Migration und Flüchtlinge beschäftigt ist, berichtet, dass viele Geflüchtete in ihrer Heimat zwangsverheiratet wurden und dies auch in Deutschland mit ihren Töchtern vorhaben. Auffällig ist die misogyne und frauenfeindliche Sprache, die dabei verwendet wird. Mütter sagen oft: „Ich werde meine Tochter verheiraten" statt: „Meine Tochter wird heiraten." Die Frauen werden als Besitz betrachtet, was sich in Sätzen wie: „Ich gebe meine Tochter an die eine Familie und sie werden kommen, um sie zu nehmen" ausdrückt.

Seit 2017 ist eine Eheschließung in Deutschland unter 18 Jahren nicht mehr möglich. Dies gilt unabhängig davon, ob es sich um eine Eheschließung nach deutschem oder nach ausländischem Recht handelt. Falls dennoch eine Ehe unter Beteiligung eines Minderjährigen geschlossen wird, ist diese Ehe unwirksam, wenn einer der Ehepartner zum Zeitpunkt der Eheschließung unter 16 Jahre alt war. „Viele Schüler und Schülerinnen wissen nicht, dass man nicht mehr mit 16 Jahren heiraten darf", stellt die Frauenrechtsorganisation in ihren Workshops fest. Terre des Femmes versucht darauf aufmerksam zu machen, dass sich die Betroffenen an verschiedene Beratungsstellen und auch an die Polizei wenden können. „Denn wenn Mädchen ins Ausland verschleppt werden, ist es schwierig, selbst bei deutscher Staatsbürgerschaft, sie rauszuholen", erklärt Böhmecke (Ermagan 2024). Bei nicht deutscher Staatsbürgerschaft sei das „nahezu unmöglich". Es sei wichtig, Sicherheitsvorkehrungen zu treffen und Kopien des Ausweises zu machen, falls ein Verdacht der Zwangsverheiratung vorliegt, so Böhmecke. „Manche Mädchen wissen, was sie in ihrer Heimat erwartet, aber sie glauben, vor Ort noch Nein sagen zu können." Möglichkeiten, sich vor Ort Hilfe zu suchen, seien extrem eingeschränkt, da Frauen in islamischen Ländern „nicht alleine reisen dürfen". Die Organisation erhalte oft die Rückmeldung in den Workshops, dass sich die meisten jungen Mädchen den Bruch mit der Familie nicht trauen. Besonders Minderjährige könnten sich diesen Schritt nicht vorstellen, komplett auf sich allein gestellt zu sein.

Böhmecke macht deutlich, dass es sich bei Zwangsverheiratungen um „kein ausschließlich islamisches Phänomen" handele, sondern dass es Frauen aus „streng patriarchalen Kulturkreisen" betreffe (Ermagan 2024). Auch Frauen aus osteuropäischen Ländern seien betroffen.

Wie viele Frauen von Zwangsheiraten betroffen sind, ist schwer zu ermitteln und auch hier ist die Dunkelziffer um ein Vielfaches höher, da sich die Betroffenen in sehr wenigen Fällen an die Behörden wenden. In Berlin gab es laut dem Arbeitskreis Zwangsheirat im Jahr 2022 insgesamt 496 Fälle von geplanten, befürchteten oder vollzogenen Zwangsverheiratungen (Bezirksamt Friedrichshain-Kreuzberg von Berlin 2023). Diese Daten wurden von 345 Institutionen und Organisationen gesammelt, die an der Umfrage teilgenommen hatten. Von den Betroffenen oder Bedrohten waren 91 Prozent weiblich, 5 Prozent männlich und 1 Prozent divers. In 3 Prozent der Fälle wurde keine Angabe zum Geschlecht gemacht (ebd.).

Hymenrekonstruktionen – das Geschäft mit der Jungfräulichkeit

Frauen aus streng patriarchalen Kulturkreisen sind häufiger von Depressionen, Gewalterfahrungen und Suizid betroffen. Es gibt hierzu wenige Befunde – die Studien, die es jedoch gibt, sind höchst alarmierend. Eine Studie an der Berliner Charité fand vor einigen Jahren heraus, dass junge Frauen mit türkischem Migrationshintergrund doppelt so häufig Selbstmord begehen wie ihre gleichaltrigen deutschen Mitschülerinnen – auch aus Verzweiflung über die eigene Lage, die unterschiedlichen Wertvorstellungen und die vielen Verbote, die diesen Frauen auferlegt werden, so die Erklärung der Medizinerin Meryam Schouler-Ocak (Brink 2010).

Der Druck auf Frauen ist groß, genauso wie die Angst vor möglichen Folgen. Aus diesem Grund unterziehen sich immer mehr Frauen einer sogenannten Hymenrekonstruktion. Denn in manchen Kulturkreisen gilt ein blutiges Laken nach der Hochzeitsnacht als Beweis für die Jungfräulichkeit der Braut. Hatte die Frau bereits Sex und fürchtet sich vor der Hochzeitsnacht, so glaubt sie, dass die Wiederherstellung der Jungfräulichkeit unter Vollnarkose die erwartete Blutung beim ersten Sex ermöglichen kann. Diese operative Verengung des Hymens sehen viele Migrantinnen aus streng muslimischen Traditionen als einzigen Weg, um einer Bestrafung zu entkommen. Dabei ist die Vorstellung über das Jungfernhäutchen mehr Mythos als Realität (Frentzen et al. 2021). Es gibt kein Häutchen, das den Vaginaleingang verschließt, sonst könnten Frauen nicht ihre Periode bekommen. Vielmehr handelt es sich beim Hymen um eine Art Schleimhautsaum, der unterschiedlich ausgeprägt ist und keine medizinische Bedeutung hat. Doch biologische Fakten sind diesen streng orthodoxen Fam ilien gleichgültig. Der Mythos um das Jungfernhäutchen wird aufrechterhalten, um den Körper der Frau – ihre Sexualität – zu kontrollieren. Die berühmte Autorin Leïla Slimani schreibt in ihrem Buch *Sex und Lügen – Gespräche mit Frauen aus der islamischen Welt*, dass die Vagina der Frau in diesen Kulturkreisen ein öffentliches Gut sei – und die ganze Gesellschaft einen Anspruch auf ihren Intimbereich ableite.

Das, was einzig und allein zählt, ist die Macht über den weiblichen Körper Die Kontrolle darüber, dass die Frau bisher unberührt war, frei von jeglichen Geschlechtskrankheiten – und dass sie vor der Hochzeit treu gegenüber ihrem Ehemann ist. Die Kontrolle der weiblichen Sexualität soll dem Vater zusätzlich garantieren, dass es sich beim Nachwuchs wirklich um seine Kinder handelt.

Ein Beispiel soll diese Problematik für Frauen veranschaulichen: Der Fall von Esra, einer jungen Frau, die gezwungen wurde, ihre Jungfräulichkeit wiederherstellen zu lassen, illustriert ein ernstes gesellschaftliches Problem, das besonders in streng konservativen Kulturkreisen vorkommt. In Deutschland und der Schweiz nehmen sogenannte Hymenrekonstruktionen zu, um dem Druck patriarchaler Ehrvorstellungen zu entsprechen. Diese Eingriffe sollen sicherstellen, dass Frauen als Jungfrauen in die Ehe gehen, was in einigen Kulturen als unverzichtbar gilt, um die Familienehre zu bewahren.

Esra lebt in einer deutschen Großstadt und muss ein Doppelleben führen. Ihre Familie, die nach strengen muslimischen Ehrvorstellungen lebt, überwacht sie streng, insbesondere ihr ältester Bruder, der nach der Trennung der Eltern im Jahr 2011 die Rolle des Aufpassers übernommen hat. Nachdem ihr Bruder auf Instagram eine Nachricht erhalten hatte, dass Esra sexuell aktiv sei, schlug er sie und drohte, sie umzubringen, falls sie keine Jungfrau mehr sei. Später fand ihre

Schwester heraus, dass Esra tatsächlich einen Freund hatte und mit ihm Sex hatte. Um die Ehre der Familie zu retten, zwangen Mutter und Schwester Esra, einen Termin beim Frauenarzt zu vereinbaren, um eine Hymenrekonstruktion durchführen zu lassen.

Hymenrekonstruktionen sind eine zunehmende Praxis, die häufig von Frauen aus muslimischen Gemeinschaften in Anspruch genommen wird. Die Nachfrage nach solchen Eingriffen ist schwer zu quantifizieren, aber Ärzte bestätigen einen Anstieg. In Deutschland gibt es eine Vielzahl von medizinischen Einrichtungen, die diese Operation anbieten, auch unter dem Deckmantel der Wiederherstellung der „Reinheit". Der Preis für solche Eingriffe kann bis zu 3.000 Euro betragen.

Für viele betroffene Frauen hat der Druck, jungfräulich in die Ehe zu gehen, schwerwiegende psychologische Folgen. Esra beispielsweise leidet unter Depressionen und Bulimie. Die Gewalt und der psychische Druck ihrer Familie haben tiefe seelische Narben hinterlassen. Trotz dieser Belastungen versucht Esra, sich ein eigenes Leben aufzubauen, ihre Freiheit zu genießen und ihre eigenen Entscheidungen zu treffen.

Der Fall von Esra verdeutlicht die Notwendigkeit, patriarchale und traditionelle Ehrvorstellungen kritisch zu hinterfragen und gesellschaftliche Strukturen zu verändern, die Frauen unterdrücken. Es ist wichtig, dass Frauen ihre Sexualität frei und ohne Angst vor sozialen Konsequenzen leben können. Aufklärung und Unterstützung von Betroffenen sind entscheidend, um solche archaischen und repressiven Praktiken zu überwinden.

Gewalt im Namen der Ehre ist eine Realität in Deutschland, die nicht ignoriert werden kann. Ein offener Diskurs über dieses Thema ist notwendig, um ein Bewusstsein dafür zu schaffen und die Rechte und Freiheiten von Frauen zu schützen. Erst wenn die tiefsitzenden Überzeugungen bezüglich der rigiden Sexualmoral infrage gestellt werden, und damit die Emanzipation vom Jungfrauenwahn erfolgt, können echte Veränderungen in diesen Gemeinschaften herbeigeführt werden.

Literatur

Bezirksamt Friedrichshain-Kreuzberg von Berlin (2023): *Ergebnisse der Umfrage des Berliner Arbeitskreises gegen Zwangsverheiratung zum Ausmaß von Zwangs-*

verheiratungen in Berlin 2022. https://www.berlin.de/ba-friedrichshain-kreuzbe rg/aktuelles/pressemitteilungen/2023/pressemitteilung.1385750.php (Zugriff am 26.7.2024).

Brink, Nena (2010): *Hohe Selbstmordrate bei türkischen Mädchen*, in: Deutschland-funk Kultur 22.06.2010. https://www.deutschlandfunkkultur.de/hohe-selbstmor drate-bei-tuerkischen-maedchen-100.html (Zugriff am 23.8.2024).

Der Spiegel (2017): *Chronologie: Der Mord an Hatun Sürücü*, in: Spiegel Panorama, 30.5.2017. https://www.spiegel.de/panorama/justiz/chronologie-der-mord-a n-hatun-sueruecue-a-1149867.html (Zugriff am 26.7.2024).

Erben, Sayime (2012): *Gewalt und Ehre. Ehrbezogene Gewalt aus Täterperspektive,* Freiburg i. Br.: Centaurus (Reihe Sozialwissenschaften, Bd. 26).

Ermagan, Ninve (2024*): Zwangsverheiratet in den Sommerferien,* in: ZDFheute, 21.07.2024. https://www.zdf.de/nachrichten/politik/deutschland/zwangsheirat-fe rien-verschleppt-heimat-urlaub-100.html (Zugriff am 23.8.2024).

Fittkau, Ludger (2015): *„Ehrenmord" in der Darmstädter Ahmadiyya-Gemeinde. Spezielle Moral einer Parallelgesellschaft,* in: Deutschlandfunk Kultur, 1.12.2015. https://www.deutschlandfunkkultur.de/ehrenmord-in-der-darmstaedter-ahmadi yya-gemeinde-spezielle-100.html (Zugriff am 26.7.2024).

Frentzen, Carola/Galli, Anne-Sophie/Krüger, Ralf E. (2021): *Von Zweifinger-Tests und Kunstblut-Pillen: Wie der Jungfernhäutchen-Mythos Frauen verängstigt,* in: GEO, 10.9.2021. https://www.geo.de/wissen/gesundheit/das-jungfernhaeutchen --mehr-mythos-als-realitaet-30730274.html (Zugriff am 26.7.2024).

Mangler, Mandy/Lanowska, Malgorzata/Heise, Kathrin/Kießling, Nora/Leßmann, Smilla/Ebert, Andreas D. (2022): Vom „Jungfernhäutchen" zur Corona vaginalis? Anmerkungen zur Grenzstruktur zwischen Vulva und Vagina, *Die Gynäkologie. Fortbildungsorgan der Deutschen Gesellschaft für Gynäkologie und Geburtshilfe* 10/2022, S. 810–818.

Schmid, Birgit (2024): *„Meine Familie kann den deutschen Staat ohne Scham ausnehmen und verlachen" – eine Clan-Aussteigerin erzählt,* in: Neue Zürcher Zeitung, 26.3.2024. https://www.nzz.ch/feuilleton/latife-arab-aussteigerin-ueber -ihr-leben-in-kriminellem-clan-ld.1823326 (Zugriff am 26.7.2024).

Terre des Femmes (o. J.): *Frühehen als eine Form der Zwangsverheiratung.* https://fr auenrechte.de/unsere-arbeit/gewalt-im-namen-der-ehre-und-zwangsverheiratun g/hintergrundinformationen/fruehehen (Zugriff am 26.7.2024).

Terre des Femmes (2024): *Mythen rund um das Gesetz zur Bekämpfung von Kin-derehen. Hintergrundinformationen und Fallbespiele.* https://frauenrechte.de/file admin/Redaktion/Unsere_Arbeit/Gewalt_im_Namen_der_Ehre/GNE_Material ien/2024-01-16_GzBvK_Mythen_Layout.pdf (Zugriff am 26.7.2024).

Toprak, Ahmet (2012): *Unsere Ehre ist uns heilig. Muslimische Familien in Deutsch-land,* Freiburg i. Br./Basel/Wien: Herder.

Zwangsheirat.de (o. J.): *Die zentrale Seite zum Thema Zwangsheirat.* https://zwangs heirat.de/ (Zugriff am 26.7.2024).

„Es vergeht keine Schicht ohne Ärger"

von Tobias Eilers

„Unbekannter schlägt Rettungssanitäter". „Massive Beleidigung und Bedrohung gegen Rettungskräfte". „Psychisch Kranker zertrümmert Krankenwagen." Und: „Dreißig Einsatzkräfte bei Explosion in Ratingen verletzt, davon fünf in Lebensgefahr."

Nur vier von vielen Schlagzeilen in den Medien über Gewalt gegen Rettungskräfte aus einem Jahr. Die Medienberichte darüber häufen sich aus furchtbaren Anlässen, darunter die Angriffe bei Silvesterkrawallen 2018 und 2022 sowie der schreckliche Anschlag in Ratingen am 11. Mai 2023 durch einen psychisch kranken Einzeltäter.

Während es noch in den 1990er-Jahren als undenkbar galt und extrem selten vorkam, dass Lebensretterinnen und -retter behindert, beleidigt, bedroht und angegriffen werden, gehören Behinderungen und Beleidigungen leider mittlerweile fast zum Rettungsalltag.

„Es vergeht keine Schicht ohne Ärger." (Diana Nellen, Notfallsanitäterin aus Duisburg)

Das führt zu Sorgen und Frustration bei den Fachkräften in der Notfallrettung, deren professioneller Anspruch die notfallmedizinisch perfekte Versorgung von lebensbedrohlich erkrankten und verletzten Patienten ist.[1] Und es demotiviert die sehr gut ausgebildeten ehrenamt-

---

1 Über die weiteren Stressoren im Rettungsdienst, darunter insbesondere die hohe Zahl der nicht lebensbedrohlichen Einsätze, fehlende Ausbildungsplätze sowie kommunale Kleinstaaterei in NRW, hat die Johanniter-Unfall-Hilfe NRW eine Exper-

lichen Helferinnen und Helfer der Johanniter, die bei Spitzenbedarfen im Rettungsdienst und bei Sanitätsdiensten hunderttausende Stunden unentgeltliches Engagement für das Gemeinwohl leisten und tausende Veranstaltungen im Jahr – von Karneval über Musikfestivals bis zu Sportevents – medizinisch absichern und damit erst möglich machen (vgl. Aswad 2023).

Ein erster Überblick

Im Jahr 2023 wurden in Nordrhein-Westfalen 616 Rettungskräfte im Dienst Opfer von Gewalt, zudem 406 Feuerwehrkräfte und 23.823 Polizeivollzugskräfte.[2] Bei circa 0,03 Prozent aller Rettungseinsätze der Johanniter NRW kommt es zu körperlicher Gewalt; verbale Beleidigungen und Bedrohungen sind deutlich häufiger. Zu den Umständen der einfachen gefährlichen und schweren Körperverletzung grob verkürzt zusammengefasst: Es passiert eher in der Großstadt als im Dorf, eher am Wochenende und an Feiertagen abends als in der Woche tagsüber, viel eher im Bahnhofs- und Hochhaus- als im Einfamilienhausviertel, viel mehr durch junge Männer als durch ältere Frauen, sicher mehr bei intoxikierten und psychiatrisch auffälligen als bei nüchternen und gesunden Menschen.

Die Johanniter im Rettungsdienst

Die Johanniter sind mit rund 330.000 Einsätzen im Jahr einer der größten Rettungsdienstleister in Nordrhein-Westfalen und darüber hinaus. In vielen Kommunen sind sie eine der tragenden Säulen der Notfallrettung und im Katastrophenschutz. Aus ihren 74 Rettungswachen von

---

tenstudie durchgeführt, deren Ergebnisse hier abrufbar sind: www.johanniter.de/uns erereetterinnot (Zugriff am 1.7.2024).

2 Vgl. Schriftlicher Nachbericht des Ministers des Innern für die Sitzung des Innenausschusses am 22.02.2024 zu dem Tagesordnungspunkt „Angriffe auf Polizei- und Rettungskräfte in Nordrhein-Westfalen im Jahr 2023", MMV18–2501 vom 30.4.2024. Dieser Beitrag fokussiert die Gewalt gegen Rettungskräfte in NRW, die jedoch auch in den anderen Bundesländern – insbesondere denen mit Ballungsgebieten – in vergleichbarer Form und Häufigkeit auftritt, vgl. Janina Lara Dressler (2017): *Gewalt gegen Rettungskräfte. Eine kriminologische Großstadtanalyse* (Kriminalwissenschaftliche Schriften 54), Berlin/Münster: LIT. Dressler untersucht das Phänomen anhand der Polizeilichen Kriminalstatistik (PKS) 2011 bis 2015 in Berlin, Hamburg, Köln und München und weist darauf hin, dass in der PKS nur das Hellfeld erfasst wird und von einem großen Dunkelfeld auszugehen ist.

Blomberg bis Bonn stammen die Menschen, die in diesem Beitrag mit ihrem Einverständnis meist mit Klarnamen zitiert werden.

> *„Das gab es immer schon, wird aber immer mehr. Vor allem die Patienten, die nach einem kleinen Trigger völlig ausrasten und mit nichts zu beruhigen sind."* (Heiko Kraus, Rettungswachenleiter in Neuss)

Landesvorstand Udo Schröder-Hörster pflichtet bei: „Wir sind leider schon viele Jahre mit der Gewalt gegen unsere Rettungssanitäter und Notfallsanitäterinnen konfrontiert und tun als guter Arbeitgeber alles, um unsere Mitarbeitenden im Vorfeld zu schützen sowie im Nachgang zu unterstützen. Jedes Opfer ist eines zu viel."

Die Johanniter NRW unterstützen ihre Mitarbeitenden durch

- Ausbildungsschwerpunkte Kommunikation (NotSan-Ausbildung)
- Fortbildungen zum Selbstschutz (Rückzug in Schutzräume!), zur Deeskalation und Konfliktvermeidung sowie mancherorts Selbstverteidigungstraining
- Vor- und Nachbesprechungen im Teamsitzungen (gemeinsamer Austausch, Unterstützung und Rat)
- Mentorenprogramme (Erfahrene begleiten Neulinge)
- Psychosoziale Notfallversorgung (PSNV) sowie Notfallbegleitung und -seelsorge nach belastenden Einsätzen, mancherorts Netzwerke von Psychiatern und Psychotraumatologen
- Rechtsbeistand im Falle gerichtlicher Auseinandersetzungen

Udo Schröder-Hörster: „Als Johanniter sorgen wir durch gezielte Maßnahmen vor und zeigen eine Null-Toleranz-Haltung gegenüber Angriffen. Wir stärken die Resilienz und Selbstbehauptung unserer Rettungskräfte, indem wir immer zur Strafanzeige raten und sie dabei unterstützen." Damit engagieren sich die Johanniter sowohl in der primären als auch in der sekundären wie auch der tertiären Prävention gegen Gewalt gegen Einsatzkräfte.

Einschlägige Vorschläge und Vorschriften zur primären Prävention finden sich auch in der DGUV-Information 205–027 und in vielen Fachbüchern, auf die hier nicht näher eingegangen werden kann.[3]

Außerdem haben diese überaus sinnvollen Maßnahmen zwei starke Einschränkungen in ihrer Wirksamkeit, also Fälle, bei denen sie wenig oder nichts nutzen: erstens Patienten im psychischen Ausnahmezustand und zweitens Gewalttäter, die mit Vorsatz handeln (auf beide wird später noch eingegangen).

Kampagnen sind wichtig, aber ...

Öffentlichkeitsarbeit und Sensibilisierungskampagnen sind wichtige Elemente der primären Prävention. Durch Aufklärung und Information sollen das Bewusstsein der Bevölkerung für die Problematik geschärft und der Respekt vor den Rettungskräften gefördert werden. Kampagnen und Demonstrationen können dazu beitragen, eine Kultur der Wertschätzung und Unterstützung für Einsatzkräfte zu etablieren (vgl. Detsch/Mahnke 2024).

Die Johanniter setzen sich in NRW vehement und immer im Schulterschluss mit anderen betroffenen Organisationen für eine Trendumkehr ein. So unterstützen sie die Kampagnen des NRW-Innenministeriums „NRW zeigt Respekt!" und viele lokale Kampagnen und Bündnisse mit demselben Ziel.

Peter Tuppeck, Regionalvorstand der Johanniter im Regionalverband Essen und Präsidiumsmitglied der Johanniter-Unfall-Hilfe: „Rettungskräfte sind Helden des Alltags und sie verdienen unseren Schutz

---

3 Deutsche Gesetzliche Unfallversicherung: Prävention von und Umgang mit Übergriffen auf Einsatzkräfte der Rettungsdienste und der Feuerwehr. DGUV 205–027 von September 2017. Ken Oesterreich (2021): *Gewalt gegen Einsatzkräfte. Grundlagen einer strukturierten Eigensicherung*, Stuttgart: Kohlhammer; Carina J. M. Englert/Dietmar Heubrock (2021): *Gewalt gegen Einsatzkräfte. Maßnahmen zur Deeskalation von Konflikten im Lösch- und Rettungsdienst*, Frankfurt: Verlag für Polizeiwissenschaft (Reihe Polizeipsychologische Praxis Bd. 9); Alexander Habitz (2019): *Gewalt im Rettungsdienst. Eigensicherung, Deeskalation, Selbstverteidigung*, Berlin: Springer.

und unsere Solidarität. Die zunehmende Verrohung in Teilen unserer Gesellschaft erfüllt mich mit Sorge. Wir brauchen eine Trendumkehr, um den Rettungsnachwuchs nicht zu verlieren."

Peter Tuppeck weiß, wovon er spricht: In Essen, Bottrop und Mülheim bilden die Johanniter jedes Jahr über einhundert Schulsanitäterinnen aus, von denen später viele als Rettungshelferin ein Jahr Freiwilligendienst bei den Johannitern, z. B. im Krankentransport, leisten – und viele wiederum eine Ausbildung zur Notfallsanitäterin anschließen. Immer häufiger hören seine Führungskräfte von diesen „Nachwuchs-Rettern", dass sie der mangelnde Respekt von Teilen der Bevölkerung abstößt und im schlimmsten Fall sogar davon abhält, diesen Berufsweg dauerhaft einzuschlagen. „Hier müssen wir dringend und klar gemeinsam gegensteuern", so Peter Tuppeck.

Aber ob Kampagnen und Bündnisse wirklich etwas erreichen und konkrete Auswirkungen auf die Täter haben? Zumindest tragen sie zu einem gesellschaftlichen Konsens der breiten Bevölkerung bei, die im Notfall auf die Arbeit von Polizei, Feuerwehr, Rettungsdienst und Notaufnahmen dringend angewiesen ist.

Wissenschaft: Ein jüngeres Phänomen

Nähern wir uns dem Phänomen Gewalt gegen Rettungskräfte aus Sicht der Wissenschaft, stellen wir fest, dass die ersten wissenschaftlichen Untersuchungen aus der jüngeren Vergangenheit stammen. Auch dies spricht dafür, dass das Phänomen aus der jüngeren Vergangenheit stammt und vielleicht erst in den 2000er-Jahren virulent zu werden beginnt (vgl. Bundeskriminalamt 2024).

Zuerst stellte Howard M. Munding (2006, 8) für den angloamerikanischen Raum, aber sicher mit Parallelen zu Europa und Deutschland, fest: „Violence against firefighters is like an elephant in the living room, everyone knows that is exists, but no one talks about it."[4] Er pointierte

---

4 Zur Metapher: https://en.wikipedia.org/wiki/Elephant_in_the_room (Zugriff am 1.7.2024).

mit der Metapher ein Problem, das zwar offenkundig, aber so tabuisiert oder unangenehm ist, dass es nicht thematisiert wird.

Aus dem Jahr 2008 datiert die erste wissenschaftliche Untersuchung zum Thema, die schon erste prägnante Auffälligkeiten konstatiert, die aus den Erfahrungen der Einsatzkräfte stammen: Übergriffe in den Abend- und Nachtstunden, oft am Wochenende, vielfach Patienten als Täter, die intoxikiert und bzw. oder psychisch erkrankt und damit für jede Deeskalation unerreichbar sind (Lenk 2008).

2011 wurde in der Polizeilichen Kriminalstatistik (PKS) erstmals bei den Opfern von Gewalt nach Berufen bzw. Tätigkeiten unterschieden, sodass bei den Hellfeldzahlen auch Polizisten, Feuerwehrleute und Rettungskräfte erfasst wurden. 1.349 Fälle von verbaler, psychischer, physischer Gewalt gegen Feuerwehr- und Rettungskräfte wurden erstmals registriert. In den sechs folgenden Jahren bis 2017 verdoppelte sich die Zahl der gewalttätigen Übergriffe auf sie, darunter vor allem einfache Körperverletzungen, aber auch gefährliche und schwere.

> *„Die Staatsanwaltschaften sollen ernsthaft ermitteln, die Gerichte sollen urteilen und dabei mehr auf die Folgen und Opfer gucken. Das wäre schon extrem hilfreich, wenn die ihren Job richtig machen würden." (Jamal N., Rettungshelfer aus Mönchengladbach)*

Die erste große Studie von Julia Schmidt und Prof. Dr. Thomas Feltes datiert aus dem Jahr 2012 (Schmidt/Feltes 2012). In der „Bestandsaufnahme zur Gewalt gegen Rettungskräfte in Nordrhein-Westfalen" heißt es, 98 Prozent der Rettungskräfte hätten in den vergangenen zwölf Monaten verbale Gewalt erfahren, von gewalttätigen Übergriffen berichteten 59 Prozent; hierbei wurden Anspucken und Wegschubsen miterfasst. 27 Prozent aller befragten Rettungskräfte hätten binnen eines Jahres „strafrechtlich relevante Delikte gegen die körperliche Integrität erlebt" (ebd., 1).

Steigende Fallzahlen und die Gründe

Seitdem steigen die Fallzahlen Jahr für Jahr[5] sowohl bei Polizeivollzugs-beamten und bei Feuerwehrleuten als auch bei Rettungskräften über-proportional im Vergleich zum allgemeinen Anstieg der Körperverlet-zungs- und Tötungsdelikte im selben Zeitraum.

Der damalige Vorsitzende der Innenministerkonferenz, Roger Lew-entz, im Mai 2015 anlässlich der Vorstellung der Polizeilichen Kriminal-statistik 2014: „Ich denke, alle Innenminister sind über das Ausmaß der Gewalt gegen Polizeibeamte, aber auch gegen Rettungskräfte, entsetzt. Wir betrachten mit Sorge die zunehmende Gewaltbereitschaft gegen-über denjenigen, die sich für die Sicherheit und das Wohlergehen der Bevölkerung einsetzen."

Roger Lewentz beschreibt das besondere Entsetzen über Gewalt gegen Helfende in Rettungsdienst und Feuerwehr, die in den Gesell-schaften und auch im internationalen Recht als besonders schützens-wert galten. Zudem sind sie als ausschließlich Helfende mit anderen Aufgaben betraut als die Polizei und waren bis dato auch nicht im gleichen Maß der Aggression des Gegenübers ausgesetzt. Mittlerweile hat sich aber offenbar das Verhältnis von Teilen der Bevölkerung zum Rettungsdienst negativ verändert.

> *„Erste Hilfe verpflichtend für alle, alle fünf bis zehn Jahre. Dann würden wieder mehr Menschen Verständnis und Respekt für unseren Beruf bekom-men." (Mesut U., Rettungssanitäter aus Düsseldorf)*

Zwei Jahre darauf wurde im April 2017 das Strafrecht zum „Schutz von Vollstreckungsbeamten und Rettungskräften" (Drucksache 18/11161) so verschärft, dass bei tätlichen Angriffen Haftstrafen bis zu fünf Jahren vorgesehen sind. Die Auswirkungen dieser Maßnahme waren leider überschaubar: Zwar wurde ein Signal an die Einsatzkräfte gesandt, dass das Problem politisch erkannt sei und gehandelt werde. Auf die Fallzahlen jedoch hatte die strafrechtliche Verschärfung keine erkenn-

---

5 Ausnahmen sind die Jahre 2020 bis 2022, wo die Kontaktbeschränkungen während der Coronapandemie zu sinkenden oder stagnierenden Einsatz- und Gewaltzahlen führten.

baren Auswirkungen. Deshalb ist es nur folgerichtig, dass aktuell erneut Diskussionen um eine weitere Verschärfung geführt werden, um die negativen Auswirkungen solcher Angriffe auf das Gemeinwohl stärker zu beachten und die hohe Zahl von Verfahrenseinstellungen und marginalen Geldauflagen zu verringern (vgl. Bundesministerium der Justiz 2024).

> *„Ich hab null Verständnis für den Alkohol-Bonus vor Gericht: Wenn derselbe Aggro-Typ zum x-ten Mal besoffen rumprollt und auf uns losgeht, soll er halt entweder nicht mehr trinken oder endlich Konsequenzen spüren. Wir zeigen die zwar konsequent an, aber das hat so gut wie nie Folgen für die besoffenen Täter. Die Verfahren werden meist wegen ‚Mangel an öffentlichem Interesse‘ eingestellt. Das darf doch nicht sein, wenn Lebensretter angegriffen werden!?"* (Sarah F., Rettungssanitäterin aus Bielefeld)

Auch die zweite Untersuchung von Professor Thomas Feltes von 2017/18 bestätigte die zunehmende Virulenz des Problems (Feltes 2018). In der Zusammenfassung heißt es: „Etwa 64 % der Teilnehmerinnen und Teilnehmer der Befragung gaben an, dass sie in den vorangegangenen zwölf Monaten mindestens einmal Opfer verbaler, nonverbaler und/oder körperlicher Gewalt wurden. Nach Gewaltformen differenziert, sahen sich 60,0 % aller befragten Einsatzkräfte mit verbaler Gewalt und 48,8 % der Einsatzkräfte mit nonverbaler Gewalt konfrontiert. 12,7 % der Einsatzkräfte wurden zudem nach eigener Aussage Opfer von körperlicher Gewalt. [...] Einsatzkräfte im Rettungseinsatz haben ein deutlich größeres Risiko, Opfer von Gewalt im Rahmen ihrer Einsatztätigkeit zu werden. Insgesamt wurden im Bezugszeitraum von 12 Monaten 94,3 % der Einsatzkräfte im Rettungseinsatz und 41,9 % der Einsatzkräfte im Brandeinsatz Opfer von verbaler, nonverbaler und/ oder körperlicher Gewalt." (ebd., 1)

Andere Untersuchungen kommen zu ähnlichen Ergebnissen (vgl. Sefrin et al. 2021).

Ein Blitzlicht auf die mutmaßlich hohe Dunkelziffer mit nicht gemeldeten Aggressionen gibt die eingangs zitierte umfassende kriminalwissenschaftliche Studie aus dem Jahr 2017. Beispielhaft sei hier eine erfahrenere Rettungskraft zitiert:

„Ich zeige diese ganzen aggressiven Dauerpatienten nicht mehr an: den alkoholkranken Neonazi, der seinen Frust an uns auslässt, die Bodybuilder-Türsteher-Typen auf Steroiden und Testosteron, die uns immer massiv beleidigen, die jungen Krawallmacher mit ihrem importierten toxischen Männerbild, die dauernd Ärger provozieren – ich wohne ein paar Straßen weiter im selben Viertel, wo ich fahre. Ich sehe die jeden Tag im Dienst und im Supermarkt oder auf der Straße. Strafanzeigen? Ist mir viel zu gefährlich." (René B., Notfallsanitäter aus Essen)

Eine Verschärfung der Situation haben nach Wahrnehmung vieler Rettungskräfte auch die Coronapandemie 2020 bis 2022 und die Radikalisierung der selbst ernannten „Querdenker"-Szene ausgelöst. Völlig entkoppelt von Wissenschaft und Realität sowie von Social-Media-Bubbles bestärkt, wurden auch Rettungskräfte als Repräsentanten eines verhassten Staates und seiner Schutzmaßnahmen wahrgenommen. „Wer Berufskleidung trägt, wer einer Organisation angehört, wer beauftragt ist, zu helfen", erklärte der Kulturwissenschaftler Daniel Hornuff 2021, „der steht unter Verdacht, Handlanger des Systems, ein sogenannter ‚Systemling', ein Ausführender der politischen Staatsmacht zu sein: Unter dem Deckmantel der guten Tat werde die ‚Unterdrückung der Bevölkerung' vorangetrieben" (Hornuff 2021).

Was so absurd wie der postfaktische Glaube an die „Erde als Scheibe"[6] klingt, hat dennoch reale Auswirkungen auf die Arbeit der Einsatz- und Rettungskräfte – wie tragischerweise auch das Attentat von Ratingen bewies, auf das wir später noch zurückkommen.

Hoffnungsschimmer

Nachdem wir bisher vor allem die negativen Entwicklungen der Gewalt gegen Rettungskräfte beschrieben haben, wollen wir im Folgenden eine wichtige Kontextualisierung vornehmen.

Wir konstatieren nämlich, dass bei einer Gesamtzahl von rund 330.000 Einsätzen der Johanniter in NRW in der Notfallrettung und im Krankentransport pro Jahr (ohne tausende Sanitätsdienste)

---

6 Zur Vorstellung einer flachen Erde siehe: Wikipedia (4.7.2024): *Flache Erde.* https://d e.wikipedia.org/wiki/Flache_Erde (Zugriff am 4.7.2024).

die Einsätze mit gemeldeten körperlichen Übergriffen nur einen sehr geringen Promille-Anteil einnehmen. Die in der Fachliteratur mitunter angenommene Inzidenzrate von 0,03 Prozent an Einsätzen mit körperlicher Gewalt kann auch für die Johanniter NRW bestätigt werden. Dies relativiert auf keinen Fall die Folgen der Gewalt für die einzelne Sanitäterin oder den einzelnen Sanitäter; auf einen besonders schlimmen Fall kommen wir später noch zu sprechen. Zugleich aber bilden die Einsätze mit körperlicher Gewalt nur einen kleinen – schlimmen! – Bruchteil der Arbeit der Rettungskräfte ab.

Zur gleichen Zeit sind andernorts zigtausende Menschen „ganz normal" gerettet worden, also ohne Zwischenfälle und oft sogar mit Unterstützung von Ersthelfern und Anwesenden nach einem Notruf – von Absicherung des Unfallortes über die Rettungsgasse bis zur Einweisung der Rettungskräfte, von der Ersten Hilfe bis zur Laienreanimation. Diese Hilfsbereitschaft der allermeisten Menschen in Deutschland nehmen die Rettungskräfte der Johanniter weiterhin wahr und wissen sie sehr zu schätzen: Sie ist im wahrsten Sinne des Wortes lebensrettend.

Die Arbeit im Rettungsdienst ist für die weitaus größte Zahl der Mitarbeitenden sehr sinnstiftend und nachhaltig befriedigend, weil es kaum Jobs gibt, die direkter und wirksamer „Erste Hilfe" für Menschen in Not leisten. Obendrein wertschätzen unsere Mitarbeitenden in entsprechenden Umfragen die Abwechslung, den guten Teamgeist und die guten Fortbildungsmöglichkeiten bei den Johannitern.[7]

Alle Formen von Gewalt

Gleichwohl erfahren Rettungskräfte leider alle vier Formen der Gewalt: physische, psychische, verbale Gewalt und Sachbeschädigung ihrer Rettungsmittel. Letzteres reicht von abgeschlagenen Außenspiegeln durch wütende Autofahrer, die „ihre" Straße vom Rettungsdienst blockiert finden, bis hin zu komplett zertrümmerten Inneneinrichtungen eines Krankentransportwagens durch einen hochaggressiven Geflüchteten aus

---

7 Ergebnisse der anonymen Mitarbeiterbefragung der Johanniter-Unfall-Hilfe durch einen externen Dienstleister 2019.

Afrika mit psychischer Störung und ohne Deutschkenntnisse auf dem Weg in eine entsprechende Einrichtung, wie zuletzt in Münster; die Besatzung konnte nach draußen flüchten.[8]

> *„‚Ruhiggestellter Patient, spricht kein Deutsch‘, hatten sie uns in der Übergabe gesagt. Klinikverlegung, Alltag. Und plötzlich rastet der komplett aus, brüllt rum, schlägt in meine Richtung, ich schnell raus, Wagentür mit Hilfe des Kollegen zubekommen und verschlossen und erstmal durchgeatmet. Drinnen hat er dann gewütet und alles zerschlagen, bis die Polizisten kamen: EKG, Beatmung, Koffer – alles kaputt. Wer das zahlt, ist übrigens ein halbes Jahr danach immer noch unklar."* (Lara F., Rettungssanitäterin aus Rheine)

Rettungssanitäter Roman S. aus Köln erlebte, wie nach einem Einsatz in einer Wohnung, bei der der RTW auf der Straße parkte, die Radmuttern am Rettungswagen gelockert worden waren – mutmaßlich aus Frust über die Blockade der Straße von einem Anwohner, der sich heftigst beschwert hatte. Das Ermittlungsverfahren wurde trotz starker Indizien eingestellt (vgl. zu einem ähnlichen Fall Böttger 2023).

Verbale und physische Gewalt

Verbale Gewalt ist leider beinahe Alltag geworden im Rettungsdienst. „Der Ton ist viel rauer geworden", sagen fast alle Lebensretter unisono (vgl. Nölken 2023). Viele erfahrene Rettungskräfte haben sich einerseits ein „dickes Fell" antrainiert, andererseits aber auch teilweise schon resigniert:

> *„Ich zeige diese ganzen Beleidigungen und verbalen Übergriffe im Alltag gar nicht mehr an – das wird eh alles eingestellt."* (Roman S., Notfallsanitäter aus Köln)

In Münster wurde Anfang Juli 2024 ein junger Rettungssanitäter von einem Kumpel eines Patienten im Vollrausch verbal bedroht, geschlagen und leicht verletzt. Die Haltung dieses Rettungssanitäters war hingegen klar:

---

8 Gemäß den journalistischen Gepflogenheiten wird hier die Herkunft des Patienten genannt, weil laut Besatzung die Sprachbarriere ein starkes Hindernis bei ihrem vergeblichen Versuch darstellte, den Patienten verbal zu beruhigen.

„Ich fand gut, wie die Johanniter mich unterstützt und zur Anzeige ermutigt haben." *(Maurice Abdelmoumen, Rettungssanitäter aus Münster)*

Ein Patient im psychiatrischen Ausnahmezustand brach Notfallsanitäterin Diana Nellen aus Duisburg mit einem Tritt mehrere Rippen. Bis sie wieder arbeiten konnte, vergingen Monate. Trotzdem hat sie einen sehr reflektierten Blick auf die Situation: „Natürlich war ich sauer, weil es sehr weh tat und ich lange nicht arbeiten und auch privat nicht reiten gehen konnte. Der Patient war aber wirklich nicht Herr seiner Sinne, sodass ich nicht böse auf ihn sein kann. Leider nehmen die Fälle von PsychKG nach Intox[9] nach meiner Wahrnehmung immer mehr zu." Letztlich war die Gewalterfahrung einer von mehreren Gründen dafür, dass sie trotz ihrer Leidenschaft für den Beruf überlegt, ob sie ihre berufliche Zukunft dauerhaft im Rettungsdienst verbringen möchte.

„Wir haben kein Regelungsproblem bei der Gewalt gegen Einsatzkräfte. Wir haben ein Umsetzungsproblem in Staatsanwaltschaften und (Jugend-)Gerichten." *(Johann G., Rettungshelfer aus Bochum)*

Die Strafverfolgung von Gewalt gegen Rettungskräfte ist ein wichtiger Aspekt der Abschreckung und Gerechtigkeit. Täter, die Rettungskräfte angreifen, müssen de jure mit hohen Strafen rechnen, die von Geldstrafen bis hin zu mehrjährigen Haftstrafen reichen können. Die konsequente Anwendung und Durchsetzung dieser Gesetze wäre entscheidend, um die abschreckende Wirkung zu maximieren und ein klares Zeichen gegen Gewalt zu setzen. Die Realität der Rechtsprechung aber ist für alle Rettungskräfte, mit denen wir gesprochen haben und die hier zitiert werden, extrem ernüchternd und demotivierend.

---

9 „PsychKG" ist eine Bezeichnung bzw. ein Einsatzstichwort in der Rettungsdienstbranche für Patienten mit psychischen Symptomen im Sinne der „Psychisch-Kranken-Gesetze", die die freiheitsentziehende Unterbringung psychisch kranker Menschen im Falle akuter Selbst- oder Fremdgefährdung in einem psychiatrischen Fachkrankenhaus regeln. „Intox(ikation)" meint eine (Selbst-)Vergiftung des Patienten durch Alkohol, Heroin, Tabletten und/oder andere Drogen, die oft psychische Ausnahmesituationen hervorrufen bzw. niederschwellig triggern.

Ratingen

Eine schwere emotionale Erschütterung für alle NRW-Einsatz- und Rettungskräfte war der Anschlag in Ratingen am 11. Mai 2023. Ein Verschwörungstheoretiker hatte im Wahn Spreng- und Brandfallen gezündet, um seiner Verhaftung zu entgehen, und damit rund 30 Einsatzkräfte schwer verletzt, davon fünf lebensgefährlich. Die „Blaulichtszene" in NRW ist gut vernetzt, über ein bis zwei Ecken kennt jeder einen der Betroffenen – so auch Diana Nellen: „Das hat uns alle schwer getroffen, weil es ohne jede Vorwarnung bei einem scheinbar normalen Einsatz passierte und emotional so nah dran war an uns allen." Einige Opfer des Anschlags sind physisch und psychisch fürs Leben gezeichnet. Viele Einsatz- und Rettungskräfte fragen sich seitdem vergeblich, wie sie sich vor dem neuen Risiko radikalisierter Einzeltäter absichern können.

> *„An der Schnittstelle von Polizei und Rettungsdienst müssen wir arbeiten. Die Leitstellen müssen die Polizei bei Notfällen wie PsychKG, häusliche Gewalt, Schusswaffen und so weiter immer und ausnahmslos sofort mit alarmieren." (Heike A., Notfallsanitäterin aus Bonn)*

Gezielte Attacken gegen Rettungskräfte als neuestes Phänomen

Die Berichte aus Berlin, Essen, Hannover, Bonn und weiteren Städten von den Silvesternächten 2018 und 2022 waren schockierend für viele Menschen, weil hier erstmals und massenhaft zugleich gezielt Einsatzkräfte angegriffen wurden (vgl. Spilcker 2023). Dort wurden Rettungskräfte von Unbeteiligten beim Löschen angegriffen, gezielt mit Raketen beschossen und mit Feuerlöschern beworfen, gezielt in Fallen gelockt und ihre Ausstattung geplündert. Als besonders einschneidend und verheerend empfanden die Gewalt viele Mitarbeitende der „Blaulichtszene", wie in vielen Diskussion in einschlägigen Foren nachzulesen war. Erstmals waren vielerorts aus großen Menschengruppen, meist mit Heranwachsenden und jungen Männern mit Migrationsvorgeschichte, in mehreren Großstädten gezielte Attacken auf Einsatz-, Rettungs- und Feuerwehrkräfte verübt worden. Diese völlig enthemmte und menschenverachtende

Form der Gewalt war bisher nur aus Nachbarländern bekannt, beispielsweise aus den französischen Banlieues.

Hier wie dort jedoch können sich die (fast ausschließlich männlichen) Täter meist der Strafverfolgung entziehen. Besonders bei massiven Angriffen aus Gruppen heraus wie an Silvester 2022/2023 wird nur selten ein Verdächtiger identifiziert, geschweige denn verurteilt – so zuletzt beispielsweise in Solingen, wo Feuerwehr und Rettungskräfte massiv mit Böllern angegriffen worden waren (vgl. Boch/Neuser 2024). Bei den Bürgerinnen und Bürgern lösen solche Gewaltexzesse meist tiefes Entsetzen, oft völlige Ratlosigkeit und manchmal den Ruf nach schärferen Strafen aus.

Erste soziologische Erklärungsversuche gehen in Richtung toxischer Männlichkeit, archaischer/patriarchaler Strukturen sowie Herkunfts- und Ausgrenzungserfahrungen: „Ein Mix aus jung, männlich, weniger gut ausgebildet und Migrationshintergrund seien die begünstigenden Faktoren, die Menschen aus Gruppen heraus gewalttätig werden lassen" (Deutschlandfunk 2023).

Hier könnten vielfältige Ansätze für kurz-, mittel- und langfristige Gegenmaßnahmen liegen: gegen toxische Männlichkeit, mangelnde Bildung, Gruppendynamiken, Enthemmung durch Alkohol und Drogen und eine gewaltgesättigte Sozialisation von jungen Männern, vielfach auch aus anderen Herkunftsländern.

Diese Faktoren erklären aber noch nicht die hohe Zahl an Live-Postings der Täter in sozialen Medien.[10]

Sozialisation + Alkohol + Social Media!

Eine ergänzende Erklärung für die Gewaltausbrüche größerer, meist junger und migrantisch geprägter Gruppen auf Einsatzkräfte ist vom Cyberkriminologen Professor Thomas-Gabriel Rüdiger erklärt worden mit einem Drang der Krawallmacher „nach Öffentlichkeit und medialer

[10] Vgl. etwa Ahmad Mansour (2018): *Klartext zur Integration. Gegen falsche Toleranz und Panikmache*, Frankfurt am Main: S. Fischer, S. 174ff., u. a. am Beispiel der Kölner Silvesternacht 2015.

Aufmerksamkeit" für „Likes, Followerzahlen und ähnliches als Währung" (zit. nach: Deutschlandfunk 2023). Er sagte: „Meiner Erfahrung nach werden mittlerweile Grenzüberschreitungen gerade von jungen Menschen auch begangen, um ‚fame' in Sozialen Medien zu erhalten." Zum Beleg verwies Rüdiger auf das filmische Festhalten der Taten und die besondere Form der „Währung eines unreflektierten digitalen Narzissmus".

Wenn wir dieser These folgen, müssten alle analogen „Respekt!"-Kampagnen ihre Zielgruppe verfehlen und daher wirkungslos bleiben.

> *„Wir werden auch immer häufiger bei unserer Arbeit gefilmt. Das bekommen wir oft gar nicht mit, weil wir ja auf den Patienten fokussiert sind und viele ihre Handys in der Hand haben." (Heiko Kraus, Rettungswachenleiter aus Neuss)*

Eine neue Gretchenfrage unserer Zeit lautet: Fördert der Konsum gewaltverherrlichender, antidemokratischer Social-Media-Inhalte bei Heranwachsenden die fortschreitende Entfremdung von den demokratischen, gewaltfreien und toleranten Haltungen der Mehrheitsgesellschaft? Führt dies letztlich mittel- oder unmittelbar zu einer erhöhten Gewaltbereitschaft, antidemokratischer und/oder postfaktischer Weltsicht sowie Selbstlegitimierung von Gewalt inkl. ihrer Selbstdarstellung und Social-Media-Vermarktung – wobei im Übrigen erschreckend viele Gewaltdarstellungen von vielen Plattform-Betreibern de facto nicht gelöscht werden?

Nach unserer Kenntnis fehlen noch groß angelegte, valide Untersuchungen über die Zusammenhänge zwischen dem starken Konsum sozialer Medien sowie digitalen Subkulturen mit ihren teils gewaltverherrlichenden, teils toxisch-männlichen und/oder teils religiös-extremistischen Influencern und deren Auswirkungen auf junge Menschen in Deutschland. Analogien aus untersuchten rechtsradikalen und islamistischen Radikalisierungsprozessen – auch im Internet – bei Gewalttätern und Attentätern legen starke Zusammenhänge von einseitigem, algorithmus-gelenktem Medienkonsum mit der steigenden Bereitschaft zur Gewalt gegen Repräsentanten des Staates und Andersdenkende nahe.

Der bisherige grundlegende Konsens dieser Gesellschaft zu Gewaltfreiheit u. v. m. scheint unter diesem negativen Einfluss in den genannten

Milieus bzw. Alters- und Bezugsgruppen immer weiter zu erodieren. Verstärkt durch Alkohol- und Drogenkonsum, soziale Prozesse wie Gruppendynamik, bestärkt durch digitale Echokammern und den Drang nach digitalem „Fame" entlädt sich die gezielte Gewalt mittlerweile zu bestimmten Zeiten auch und sogar gegen Rettungskräfte.

Schnelle Lösungen?

Viele langfristige präventive Lösungsansätze, darunter etwa Bildungs-, Jugend- und Integrationsarbeit, sind extrem wichtig zur Prävention von Gewalt gegen Einsatz- und Rettungskräfte. Sie benötigen jedoch viel Zeit, Ressourcen und Koordination, und es würde den Rahmen dieses Beitrags sprengen, sie genauer vorzustellen.

Vielversprechende kurzfristige Ansätze zur Bekämpfung von Gewalt gegen Rettungs- und Einsatzkräfte könnten jedoch sein:

1. Starke Verbesserung des Opferschutzes durch einen funktionierenden Rechtsstaat mit besserer Identifikation sowie konsequenter, zügiger Strafverfolgung von Gewalttätern sowie verbesserter Hilfe nach psychisch traumatisierenden, gewaltgeprägten Einsätzen für die Betroffenen (vgl. Weißer Ring 2024)
2. Konsequente Eindämmung grundgesetzwidriger, gewaltverherrlichender Inhalte in Social Media-Plattformen durch strengere Verpflichtungen der Anbieter zur Löschung unter Berücksichtigung des hohen Gutes der Meinungsfreiheit
3. Nachhaltige Aufklärungskampagnen in sozialen Medien, ggf. mikrogeografische gezielt ausgesteuert und/oder in den Herkunftssprachen der Zugewanderten
4. Verbesserte Gesprächs- und Integrationsangebote von den Organisationen vor Ort, deren Mitarbeitende angegriffen werden
5. Für den besonderen Schutz der Rettungskräfte eine systematische Einbeziehung der Polizei bei verdächtigen Einsatzmeldungen durch die Leitstellen.

Auch die Bundespolitik versucht im Übrigen aktuell, auf gezielte Attacken gegen Einsatzkräfte zu reagieren. In § 113 Strafgesetzbuch wurde kürzlich eine ergänzende Regelung bei „hinterlistigen Überfällen" aufgenommen, die mit sechs Monaten bis fünf Jahren Freiheitsentzug bestraft werden (vgl. Bundesministerium der Justiz 2024).

Ein persönliches Schicksal

Gewalt gegen Rettungskräfte hat nicht nur unmittelbare psychisch-gesundheitliche Auswirkungen auf die betroffene Person, sondern beeinflusst auch deren berufliche Laufbahn und das Privatleben. Arbeitsmotivation und -fähigkeit können erheblich sinken, was zu vermehrten Krankmeldungen und sogar Berufsausstiegen führen kann. Privat leiden die Familienangehörigen der Betroffenen mit unter den psychischen Belastungen, die oft in zwischenmenschlichen Konflikten münden und die Gefahr sozialer Isolation mit sich bringen.

Die Erfahrung, Opfer einer traumatisierenden Gewalttat geworden zu sein, musste auch Lehrrettungsassistent Frank Molnar aus Duisburg machen. Er wurde im Jahr 2000 tragischerweise plötzlich Opfer einer schweren Körperverletzung und massiven Bedrohung und Nötigung: Wegen einer „HiLoPe"[11] zu einem Saufgelage gerufen, verletzte die volltrunkene, extrem aggressive Täterin seinen Teamkollegen schwer mit einem Fleischermesser und hielt es ihm selbst an die Kehle mit den Worten: „Ich stech dich ab."

Mit viel Glück konnten beide im Tumult fliehen. Danach habe er nur noch funktioniert, so Frank Molnar – bis sein Körper ihm durch Panikattacken vor Einsätzen zeigte, dass er eine Posttraumatische Belastungsstörung erlitten hatte.

Das strafrechtliche Verfahren gegen die polizeibekannte Täterin wurde „mangels öffentlichem Interesse" eingestellt und nur wiederaufge-

---

11 „HiLoPe" ist eine Bezeichnung bzw. ein Einsatzstichwort in der Rettungsdienstbranche für „Hilflose Person", also bewusstseinsgetrübte bis bewusstlose Patientinnen und Patienten zumeist mit zunächst unklarer Genese für die Rettungskräfte, häufig mit Alkohol- und/oder Misch-Intoxikation.

nommen, als die Lokalzeitung das öffentlich hinterfragte, so Molnar. Es endete letztlich mit einer geringen Geldstrafe für die Täterin und einer zeitweisen Berufsunfähigkeit in seinem Traumberuf für Frank Molnar. Mit viel Willen kämpfte er sich in den Berufsalltag zurück und widmete sich mit Herzblut der Ausbildung von angehenden Rettungsassistenten.

Zehn Jahre später, beim Loveparade-Unglück in Duisburg 2010, war er zufällig als eine der ersten Rettungskräfte am Einsatzort. Die grauenvollen Erlebnisse dort führten zu einer Retraumatisierung.

Fast ein Jahrzehnt kämpfte er danach mit den Behörden in einer Gutachterschlacht um die Anerkennung seiner Erwerbsunfähigkeit. Seine Beziehung zerbrach an der Last des Erlebten. Er arbeitet bis heute bei den Johannitern, allerdings in einem komplett anderen Berufsfeld in der Telefonzentrale. Er erzählt:

> *„Ich habe für meinen Beruf gebrannt und es geliebt, junge Nachwuchsretter auszubilden. Aber nach vielen Panikattacken, Erbrechen und Herzrasen im Dienst und diversen Therapien musste ich erkennen, dass ich nicht mehr kann."*

Abstrakte Zahlen bedeuten immer konkret betroffene Menschen!

Wir alle schauen die Berichte in den Medien zur Gewalt gegen Einsatzkräfte und lesen die Zahlen in den Statistiken. Doch wir dürfen dabei niemals aufhören zu sehen, dass sich hinter jedem Fall ein Mensch verbirgt, für den diese Erfahrung gravierendste Auswirkungen für sein ganzes Leben haben kann – wie für Frank Molnar.

Die öffentliche Diskussion konzentriert sich häufig auf die Analyse der Gewalttäter und ihre sozialpsychologischen Hintergründe. Die Opferperspektive und die Frage nach der Verantwortung für einen angemessenen Schutz, die staatliche Institutionen hier tragen, kommen nach Wahrnehmung sehr vieler Rettungskräfte deutlich zu kurz. Einige Vorschläge für eine erstrebenswerte Trendumkehr hat dieser Beitrag zu skizzieren versucht.

Sicher ist: Es wird uns allen große und koordinierte Anstrengungen abverlangen, dass Rettungskräfte in der Zukunft angst- und gewaltfrei ihrer lebenswichtigen Berufung nachgehen können.

Literatur

Aswad, Nadja (2023): *Bedroht, beleidigt, angegriffen: Schock-Bericht zu Gewalt gegen Retter*, in: BILD.de, 28.12.2023, https://www.bild.de/politik/inland/politik -inland/schock-bericht-so-krass-ist-die-gewalt-gegen-retter-86561544.bild.html (Zugriff am 1.7.2024).

Boch, Björn/Neuser, Kerstin (2024): *Krawalle in Solingen: Update: 2024 startet mit Tumulten in Hasselstraße: Feuerwehr und Rettungskräfte angegriffen, brennende Barrikade*, in: Solinger Tageblatt, 1.1.2024, https://www.solinger-tageblatt.de/lok ales/solingen/solingen-feuerwehr-und-rettungskraefte-mit-boellern-angegriffe n-brennende-barrikade-7RLBQRMG5NFS5NJ62QAPERJCZ4.html (Zugriff am 1.7.2024).

Böttger, Dirk (2023): *Täter manipulieren Einsatzwagen: Feige Attacke auf Retter in Berlin*, in: BILD.de, 25.12.2023, https://www.bild.de/regional/berlin/berlin-aktue ll/berlin-feige-attacke-auf-rettungskraefte-in-berlin-86538276.bild.html (Zugriff am 1.7.2024).

Bundeskriminalamt (2024): *Bundeslagebilder Gewalt gegen Polizeivollzugsbeamtin-nen/-beamte*, https://www.bka.de/DE/AktuelleInformationen/StatistikenLage bilder/Lagebilder/GewaltGegenPVB/gewaltGegenPVB_node.html (Zugriff am 1.7.2024).

Bundesministerium der Justiz (2024): *Pressemitteilung: Besserer Schutz für Men-schen, die sich in den Dienst der Gesellschaft stellen*. 5. September 2024, https://w ww.bmj.de/SharedDocs/Pressemitteilungen/DE/2024/0904_Schutz_Vollsteckun gsbeamte.html (Zugriff am 5.9.2024).

Detsch, Claudia/Mahnke, Jürgen (2024): *Polizisten und Rettungskräfte demonstrie-ren in Frankfurt: „Wir werden angegriffen, bespuckt, beleidigt und belästigt"*, in: BILD.de, 4.5.2024, https://www.bild.de/regional/frankfurt/retter-demo-in-fra nkfurt-wir-werden-angegriffen-bespuckt-beleidigt-6634f9b238949b648f631f2e (Zugriff am 1.7.2024).

Deutschlandfunk (2023): *Erklärungen zu Silvester-Ausschreitungen: Warum Feuer-wehr- und Rettungskräfte angegriffen werden*, in: Deutschlandfunk.de, 10.1.2023, https://www.deutschlandfunk.de/silvester-angriffe-feuerwehr-rettungsdienste-10 0.html (Zugriff am 1.7.2024).

Feltes, Thomas (2018): *Gewalt gegen Einsatzkräfte der Feuerwehren und Rettungs-dienste in Nordrhein-Westfalen*, https://thomasfeltes.de/pdf/veroeffentlichungen /2018_Abschlussbericht_Gewalt_gegen_Einsatzkraefte.pdf (Zugriff am 1.7.2024).

Hornuff, Daniel (2021): *Hasstiraden gegen Helfer: Ein Angriff auf das Gemeinwesen*, in: Deutschlandfunk Kultur, 2.8.2021, https://www.deutschlandfunkkultur.de/h asstiraden-gegen-helfer-ein-angriff-auf-das-gemeinwesen-100.html (Zugriff am 1.7.2024).

Lenk, Marian (2008): *Aggressionsverhalten gegenüber Mitarbeitern der Notfallret-tung*, Bachelorarbeit. Hochschule Neubrandenburg.

Munding, Howard M. (2006): *Violence against firefighters: Angels of mercy under attack*. Peoria Fire Department, Arizona. Executive Fire Officer Program – Leading Community Risk Reduction R-280, March 1, 2006, https://www.hsdl.org/c/vi ew?docid=730354 (Zugriff am 1.7.2024).

Nölken, Nico (2023): *Rettungs- und Ordnungskräfte berichten: „Nazi, Wichser oder Hurensohn sind mein Alltag"*, in: BILD.de, 12.6.2023, https://www.bild.de/region al/koeln/koeln-aktuell/retter-und-ordnungshueter-berichten-nazi-oder-hurenso hn-sind-alltag-84302680.bild.html (Zugriff am 1.7.2024).

Schmidt, Julia/Feltes, Thomas (2012): *Gewalt gegen Rettungskräfte. Bestandsaufnahme zur Gewalt gegen Rettungskräfte in Nordrhein-Westfalen*, Bochum: Lehrstuhl für Kriminologie, Kriminalpolitik und Polizeiwissenschaft, Ruhr-Universität Bochum, https://www.unfallkasse-nrw.de/fileadmin/server/download/PDF_ 2012/Gewalt_gegen_Rettungskraefte.pdf (Zugriff am 1.7.2024).

Sefrin, Peter/Händlmeyer, Annette/Stadler, Thomas/Kast, Wolfgang (2021): Erfahrungen zur Gewalt gegen Rettungskräfte – aus der Sicht des DRK, *Der Notarzt* 2021, 37(S 01), S. 1–19, https://www.thieme-connect.de/products/ejournals/abstr act/10.1055/a-1310-6763 (Zugriff am 1.7.2024).

Spilcker, Axel (2023): *Silvesterkrawalle: Zahl der Strafdelikte übertraf Jahreswechsel 2018/2019*, in: Kölner Stadt-Anzeiger, 18.1.2023, https://www.ksta.de/politik/nrw -politik/silvesterkrawalle-zahl-der-strafdelikte-uebertraf-jahreswechsel-2018-2019 -400337 (Zugriff am 1.7.2024).

Weißer Ring (2024): *Wissenswertes für Fachleute im Bereich Kriminalprävention*, https://weisser-ring.de/experten/kriminalpraevention (Zugriff am 1.7.2024).

Vergewaltigung – Sind Frauen Freiwild?

von Annika Ross

Im November 2023 schüttelten viele Frauen in Deutschland fassungslos den Kopf. In der EMMA-Redaktion gingen zahlreiche Anrufe und Mails ein, wie denn eine „so bestialische Gewalt gegen ein Mädchen so straflos bleiben kann". Was war passiert?

Die Tat: In der Nacht zum 20. September 2020 hatte eine 15-Jährige eine Party auf der Festwiese des Hamburger Stadtparks besucht und war mit 1,6 Promille stark alkoholisiert. Sie wird zunächst von vier jungen Männern in ein Gebüsch gezerrt und dort vergewaltigt.

Als sie über die Festwiese irrt, auf der sich zu dieser Zeit fast nur noch Gruppen junger Männer aufhalten, vergehen sich zwei weitere Männer an ihr. Die 15-Jährige wird daraufhin zunächst von einem weiteren Mann vergewaltigt, und schließlich noch einmal von drei Männern in ein Gebüsch gezerrt. Später werden DNA-Spuren in ihr gefunden – von neun Tätern.

Die Männer waren zum Zeitpunkt der Tat zwischen 17 und 19 Jahre alt, fünf von ihnen haben die deutsche Staatsangehörigkeit, die anderen fünf stammen aus Syrien, Afghanistan, Montenegro, Armenien und Kuwait.

Das Urteil: Nur einer der insgesamt zehn Angeklagten wird zu zwei Jahren und neun Monaten Haft verurteilt. Einer der zehn Angeklagten wird freigesprochen, weil von ihm keine DNA-Spuren im Körper des

Opfers gefunden wurden. Die anderen acht Täter werden zu ein bis zwei Jahren Gefängnis verurteilt, alle auf Bewährung.

Acht Täter gehen also als freie Männer aus dem Gerichtssaal. Nach der Verkündung des Urteils schlugen die Wellen der Empörung hoch. Richterin Anne Meier-Göring, die 2016 nach der Silvesternacht schon einmal mit einem milden Urteil gegen drei Täter aufgefallen war, erntet viel Kritik.

In der EMMA-Redaktion rufen Frauen an. O-Töne: „Wie kann es sein, dass unser Land Verbrechen an Frauen, an Mädchen nicht verurteilt?"; „Das Urteil zeigt, wie egal die Gewalt gegen Frauen unserer Justiz ist"; „Sollten Gerichtsurteile bei erdrückender Beweislast potenzielle Täter nicht mit harten Urteilen abschrecken, statt sie zu ermutigen?"; „Sind wir Frauen denn immer noch Freiwild?"

Tja, aus Täterperspektive sind Frauen das. Und zwar nicht nur „gefühlt". Der neutralste Blick ist der in die Polizeiliche Kriminalstatistik (PKS). Im vergangenen Jahr (2023) ist es in Deutschland nach Zahlen der PKS laut Bundesregierung zu 761 sogenannten Gruppenvergewaltigungen gekommen. 111 Gruppenvergewaltigungen wurden im Jahr 2023 allein in Berlin gezählt, also an jedem dritten Tag. Gelistet sind für das vergangene Jahr zudem 11.896 Vergewaltigungen durch Einzeltäter. Das sind rund 20 Prozent mehr als im Vorjahr. In den vergangenen fünf Jahren ist es in Deutschland zu immer mehr Vergewaltigungen, sexuellen Nötigungen und Übergriffen gekommen.

Opfer von Vergewaltigungen sind in großer Mehrheit Frauen. Im vergangenen Jahr (2023) waren 11.339 Opfer weiblich, 665 männlich. Was die Statistik nicht preisgeben kann: die Dunkelziffer. ExpertInnen der Polizei schätzen die tatsächliche Zahl der Opfer auf zehnmal so hoch, nur etwa jeder hundertste Vergewaltiger wird verurteilt. Und die Vergewaltigung in der Ehe – die wird auch heute noch oft nicht einmal der besten Freundin erzählt.

Wir reden also über 120.000 bis 150.000 Vergewaltigungen pro Jahr. Jeden dritten Tag stirbt eine Frau durch die Gewalt ihres Mannes. Deutschland hat eine der höchsten Femizid-Raten in Europa. Gibt es einen Aufschrei? Gibt es Demos gegen die grassierende Gewalt gegen

Frauen? Wie etwa in Italien, wo am „Tag gegen Gewalt gegen Frauen" eine halbe Million Frauen in Rom unter dem Schlagwort „Non una di meno" (Nicht eine weniger) durch die Stadt zogen?

Und Deutschland? Deutschland schweigt sich bei der Gewalt gegen Frauen aus. Wäre eine andere Bevölkerungsgruppe dermaßen von einer solch grassierenden Gewalt betroffen, wie würde unser Land reagieren?

Und wenn der Täter einen Migrationshintergrund hat, dann wird es besonders ruhig. Das beste Beispiel ist die Silvesternacht 2015 in Köln, in der Horden von jungen, verhetzten Muslimen Frauen sexuell missbraucht haben. Statt zu wagen, die Gründe für ihre Frauenverachtung zu benennen – um sie ändern zu können! –, hat man aus Angst vor dem „Rassismus"- oder „Islamophobie"-Vorwurf geschwiegen. Das Buch *Der Schock. Die Silvesternacht von Köln*, das Alice Schwarzer herausgegeben hat und von dessen acht AutorInnen vier, also die Hälfte, muslimisch waren, wurde noch vor Erscheinen als „rassistisch" diffamiert und wird bis heute als „rassistisch" verunglimpft. Besonders gern von sogenannten Neofeministinnen, die überall eine Opfergruppe wittern, nur bei den weißen Frauen nicht.

Das Patriarchat, das Machtgefälle von Mann und Frau – nirgendwo zeigt es sich deutlicher als beim Thema Vergewaltigung. Ein Machtgefälle, das auch Einzug in die Gerichte gehalten hat. Seit 1977 berichten Alice Schwarzer und EMMA immer wieder über Vergewaltigungen und eine Männerjustiz. Insbesondere die Frage von (Sexual-)Gewalt und Recht steht seit fast 50 Jahren im Zentrum unserer Arbeit: angefangen schon in der ersten EMMA 1977 mit einem Essay über die „Männerjustiz", weiter über Artikel wie „Politische Prozesse" (EMMA 4/1989) bis hin zu den Berichterstattungen über die Verfahren gegen Jörg Kachelmann oder Gina-Lisa Lohfink.

So schreibt Alice Schwarzer: „Vor der Frauenbewegung galt Sexualgewalt noch quasi als Kavaliersdelikt: Missbrauch von Kindern war kein Thema, bei Vergewaltigung war die Frau selber schuld, beim Frauenmord waren dem Mann eben mal die Nerven durchgegangen. Dieser Geist hat sich 40 Jahre später nicht ganz in Luft aufgelöst. Reste finden wir noch immer in der Rechtsprechung. Dass Recht nicht gleich Gerechtigkeit ist, ist bekannt. Denn wir haben in Deutschland strukturell eine Täterjustiz, die Täter schützt und Opfer zusätzlich ausliefert. Was im Sexualstrafrecht, wo in der Regel Aussage gegen Aussage steht, besonders stark zum Tragen kommt." (Schwarzer 2017)

Das war nicht immer so, wie Alice Schwarzer rekapituliert: „In der jungen Bundesrepublik herrschte zunächst durchaus noch die Mentalität der Nazizeit – es waren zu Teilen ja auch noch dieselben Juristen in Amt und Würden. Das bedeutete: Ambivalenzen wurden verdrängt, es gab nur Gut und Böse; die Täter waren keine Menschen, sondern ,Bestien'. Und so mancher war rasch wieder dabei mit den alten Kopf-ab-Parolen. Das änderte sich 1967 mit dem Prozess gegen Jürgen Bartsch in Wuppertal. Der damals 20-Jährige hatte vier kleine Jungen aus sexueller Lust gefoltert und ermordet. Die Wogen schlugen hoch. Viele wollten den Kopf der ,Bestie' rollen sehen. Dagegen stellte sich erstmals eine Berichterstattung, die aufklärte: Auch Täter sind Menschen. Und die die Frage stellte: Wie werden Menschen eigentlich zu Tätern?" (ebd.)

Der Bartsch-Prozess gilt als der Turning Point in dem Kapitel „Sexualgewalt und Strafrecht", also in Prozessen, in denen in der Regel Männer die Täter sind und Kinder oder Frauen die Opfer. Von nun an beschäftigten sich die sich als aufgeklärt und fortschrittlich verstehenden JournalistInnen einfühlsam mit den Tätern. Gleichzeitig gerieten die Opfer aus dem Blick. Und Frauen als Täterinnen kriegten es so richtig ab. Während das Problem der Klassenjustiz durchaus präsent ist, wurde und wird Männerjustiz kaum wahrgenommen. So wurde zum Beispiel die Minderheit der Gattenmörderinnen doppelt so häufig zu lebenslänglich verurteilt wie die Mehrheit der Gattenmörder. Und die „gekränkte Männerehre" bzw. die angebliche „Dominanz" des weiblichen Opfers war ein Milderungsgrund bei Prozessen, bis hin zum Freispruch.

Als Feministinnen Mitte der 1970er-Jahre begannen, die Gewalt gegen Frauen und den Missbrauch von Kindern zu thematisieren, wurden sie zunächst ausgelacht. Doch schnell waren die Frauenhäuser überfüllt.

Es sollte allerdings noch einmal über 40 Jahre dauern, bis das Vergewaltigungsgesetz der Realität angepasst wurde. Erst seit der Reform im Juli 2016 gilt: „Wer gegen den erkennbaren Willen einer anderen Person sexuelle Handlungen an dieser Person vornimmt oder von ihr vornehmen lässt, wird mit Freiheitsstrafe von sechs Monaten bis zu fünf Jahren bestraft." Will sagen: Nein heißt endlich Nein!

Das Gesetz wurde einstimmig verabschiedet, von 601 der 601 Abgeordneten. Aber: Das Pro-Vergewaltiger-Klima hat sich hartnäckig gehalten – siehe Kriminalstatistik. Und es ist auch klar, warum: Weil die Opfer vor Gericht häufig noch einmal zum Opfer werden – und darum gar nicht erst wagen, eine Anzeige zu erstatten. Wie viele Eltern wollen ihrem Kind einen schmerzhaften Prozess ersparen, an dessen Ende viel zu oft sein grinsender Peiniger den Saal verlässt?

Und das nicht nur wegen voreingenommener RichterInnen, parteilicher VerteidigerInnen oder einäugiger JournalistInnen, sondern auch aufgrund des geltenden Rechtes. Ein Mensch, der wegen sexueller Gewalt vor Gericht steht, hat, wie alle Angeklagten in Deutschland, das Recht, zu schweigen. Eine Frau, die Anzeige erstattet wegen sexueller Gewalt, wird bis auf die Knochen ausgezogen. Sie muss sich nicht nur zum Tathergang äußern, sondern auch ihr gesamtes Sexualleben offenlegen: Die erste Periode? Der erste Sexualverkehr? Sexuelle Vorlieben? Ihr Lebenswandel? Ja, und wie sieht denn eigentlich ihre Unterwäsche aus? Und vor allem steht noch immer DIE eine Frage im Raum: Hat sie sich gewehrt?

Dabei hat auch die Traumaforschung längst erkannt, dass die gewaltsame Gegenwehr eines Opfers eher die Ausnahme ist als die Regel – besonders bei Frauen, die einen sexuellen Übergriff auf ihren Körper nicht zum ersten Mal erleben. „Es ist eine völlig normale Reaktion, dass sie sich in dieser unerträglichen Situation wegblendet", erklärt Dr. Julia Schellong, Psychotraumatologin an der Uniklinik Dresden. Dieses wissenschaftlich längst bewiesene „Freezing" wird aber von deutschen JuristInnen im Strafverfahren nicht als Abwehrreaktion erkannt. Geschweige denn bestimmte Folgen der Traumatisierung, die die Frau vor Gericht unglaubwürdig erscheinen lassen. Zu Unrecht, wie all jene wissen, die sich auf den neuen Kenntnisstand gebracht haben. RichterInnen gehören oft nicht dazu. (Louis 2010)

Die sogenannte „menschengemachte" Gewalt hat erheblich öfter als Unfälle oder Naturkatastrophen Posttraumatische Belastungsstörungen zur Folge. Und von dieser menschengemachten Gewalt löst die Vergewaltigung am häufigsten psychische Probleme aus. Jedes zweite Opfer sexueller Gewalt leidet unter einer Posttraumatischen Belastungsstörung, aber nur jedes 13. Unfallopfer. „Und die psychischen Folgestörungen sind stärker, wenn die Gewalt von einer Person verübt wird, die man kennt und mochte", erklärt Traumatherapeutin Schellong. „Denn das bedeutet den Verlust des Vertrauens in die gesamte bisherige Beziehungserfahrung mit Menschen."

Damit eine Frau, die eine Vergewaltigung angezeigt hat, nicht noch ein zweites Mal vom Gerichtsverfahren traumatisiert wird, macht Susanne Hampe das, was im Juristenjargon „Prozessbegleitung" heißt. Sie bereitet die meist „unglaublich nervöse und ängstliche" Frau darauf vor, was im Gerichtssaal auf sie zukommen kann. Sie erklärt, wer laut Strafprozessordnung welche Rechte hat. Sie versucht, ihr die Angst vor der Begegnung mit dem Täter zu nehmen. „In so einem Verfahren passiert vieles, was die Frau an den Rand der Fassungslosigkeit bringen kann", weiß die Sozialarbeiterin von der Frauenberatungsstelle Leipzig. (ebd.)

Wer solche Prozesse beobachtet, der erkennt ein strukturelles Ungleichgewicht zwischen Tätern und Opfern. Das geltende Recht in Deutschland ist täteraffin. Das heißt: Es kommt ganz aufs Bundesland an. Das Kriminologische Forschungsinstitut Niedersachsen fand heraus, dass in manchen Bundesländern jeder vierte Angezeigte verurteilt wird. In anderen Bundesländern wiederum, wie zum Beispiel in Berlin, wird nur jeder 25. verurteilt. Wie kann man sich diese enorme Kluft erklären? Doch nur durch das jeweils herrschende gesellschaftspolitische Klima. Das beeinflusst die Arbeit der Polizei und die Urteile der RichterInnen bereits im Vorfeld.

Wie so manche Urteile der Justiz zustande kommen und wie subjektiv sie sein, kommen, hat die Sozialpsychologin Barbara Krahé anschaulich erforscht: Sie legte 129 GerichtsreferendarInnen fiktive Vergewaltigungsfälle vor, die sie auf die Schuld des Täters prüfen sollten. Zuvor fragte sie die Zustimmung der JuristInnen zu 16 Aussagen ab. Zum Beispiel: „Viele Frauen neigen dazu, eine nett gemeinte Geste zum ‚sexuellen Übergriff‘ hochzuspielen." Oder: „Frauen bezichtigen Männer häufiger der Vergewaltigung in der Ehe, um sich für eine gescheiterte Beziehung zu rächen." Ergebnis: In jedem der fiktiven Fälle hatte das Opfer klar „Nein" gesagt. Dennoch bezweifelten die JuristInnen die Schuld des Täters umso stärker, je besser der das Opfer kannte. Wendete er zudem keine Gewalt an, sondern nutzte die starke Alkoholisierung der Frau aus, sank in den Augen der Probanden seine Schuld noch einmal. Und: Je stärker die GerichtsreferendarInnen den Klischee-Sprüchen zugestimmt hatten, desto stärker gaben sie dem Opfer eine Mitschuld am Geschehen. Krahés Fazit: „Auch professionelle JuristInnen werden in ihren Urteilen durch stereotype Vorstellungen über Vergewaltigungen beeinflusst." Eine Schlussfolgerung, die durch Studien ihrer Kollegin Dr. Friederike Eyssel von der Uni Bielefeld mit anderen Personengruppen bestätigt wird. Krahés Forderung: „Das Thema gehört in die Aus- und Fortbildung von JuristInnen. Und in den Sexualkundeunterricht an den Schulen." Krahé: „Wir können nicht früh genug damit beginnen, diese Mythen zu entlarven." (Louis 2010)

Der Weg von der Tat bis zur Verurteilung ist im Falle einer Vergewaltigung also besonders steinig. Erstmal muss eine Frau sich überhaupt überwinden, sich polizeilich untersuchen zu lassen und Anzeige zu erstatten. Dann muss die Polizei diese Anzeige auch brauchbar aufnehmen (viel zu oft sind Anzeigen durch mangelhafte Aufnahme leicht zu erschüttern). Bei drei von vier Anzeigen wird das Verfahren noch vor der Eröffnung von der Staatsanwaltschaft eingestellt. Das Gericht spricht frei; aus Überzeugung oder aus Zweifel an der Schuld. Nur knapp jeder 100. Vergewaltiger wird schließlich auch verurteilt.

Vergewaltigung kann also als ein straffreies Verbrechen in Deutschland betrachtet werden. Immer wieder müssen vergewaltigte Frauen feststellen, dass ihnen nicht geglaubt wird. Sie werden zum Teil als Lügnerinnen hingestellt, die ihre Peiniger nur der Vergewaltigung bezichtigen würden, um sich zu rächen oder Aufmerksamkeit zu bekommen. „Falschbeschuldigung" ist das Zauberwort. Die Angst vor der Falschbeschuldigung, sie ist alt und groß und sie taucht beinahe ausnahmslos immer dann auf, wenn einem berühmten Mann sexualisierte Gewalt vorgeworfen wird.

Wer sich wissenschaftliche Studien und Artikel zum Thema Vergewaltigung und Strafverfolgung anschaut, merkt schnell, wie verzerrt die gesellschaftliche Wahrnehmung ist. Je nach Untersuchung, Land und politischer Weltsicht der AutorInnen variiert der Anteil der Falschbeschuldigungen an tatsächlich angezeigten Vergewaltigungen zwischen zwei und acht Prozent. Der Bundesverband der Frauenberatungsstellen und Frauennotrufe setzt den Anteil der Falschbeschuldigungen in Deutschland bei drei Prozent an und beruft sich auf eine europaweite Studie zur Strafverfolgung von Vergewaltigung. Es ist wichtig zu betonen, dass es hier nur um die tatsächlich angezeigten Übergriffe geht. Der mit weitem Abstand größte Teil der Vergewaltigungen wird ja gar nicht erst zur Anzeige gebracht. Falschbeschuldigungen haben außerdem in den meisten Fällen deutlich weniger harte juristische Konsequenzen, als ihr Mythos vermuten lässt. Eine Studie des britischen Innenministeriums besagt zum Beispiel, dass von den 216 im Untersuchungszeitraum erfassten Anschuldigungen, die sich im Nachhinein als falsch herausstellten, nur sechs zu einer Verhaftung führten und nur zwei schließlich zu einer Anklage.

Nun sorgen sich einige Männer aber vor allem wegen der nicht strafrechtlichen Folgen, die ein Vergewaltigungsvorwurf nach sich ziehen kann. Eine ruinierte Karriere. Ein zerstörtes Leben als sozialer Außenseiter. Dabei sind es vor allem die beschuldigenden Frauen, die unter ihren Aussagen leiden.

Keine Frau profitiert von einem Vergewaltigungsvorwurf. Im Gegenteil.

Das alles heißt nicht, dass Falschbeschuldigungen niemals vorkommen. Oder niemals gravierende Folgen für den fälschlicherweise Beschuldigten haben. Aber diese Fälle sind extrem selten. So selten, dass sie es nicht rechtfertigen, dass beinahe jede Frau, die mit dem Vorwurf der Vergewaltigung an die Öffentlichkeit geht, mit ihnen konfrontiert wird. Warum also ist die Falschbeschuldigung so erfolgreich?

Die Feministin Rebecca Solnit hat zu der Frage ins Schwarze getroffen: „Viele Frauen, die Geschichten von Männern erzählen, die sie verletzt haben, werden als verrückt bezeichnet oder als bösartige Lügnerinnen. Weil es so viel leichter ist, eine Frau den Wölfen zum Fraß vorzuwerfen als eine ganze Kultur." Genau genommen liegt darin die eigentliche Kraft der Falschbeschuldigung. Sie macht ein kulturelles Problem zum Individualproblem. Opfer von Vergewaltigungen werden nicht gehört, ihnen wird nicht geglaubt, ihnen haftet die Scham an. Sie sind es, die „lebenslänglich" haben. Nicht die Täter.

Doch nicht nur das. Frauen finden nicht einmal Anlaufstellen, wo sie gut versorgt werden. Wer glaubt, nach einer Vergewaltigung oder einem anderen Sexualverbrechen „den Umständen entsprechend" in einer Notaufnahme betreut zu werden, der irrt. Meist sitzen Opfer ewig in der Notaufnahme, bis sie auf die Gynäkologische Abteilung weitergeleitet werden – die zumeist wegen zahlreicher Geburten an der Auslastungsgrenze arbeitet. „Ich habe schon dutzende aufgebrachte Eltern erlebt, deren Tochter vergewaltigt wurde, und die nicht glauben konnten, wie das in den Notaufnahmen läuft", erzählte eine Kölner Klinik-Gynäkologin im EMMA-Interview (Ross 2021). Das Hauptproblem seien die fehlende rechtsmedizinische Schulung der ÄrztInnen und der riesige Personalmangel, der alle anderen Probleme überlagert. „Kaum ein Arzt hat Zeit, ein Opfer von Gewalt, sei es Häusliche Gewalt oder Vergewaltigung, adäquat zu behandeln, oft weiß er auch gar nicht, worauf er achten muss", so die Ärztin. Dabei gibt es in mehreren deutschen Großstädten „ASS-Dienste", die „Anonyme Spurensicherung nach Sexualstraftaten". ÄrztInnen der Gynäkologischen Abteilung holen – wenn die Betroffene es wünscht – ein „Spurensicherungsset", entnehmen Spuren von Sperma, Blut, Urin oder Speichel und sichern sie im Institut für Rechtsmedizin (ebd.). Das muss die Betroffene aber erst einmal wissen, und so mancher Arzt, so manche Ärztin hat einfach nicht die Zeit, dieses Prozedere in Gang zu setzen. Viele bieten einer vergewaltigten Frau eine Spurensicherung gar nicht erst an, wenn an dem Abend noch vier bis fünf Geburten anstehen.

In der Schweiz hingegen gibt es „Forensic Nurses". Das sind Krankenschwestern, die eine Zusatzausbildung in den Grundlagen der Rechtsmedizin, aber auch der Opferhilfe haben. Sie sind speziell geschult für Gewaltopfer – es sind auch in der Schweiz zu 90 Prozent Frauen, die Opfer von Vergewaltigungen und Männergewalt werden – und deren psychologische und physiologische Erstbetreuung. Die genitale Untersuchung bei Sexualdelikten machen zwar immer GynäkologInnen, aber die Forensic Nurse hat den forensischen Blick. Sie assistiert, sichert Proben von Blut, Urin, Haaren oder Partikeln, die unter Fingernägeln gefunden werden. Sie zeichnet die Verletzungen in Körperschemen, macht Fotos und Abstriche für etwaige spätere DNA-Abgleiche. Soll heißen: Sie sichert gerichtsfeste Beweise, damit Opfer zu ihrem Recht kommen können. (Ross 2021)

Aber bleiben wir in Deutschland und einer weiteren ruhmreichen Tat Anfang des Jahres (2024). Weil Deutschland blockiert hatte, spart eine EU-Richtlinie gegen Gewalt an Frauen ausgerechnet das Thema Vergewaltigung aus. 100 Frauen protestierten im Vorfeld mit einem Offenen Brief. Dennoch wird in elf EU-Ländern ein „Nein" immer noch nicht ausreichen, damit der Tatbestand erfüllt ist. Wie konnte das passieren?

Am 6. Februar 2024 (passenderweise am „Internationalen Tag gegen Genitalverstümmelung") verabschiedete der Europäische Rat eine Richtlinie, die die Gesetzgebung der 27 Mitgliedstaaten vereinheitlicht. So soll etwa Genitalverstümmelung in allen EU-Ländern als Straftat gelten. Auch Zwangsheirat, Stalking oder Online-Anstiftung zum Frauenhass sollen demnächst EU-weit gleiche Straftatbestände werden. Aber ausgerechnet die Vergewaltigung wurde aus der Richtlinie ausgeklammert. Warum? Weil mehrere Länder blockierten, darunter Frankreich und: Deutschland. Das sorgte für Empörung. „Die neue Richtlinie ist ein Meilenstein im Kampf gegen Gewalt an Frauen, sie bedeutet für Millionen Frauen eine Stärkung ihrer Rechte – außer wenn sie vergewaltigt werden", klagte die Frauenrechtsorganisation Terre des Femmes. Und der Deutsche Frauenrat erklärte: „Die Entscheidung des EU-Rats, die Aufnahme von Vergewaltigung in die Richtlinie abzulehnen, ist empörend." In der Tat hat diese Entscheidung dramatische Folgen. Denn in elf EU-Mitgliedstaaten reicht ein „Nein" immer noch nicht aus, damit der Tatbestand der Vergewaltigung erfüllt ist. Vor allem in osteuropäischen Ländern wie Tschechien, Rumänien oder Polen, aber auch in Frankreich und Italien muss der Täter immer noch körperliche Gewalt anwenden und das Opfer aktiv Widerstand leisten, damit die Tat als „Vergewaltigung" gilt. Oft aber ist das Opfer zum Widerstand psychisch oder physisch gar nicht in der Lage. Andere EU-Länder sind da weiter. Bei ihnen gilt das Prinzip: „Nur Ja heißt Ja!" Das heißt: Die Frau muss aktiv einwilligen. Kann sie das nicht, zum Beispiel weil sie eingeschüchtert ist, schläft, unter dem Einfluss von K.-o.-Tropfen steht oder betrunken ist, gilt die Tat als Vergewaltigung. 13 EU-Länder haben diese Regelung schon, darunter Großbritannien, Schweden und Dänemark, aber auch Kroatien und Slowenien. (Louis 2024)

Die neue EU-Richtlinie sah vor, dass in allen EU-Ländern das Prinzip „Nur Ja heißt Ja" gelten soll. Die EU-Kommission und das EU-Parlament hatten bereits zugestimmt. Nun fehlte nur noch der Europäische Rat, in dem die Staats- und Regierungschefs der 27 Mitgliedsländer sitzen. Und hier stellte sich ausgerechnet Deutschland quer.

Justizminister Marco Buschmann (FDP) erklärte, die EU überschreite mit der Richtlinie ihre Kompetenzen, sie sei für die Vergewaltigungsgesetzgebung nicht zuständig. Das allerdings haben hochrangige Juristinnen des Deutschen Juristinnenbundes in einem Gutachten bereits widerlegt. Sie erklären die Richtlinie als vereinbar mit dem Europarecht und die Blockade ausgerechnet durch die „Fortschrittskoalition" für „unverständlich".

Dennoch drohte die ganze Richtlinie auf EU-Ebene zu scheitern. Das rief 100 Frauen auf den Plan, die den Justizminister in einem Offenen Brief aufforderten: „Sehr geehrter Herr Minister Buschmann, sehr geehrte Bundesregierung, wir bitten Sie dringend, Ihre Blockade-Haltung zu Artikel 5 (Vergewaltigungsstraftatbestand) für einen umfassenden und zugleich effektiven und durchsetzbaren Schutz vor geschlechtsspezifischer Gewalt in allen EU-Mitgliedsstaaten aufzugeben. Mit dieser Blockade-Haltung steht der Schutz von Millionen Frauen vor Gewalt in der EU auf dem Spiel." Unter den Unterzeichnerinnen sind die Schauspielerin Natalia Wörner, die Frauenrechtsaktivistin Düzen Tekkal, die Klimaschutzaktivistin Luisa Neubauer und die Ex-Siemens-Vorstandsfrau Janina Kugel. Initiiert hatte die Aktion Kristina Lunz, Gründerin des „Centre for Feminist Foreign Policy". Die Verfasserinnen schreiben: „Aufgrund von Deutschlands und Frankreichs Blockadehaltung ist nun die komplette EU-Richtlinie in Gefahr, mit all den Neuerungen wie der Harmonisierung der Cyberdelikte." (Louis 2024)

Am Ende steht ein Teilerfolg. Immerhin wurde die Richtlinie nicht komplett gekippt. Aber: Dass gerade Deutschland, dass die Ampel, die sich die Umsetzung der Istanbul-Konvention gegen Gewalt gegen Frauen in den Koalitionsvertrag geschrieben hat, die Umsetzung von ‚Ja heißt Ja' verhindert, ist skandalös. Denn die Istanbul-Konvention formuliert klipp und klar, was eine Vergewaltigung ist: „Alle Formen von sexuellen Handlungen, die einem Dritten ohne dessen freiwillige Zustimmung vorsätzlich aufgezwungen werden [...]." Das heißt: Auch das deutsche Vergewaltigungsgesetz, das keine „freiwillige Zustimmung" einfordert, verstößt also schon gegen die Istanbul-Konvention – und hätte auch gegen die EU-Richtlinie verstoßen. Wäre die komplett in Kraft getreten, hätte auch Deutschland sein „Nein heißt Nein"-Gesetz zu „Nur Ja heißt Ja" anpassen müssen. Ist das der wahre Grund für die Blockade des Justizministers? (ebd.) Geht's noch tiefer?

Seitens der deutschen Politik haben Frauen als Opfer von Vergewaltigungen nicht viel zu erwarten. Daran ändert weder eine „feministische Außenpolitik", die in Wahrheit keine ist, etwas, noch die „Fortschrittskoalition", auf deren Fortschritte unser Land noch vergeblich wartet.

Eine Vergewaltigung kann noch immer als ein straffreies Verbrechen in Deutschland betrachtet werden. Ein straffreies Verbrechen! Zu viele Täter, die ungeschoren davonkommen. Zu viele Opfer, die lebenslänglich haben. Wann ändert sich das endlich? Und was macht all das eigentlich mit Frauen? Mit Ehefrauen, mit Müttern, mit Töchtern? Was macht es mit uns, zu wissen, dass wir mehr oder weniger Freiwild sind, dass MANN sich nahezu straffrei an uns vergehen kann? Wir haben lebenslänglich.

Es sollte uns wütend machen, ja geradezu rasend. Es sollte Kräfte freisetzen, um dagegen aufzubegehren. Für uns, für unsere Töchter, für die Töchter unserer Töchter. Frauen, die glauben, der Feminismus sei doch obsolet geworden, mögen sich allein das Thema Vergewaltigung genauer anschauen.

Wir haben in Deutschland jeden dritten Tag einen Femizid. Hunderte Frauen werden hierzulande jedes Jahr ermordet, weil sie Frauen sind. Nur jeder hundertste Vergewaltiger wird verurteilt. Gruppenvergewaltigungen sind an der Tagesordnung. Die häusliche Gewalt gegen Frauen hat 2024 einen traurigen Höhepunkt erreicht. Wir Frauen sind alles andere als gleichberechtigt. Wir sind es, die für unsere Sache kämpfen müssen. Am besten gemeinsam.

Literatur

EMMA – von 1977 bis heute: Vergewaltigung ist bei uns (leider) ein Dauerthema. Der Blick in jede einzelne Ausgabe lohnt sich. Alles anzuschauen im www.emma.de/lesesaal.

Louis, Chantal (2010): *Das straflose Verbrechen.*1. Oktober 2010. https://www.emma.de/artikel/vergewaltigung-das-straflose-verbrechen-265244 (Zugriff am 15.8.2024).

Louis, Chantal (2024): *Vergewaltigung: Ja heißt Ja? – Nein!* 8. Februar 2024. https://www.emma.de/artikel/eu-richtlinie-vergewaltigung-ausgespart-340837 (Zugriff am 15.8.2024).

Ross, Annika (2021): *Forensic Nurses klären Vergewaltigungen auf.* 25 August 2021. https://www.emma.de/artikel/forensic-nurses-338881 (Zugriff am 15.8.2024).

Schwarzer, Alice (Hrsg.) (2016): *Der Schock. Die Silvesternacht von Köln.* Mit Beiträgen von Kamel Daoud, Necla Kelek, Bassam Tibi u. a. Köln: Kiepenheuer & Witsch.

Schwarzer, Alice (2017): *Sexualgewalt & Recht.* 26. April 2017. https://www.emma.de/artikel/alice-schwarzer-sexualgewalt-recht-334403 (Zugriff am 15.8.2024).

Gewalt gegen Mediziner: Realität und Tabu!

von Jalid Sehouli

„Die Operation an einer Patientin mit fortgeschrittenem Krebsleiden geht nach fünf Stunden gerade zu Ende. Sie war extra aus England zur Operation zu uns gekommen. Sie vertraute den Ärzten dort nicht.

Ich bin mit dem Operationsergebnis zufrieden, aber müde. Wahrscheinlich lasten die vielen Flugmeilen der letzten Tage doch schwerer auf meinem Körper, als ich noch heute Morgen dachte.

Ich setze mich in mein Büro, würde jetzt gern einfach nach Hause fahren, zu Adak und Lazar, habe aber noch einige Termine und bin wegen der langen Operation bereits in Verzug. Ich rufe Stefan Ruhl zu mir, hoffe, dass er noch im Hause ist, denn wir waren vor mehr als eineinhalb Stunden verabredet.

Stefan Ruhl, der nahezu immer lächelt, kommt herein, um ein gemeinsames Projekt zu besprechen. Zusammen wollen wir versuchen, Dinge im Klinikalltag zu verändern. Es macht Spaß, mit ihm zu reden, unsere Worte passen wunderbar zusammen, seine Augen wetteifern mit seinem Mund um den Preis der größten Begeisterung.

Die braune Tür meines Zimmers geht auf. Zwei junge Männer betreten mit festen Schritten den Raum und schließen vorsichtig die Tür hinter sich.

Die beiden Männer stehen an der Wand, ich sitze hinter meinem Schreibtisch, schaue kurz auf die dort liegende silberfarbene Hand Fatimas. Stefan Ruhl, der mir gegenüber sitzt, schaut sich irritiert um. Die beiden Männer öffnen ihre Jacken und holen helle Holzlatten heraus. Verständnislos blicke ich auf das Geschehen.

Plötzlich, ohne dass ein Wort gefallen wäre, prasseln die Schläge auf uns, auf mich ein. Noch nie in meinem Leben habe ich derartige Schläge auf meinen Körper gespürt, noch nie eine derartige Brutalität gegen mich erlebt. Auch Stefan wird geschlagen.

Irgendwie erreiche ich die Tür meines Vorzimmers. Ich öffne sie und spüre wieder einen Schlag auf meinen Hinterkopf. Ich falle auf den Boden. Vier kräftige Füße treten meinen Körper. Noch immer weiß ich nicht, ob ich gerade einen Albtraum habe und schlafe oder ob dies tatsächlich passiert.

Ich will mich aufrichten. Alles erscheint so still, also ist es doch nur ein Traum? Plötzlich sehe ich eine Spraydose vor mir, die ein seltsames Gas versprüht. Es brennt, aber ich freue mich über das Gas, da die Schläge und Tritte auf meinen Körper aufhören. Es riecht unangenehm, es riecht nach hohem Fieber. Ich bin betäubt, falle erneut zu Boden und spüre wieder das Holz auf meinem Körper.

Stefan Ruhl öffnet die Tür zum Flur. Ich schreie laut, immer lauter. Menschen, die ich nicht sehen kann, denen ich aber vertraue, mischen sich in die unwirkliche Szenerie. Die beiden Schläger rennen weg. Blut spritzt aus meinem Kopf und fließt über mein rechtes Auge. Ich traue mich nicht, mein Auge zu öffnen, weil ich Angst habe, dass ich es nicht kann und dies der tödliche Vorbote einer Hirnblutung ist. Mein Kopf ist schwer und leicht zugleich, schwebt regelrecht.

Ich werde sterben, ich wusste nicht, dass der Tod so nah ist. Ich hatte keine Vorahnung. Er will mich holen, jetzt gleich, ich muss mich ihm wohl ergeben. Ich fühle keine Kraft, mit der ich mich dagegenstemmen könnte. ‚Bitte ruft Adak an, sie soll kommen, und bringt mich in das Computertomogramm, bitte schnell!‘, sage ich zu den Kolleginnen und Kollegen. ‚Bitte, macht schnell; los, macht schnell!‘, wiederhole ich wieder und wieder.

Worte von mir nahen und weniger vertrauten Menschen streicheln mich, können mich aber nicht besänftigen. Ich erwarte den berüchtigten Film, den Schnelldurchgang meiner Kindheit, meines bisherigen Lebens. Ich warte ungeduldig, aber der Extrakt meines Lebens zeigt sich nicht.

Ich atme, ich spüre keine Schmerzen. Ist es doch nur ein Albtraum?"

So schrieb ich es in meinem Buch *Und von Tanger fahren die Boote nach irgendwo*.

Das Schreiben hat mir sehr geholfen, eine Orientierung zu finden. Ich habe diese Geschichte etwa vier Stunden nach der Schandtat mit meinen gebrochenen Fingern geschrieben, das Schreiben half mir, meine Emotionen und Ängste zu reflektieren. Vieles hat mir bei der Bewältigung geholfen: meine Frau, meine Familie, das professionelle Präventionsprogramm und, wie gesagt, sehr viel das Schreiben.

Nie war mir das Thema „Sicherheit" so wichtig, so bewusst. Ich bin es gewohnt, Menschen mit Krebserkrankungen Sicherheit und Hoffnung zu geben, und plötzlich fühlte ich mich unsicher, fremd in meinem eigenen Land, wie sollte ich meinen Beruf weiterführen? Ich wusste, wenn es mir nicht gelingt, wieder „selbstsicher" zu werden, würde es unmöglich sein, meinem Beruf als Arzt weiterhin nachzugehen.

Gewalt gegen Ärzte war mir so nicht bekannt, man hörte wenig darüber, weder in den Medien noch in den Gesprächen mit Kolleginnen und Kollegen. Wirklich nicht präsent oder nur tabuisiert?

Als ich zum Opfer wurde, erhielt ich viele Briefe und Genesungswünsche. Ich hatte irgendwie nicht die Kraft, diese zu lesen, sondern wollte mich erst einmal auf mich konzentrieren. Erst später, einige Monate nach dem brutalen Überfall, habe ich sie dann gelesen und war überrascht, wie viele Kolleginnen und Kollegen mir ihre eigenen Geschichten erzählten.

Da war die Schmerztherapeutin im Süden Deutschlands, die eine Patientin behandelte, die von ihrem Ehemann misshandelt worden war, und nun selbst bedroht wurde; sie schrieb mir, dass die Bremsseile ihres Autos vor der Praxis durchschnitten wurden. Da erzählte mir ein Kollege, dass sein ebenfalls als Arzt tätig gewesener Schwiegersohn getötet wurde, weil er von den Angehörigen eines Patienten für einen Behandlungsfehler verantwortlich gemacht wurde. Immer mehr Geschichten aus der Vergangenheit und der Gegenwart prasselten auf mich ein. Es ist ein Thema, nicht nur bei Ärzten, sondern bei allen im Gesundheitssystem Tätigen, aber es ist irgendwie tabuisiert. Das muss sich ändern!

Die Kassenärztliche Bundesvereinigung und der NAV-Virchow-Bund haben 2018 eine Studie zum Thema alltägliche Gewalt in Praxen veröffentlicht. Demnach gab es bundesweit in den Arztpraxen täglich 75 gewalttätige Vorfälle. Dazu kamen noch 2.870 Fälle verbaler Gewalt. Jeder vierte Arzt, jede vierte Ärztin gab an, bereits Erfahrungen mit körperlicher Gewalt in der Praxis gemacht zu haben.

Aber nur 25 Prozent der Angriffe kamen zur Anzeige. Warum?

Das 52. Gesetz zur Änderung des Strafgesetzbuches zur Stärkung des Schutzes von Vollstreckungsbeamten und Rettungskräften ist am 30. Mai 2023 endlich in Kraft getreten. Ein kleiner Baustein und ein wichtiges Signal – wir müssen aber mehr tun, um das medizinische Personal zu schützen und bei Gewalttaten zu unterstützen.

Literatur

Maybaum, Thorsten (2018): Ärztemonitor: Gewalt in Arztpraxen alltäglich, *Deutsches Ärzteblatt* 115(19), A-903 / B-765 / C-765.

Sehouli, Jalid (2018): *Und von Tanger fahren die Boote nach irgendwo*, Berlin: Edition q im be.bra Verlag.

Opferschutz braucht neue Perspektiven und Wege

Opfer und Täter – Umgang mit psychisch Kranken in der polizeilichen Praxis

von Pascal Johland

Messerangriffe, Suizidversuche, das Anzünden der eigenen Wohnung: All dies sind vorstellbare Szenarien für die Polizei im Umgang mit psychisch kranken Menschen.[1]

Psychische Erkrankungen können, neben vielen anderen Ausprägungsformen, auch solche Verhaltensweisen hervorrufen, die ein polizeiliches Einschreiten erfordern. Meist handelt es sich dabei um Sachverhalte, in denen die Person sich selbst oder andere gefährdet. Die Polizei wird aber auch zur Unterstützung anderer Behörden und Organisationen hinzugerufen. Körperverletzungsdelikte und Suizidversuche gehören dabei zu den häufigsten Ursachen für polizeiliche Einsätze. Die besondere Herausforderung in solchen Einsatzlagen ist die Zusammenarbeit verschiedener Behörden und Institutionen mit differenten Zielen, Herangehensweisen und Rechtsgrundlagen.

In den nächsten Abschnitten wird primär die polizeiliche Sicht auf den Umgang mit psychisch kranken Personen näher betrachtet, und dabei werden die notwendigen und vielschichtigen Anforderungen dargestellt. Der Autor möchte explizit betonen, dass in diesem Text der Fokus auf den Kreis derjenigen Menschen gerichtet ist, die unter

---

[1] Die im folgenden Text verwendeten Personenbezeichnungen beziehen sich gleichermaßen auf weibliche, männliche und diverse Personen. Auf Doppelnennungen und gegenderte Bezeichnungen wird zugunsten einer besseren Lesbarkeit verzichtet.

einer psychischen Erkrankung leiden und deren Verhaltensweisen im unmittelbaren Zusammenhang mit polizeilichen Maßnahmen stehen. Der Umstand, dass benannte Personen auch Opfer ihrer selbst bzw. ihrer Krankheit sein können, soll dadurch nicht in Abrede gestellt werden, ist jedoch nicht Bestandteil der vorliegenden Betrachtung.

Aufgrund der Komplexität des Themas und der unterschiedlich verfolgten Ziele wird auch der Blickwinkel der anderen Organisationen und Beteiligten berücksichtigt oder eingebunden. Diese Diskrepanzen ergeben sich zum einen aus der geltenden Rechtslage, zum anderen aus zugewiesenen Aufgaben und ganz einfachen pragmatischen Problemen und Fragestellungen.

Die Intention dieser Darstellung besteht darin, einen möglichen Lösungsweg aufzuzeigen bzw. die Dinge klar zu benennen, die im Umgang mit psychisch kranken Personen verbesserungswürdig sein könnten. Dazu zählen explizit auch die Folgen, die sich für diejenigen Menschen ergeben, die unter den Handlungen der psychisch Kranken leiden – besser gesagt: ihren Opfern.

1. Grundlagen

Damit der polizeiliche Umgang mit psychisch kranken Personen nachvollzogen werden kann, werden zunächst einige Grundlagen veranschaulicht. Neben der Begriffsdefinition gehören auch die verschiedenen Aufgaben erklärt, aus denen die Polizei ihr Handeln ableitet. Anschließend wird es möglich sein, sich mit den daraus resultierenden Problemstellungen auseinanderzusetzen.

1.1 Definition psychisch kranke Person

Eine allgemeingültige Definition, was genau eine psychisch kranke Person ist, existiert nicht. Zur besseren Einordnung charakterisiert der Landschaftsverband Rheinland (LVR) den Terminus der psychischen Störungen. Diese umfassen demnach alle Erkrankungen, „die erhebliche Abweichungen vom Erleben oder Verhalten psychisch (seelisch) gesunder Menschen zeigen und sich auf das Denken, das Fühlen und das Handeln auswirken können" (LVR 2024). Gemäß § 1 Abs. 2 des Gesetzes über Hilfen und Schutzmaßnahmen bei psychischen Krankheiten (PsychKG NRW) handelt es sich bei psychisch krankhaften Verhaltensweisen um Psychosen, andere psychische Störungen oder vergleichbar schwere Abhängigkeitserkrankungen. Die Feststellung, dass eine Person psychisch krank ist, setzt folglich eine psychiatrische Diagnose voraus. Die Beurteilung von medizinisch relevanten Daten (Anamnese, Vitaldaten etc.) und das Ableiten von Therapie- und Handlungsempfehlungen erfordern Zeit und Expertise. Für die Entwicklung individueller Behandlungsstrategien ist der Einsatz von Fachpersonal unabdingbar.

1.2 Aufgaben der Polizei

Das Polizeigesetz des Landes Nordrhein-Westfalen regelt in § 1 die Aufgaben der Polizei. Diese umfassen die Gefahrenabwehr, die Erforschung und die Verfolgung von Straftaten, den Schutz privater Rechte, die Vollzugshilfe für andere Behörden sowie die durch Gesetz und Rechtsverordnung übertragenen Aufgaben.

In Bezug auf den Umgang mit psychisch kranken Menschen wird das gesamte Spektrum der eingangs erwähnten Aufgaben beansprucht. Vorrangig für andere Behörden sind jedoch die Gefahrenabwehr und die Vollzugshilfe, insbesondere für die Durchsetzung des Transports in eine geeignete Klinik.

1.3 PsychKG NRW

Als Ermächtigungsgrundlage zum Umgang mit psychisch kranken Personen in einer Ausnahmesituation ist das PsychKG NRW einschlägig und findet in der polizeilichen Praxis regelmäßig Anwendung. Es regelt:

- „Hilfen für Personen, bei denen Anzeichen einer psychischen Krankheit bestehen, die psychisch erkrankt sind oder bei denen die Folgen einer psychischen Krankheit fortbestehen (Betroffene),
- die Anordnung von Schutzmaßnahmen durch die untere Gesundheitsbehörde, soweit gewichtige Anhaltspunkte für eine Selbstgefährdung oder eine Gefährdung bedeutender Rechtsgüter anderer auf Grund einer psychischen Krankheit bestehen, und
- die Unterbringung von den Betroffenen, die psychisch erkrankt sind und dadurch sich selbst oder bedeutende Rechtsgüter anderer erheblich gefährden" (§ 1 Abs. 1 PsychKG NRW).

Diese Norm richtet sich insbesondere auf die Hilfeleistung für psychisch kranke Personen und regelt den Umgang mit diesen.

2. Polizei im Umgang mit psychisch Kranken

Polizeiliche Einsätze mit psychisch erkrankten Personen können sich aus den verschiedensten Grundsachverhalten ergeben. Häufig tritt die betroffene Person durch ihr „auffälliges" Verhalten und/oder durch das Begehen von Straftaten/Ordnungswidrigkeiten, wie beispielsweise Ruhestörungen, Streitigkeiten, Hilfeersuchen, Suizidversuchen, Körperverletzungsdelikten oder Bedrohungen, in Erscheinung.

Besondere Aufmerksamkeit in der Öffentlichkeit, auch medial, erfahren meist Einsätze, in denen durch den Täter Messer eingesetzt, Personen schwer verletzt oder getötet wurden oder es sich um ein um ein Sexualdelikt handelt. Opfer können bei solchen Taten sowohl Zufallsopfer sein, also für den Täter fremde Menschen, als auch aus dem persönlichen oder räumlichen Umfeld stammen. Oft wird die Frage nach dem Motiv gestellt. Bei einer psychischen Erkrankung liegt der Tat aber in der Regel kein klassisches Motiv wie Hass, Rache oder Eifersucht zugrunde. Die meisten psychisch kranken Patienten, die Straftaten begehen, handeln aus einer intrinsischen Motivation heraus, die sich nicht in ein Raster einordnen lässt. In der Gesamtheit aller durch psychisch Kranke begangenen Delikte steht die Körperverletzung (44 Prozent) an erster Stelle, gefolgt von Tötungsdelikten (20 Prozent) und

Sexualdelikten (14 Prozent). Weitere Straftaten sind Brandstiftungen (10 Prozent), Raub, Erpressung oder Diebstahl (jeweils 4 Prozent) (LWL 2024). Diese Übersicht verdeutlicht den Zusammenhang mit den Maßnahmen der polizeilichen Gefahrenabwehr, die im Kontrast zum richtigen Umgang mit psychisch erkrankten Patienten stehen. Das Wort „Patient" wird in diesem Kontext mit Absicht gewählt, da der Straftat eine psychische Erkrankung zugrunde gelegen hat. Ob eine Straftat hätte verhindert werden können, soll an dieser Stelle nicht Bestandteil der Darstellung sein.

3. Sichtweisen

Die Polizeibeamten müssen sich an der Einsatzörtlichkeit zunächst in die Situation einfinden und den Täter einschätzen. Wenn erkannt wird, dass die Person ein deviantes Verhalten zeigt, das auf eine psychische Erkrankung zurückzuführen sein könnte, werden viele weitere Organisationen (Rettungsdienst, Ordnungsamt, Psychiatrie) beteiligt. Damit einher gehen oftmals Schwierigkeiten bei der Einsatzbewältigung, da einer gemeinsamen Lösungsfindung unterschiedliche Sichtweisen und Ziele entgegenstehen.

3.1 Sichtweise Polizei

Die Polizei ist bei Einsatzanlässen aufgrund von gewalttätigen Personen oder Suizidenten in der Regel als erste Instanz vor Ort. Daher liegt es an den einschreitenden Beamten, die Situation schnell einzuschätzen, das auffällige Verhalten der Person in den richtigen Kontext zu setzen und angemessen darauf zu reagieren. Vor allem in dynamischen Einsätzen mit einem erhöhten Gefährdungspotenzial ist die Beurteilung durch die Polizei, welche als in der Psychiatrie unerfahren zu bezeichnen ist, äußerst schwierig. Für die Polizeibeamten, die meist mit wenigen Informationen in eine Einsatzsituation gelangen, ist daher das Verhalten des Täters/Störers vor Ort entscheidend für die Wahl der eigenen Maßnahmen. Demnach stellen die Fälle im Zusammenhang mit psychischen Krankheiten eine Besonderheit in der polizeilichen Praxis dar. Die Einsatzkräfte rufen, oft selbst durch die (Gewalt-)Situation in einer Stresssituation befindlich, instinktiv ihre erlernten Verhaltensmuster zur Eigensicherung und Gefahrenabwehr ab. Die Frage nach dem Grund für das Verhalten des Täters/Störers ist dabei zunächst nicht relevant.

Eine Herausforderung stellt die besondere Kommunikation mit dem Gegenüber dar. Psychisch kranke Personen reagieren dabei meist, ähnlich wie Menschen unter Einfluss von Betäubungsmitteln, atypisch auf die polizeiliche Ansprache und die damit verbundenen Verhaltensanweisungen. Dies wiederum führt zu einer erhöhten Gefahr polizeilicher Gewaltanwendung zur Durchsetzung der angestrebten Maßnahmen, bis hin zum Schusswaffengebrauch. Das bedeutet beispielsweise, dass im schlimmsten Fall eine psychisch kranke Person, welche mit einem Messer bewaffnet die Beamten angreift, erschossen wird.

Die Polizei betrachtet die Person in solchen Situationen, vor allem wenn von der psychisch kranken Person eine Gewaltanwendung ausgeht, als Gefahrenverursacher bzw. Verhaltensstörer oder Straftäter. Eine Betrachtung der Person als Patient kommt aufgrund der primären Gefahrenabwehr für die Polizei ad hoc nicht in Betracht.

Ebenso gestaltet sich die Situation im Umgang mit Suizidenten. Eine Person, die sich mit einem Messer oder einer Schusswaffe selbst bedroht, stellt gleichzeitig eine Gefahr für die Polizeibeamten dar. Aber auch Menschen, die in suizidaler Absicht auf Brücken, Dächern oder sonstigen Erhöhungen stehen, gehören nicht selten zu den Einsatzanlässen der Polizei. Auch hier spielt die Kommunikation zwischen den Einsatzkräften und der psychisch kranken Person eine besondere Rolle für den Einsatzerfolg, d. h. die Rettung und Behandlung der Person. Zugleich erzeugt der Einsatz auch eine mentale Ausnahmesituation bei den Einsatzkräften. Die Gefahr, dass eine Person auch nach stundenlangen Gesprächen den Freitod wählt, besteht bei jedem Einsatz und ist jederzeit im Bewusstsein der einschreitenden Beamten.

Schlussendlich kann erst nachdem die Gefahr abgewehrt wurde und die Person im polizeilichen Sinne gesichert ist, eine differenziertere Betrachtung der Person erfolgen. Dabei reicht es in den meisten Einsatzlagen zunächst aus, dass verhaltensauffällige Äußerungen und Handlungen wahrgenommen werden. Diese Einschätzung kann auch von den Polizeibeamten als psychiatrischen Laien getroffen werden (Schmalzl/Hermanutz 2022). Das Feststellen einer zugrunde liegenden psychischen Krankheit obliegt, wie oben beschrieben, einer ärztlichen Konsultation.

Von der Polizei wird keine medizinisch-therapeutische Behandlungsdiagnose erwartet, sondern eine geschickte Situationsbewältigung zur Abwehr von Gefahren (ebd.).

3.2 Sichtweise Ordnungsbehörde

Ergeben sich in der polizeilichen Einsatzlage Hinweise auf eine psychische Erkrankung der Person, wird in der Regel unmittelbar die zuständige Ordnungsbehörde hinzugezogen. Kommunen übertragen die Aufgaben der Ordnungsbehörde nach dem PsychKG NRW auf andere Behörden, bspw. die Feuerwehr.

Eine Ingewahrsamnahme der Person durch die Polizei kommt bei psychisch Kranken zunächst nicht in Betracht, da sie gemäß Gewahrsamsvollzugsverordnung (GewvollzVO) nur Personen in Gewahrsam nehmen darf, die keiner sofortigen ärztlichen Behandlung bedürfen. Demnach ist es unzulässig, vermeintlich psychisch Kranke durch die Polizei zu transportieren bzw. in Gewahrsam zu nehmen.

Zur Gewährleistung der Gefahrenabwehr findet das PsychKG NRW Anwendung. Gemäß § 14 PsychKG NRW kann die örtlich zuständige Ordnungsbehörde bei Gefahr im Verzug die sofortige Unterbringung der Person in einer psychiatrischen Einrichtung anordnen. Bestandteil dieser Maßnahme ist ein entsprechendes ärztliches Zeugnis. Dieses kann durch einen approbierten Arzt ausgestellt werden, der in der Psychiatrie weitergebildet bzw. erfahren ist. Das ärztliche Zeugnis wird vielerorts durch einen Notarzt aus dem Rettungsdienst der jeweiligen Kommune erstellt. Die Notärzte stammen dabei aus den unterschiedlichsten Fachrichtungen und haben lediglich Grundbeschulungen der

Psychiatrie erhalten. Laut dem Ministerium für Arbeit, Gesundheit und Soziales NRW (MAGS NRW) kann im Notfall jeder Arzt hinzugezogen werden, da nur so eine adäquate Versorgung psychisch kranker Menschen zu gewährleisten ist (MAGS-Erlass vom 6.10.2000).

Zur Durchführung des Transportes in eine geeignete Einrichtung bedient sich die Ordnungsbehörde oftmals der Vollzugshilfe durch die Polizei, um renitente, gewalttätige Personen auf Grundlage des § 14 PsychKG NRW unter Zwang in die Klinik zu transportieren.

3.3 Sichtweise Rettungsdienst

Grundsätzlich gilt für das Rettungswesen das Föderalismusprinzip im Sinne des Art. 20 Grundgesetz, weswegen der Rettungsdienst durch Landesgesetze geregelt wird.

Zu den Aufgaben des Rettungsdienstes gehört nicht nur die notfallmedizinische Versorgung der Bevölkerung, sondern auch die Sicherstellung der anschließenden ärztlichen Versorgung in einer geeigneten Klinik. Aufgrund dieser Aspekte ist der Rettungsdienst zum einen für die Erstversorgung des (psychisch kranken) Patienten zuständig und stellt zum anderen die Komponente des Transports in die Zielklinik dar. Demnach wird der Transport von psychisch Kranken in die Klinik oftmals durch einen Rettungswagen (RTW) oder einen Krankentransportwagen (KTW) durchgeführt, da sie initial zur Versorgung des Notfallpatienten an die Einsatzstelle gerufen wurden.

Das Ausbildungsziel des Notfallsanitätergesetzes (NotSanG) sieht vor, dass Notfallsanitäterinnen oder Notfallsanitäter die Einsatzsituation und den Gesundheitsstatus des Patienten vollumfänglich erfassen können, um folgerichtige Maßnahmen zu treffen (NotSanG § 4 Abschnitt 1, Punkt 1).

In Anbetracht dieser Ausgangslage wird im Nachfolgenden der Fokus auf die Kompetenzen des Rettungsdienstes bei psychiatrischen Einsatzszenarien gelegt.

In Nordrhein-Westfalen (NRW) wurde aufgrund der gesetzlichen Vorgabe des NotSanG ein Ausbildungsrahmenlehrplan erstellt. Notfallsanitäter und Notfallsanitäterinnen erhalten in ihrem schulischen Werdegang einen Einblick in die Rechtsgrundlagen für psychisch kranke Menschen und den Umgang mit ihnen. Ferner werden sie darauf vorbereitet, wie Einsätze mit speziellen Anforderungen geplant und durchgeführt werden sollen (MGEPA 2016, Lernfeld 1,6,8). Die erlernten Themenfelder werden anschließend mit Fallbeispielen verknüpft. Jedoch werden die Rahmenbedingungen eher rudimentär geschult. Es gibt kein einheitliches Schulungskonzept, welches jeder Auszubildende durchläuft. Somit obliegt die Ausgestaltung der vorgegebenen Lernfelder den einzelnen Lehranstalten.

Im Notarzteinsatzdienst sieht es sehr ähnlich aus. Um als Notarzt tätig werden zu dürfen, ist die Zusatzweiterbildung Notfallmedizin notwendig. Nach Erwerb dieser Bezeichnung gilt man als in der Psychiatrie erfahren. Diese Erfahrung besteht nach den Mindestanforderungen gemäß § 11 MWBO aus einer 24-monatigen Weiterbildungszeit „in einem Gebiet der unmittelbaren Patientenversorgung im stationären Bereich [...], davon 6 Monate in der Intensivmedizin, in Anästhesiologie oder in einer interdisziplinären zentralen Notfallaufnahme" (Bundesärztekammer 2023, 397). Hinzu kommen ein 80-stündiger Weiterbildungskurs sowie 50 Notarzteinsätze (ebd.).

Innerhalb dieses Kurses finden nur wenige Unterrichtseinheiten durch Psychiater statt, die den angehenden Notfallmedizinern das nötige Rüstzeug vermitteln sollen, um als höchstwertige medizinische Ressource an der Einsatzstelle die richtigen Entscheidungen zu treffen. Schlussendlich soll sich an der Einsatzstelle mit psychisch kranken Patienten ein Wissenskonglomerat ergeben, aus dem die bestmögliche Patientenversorgung entsteht.

Im Umgang mit psychisch kranken Menschen bedarf es einer geschulten Herangehensweise. Patientenwohl bedeutet nicht, dass der Patient in jedem Moment mit der Behandlungsstrategie einverstanden sein muss. Vor dem Hintergrund einer fehlenden Geschäfts- und Einwilligungsfähigkeit bedeutet Patientenwohl, dass zum Schutz des Patienten gehandelt wird, um die bestmögliche Therapie gewährleisten zu können.

Erfahrungsgemäß bewegen sich die meisten Einsatzkräfte im Umgang mit dem PsychKG NRW auf unsicherem Terrain. Das Patientenwohl steht unbestritten bei jedem Einsatz im Mittelpunkt. Die Durchführung einer sofortigen Unterbringung nach § 14 PsychKG NRW, die für den Patienten in einigen Fällen das Mittel der Wahl zur Erreichung einer zielgerichteten Behandlung ist, stellt viele Einsatzkräfte jedoch vor eine Herausforderung.

3.4 Sichtweise Ärzte/Kliniken

Die Ärzte in den Kliniken haben die Aufgabe, die untergebrachte Person zu behandeln und unverzüglich einen Behandlungsplan zu erstellen (§ 18 PsychKG NRW). Gemäß § 14 PsychKG hat bis zum Ablauf des auf den Beginn der sofortigen Unterbringung folgenden Tages ein Richter über die Fortführung der Unterbringung zu entscheiden. Da die Einschätzung der Klinik oftmals Grundlage für die richterliche Entscheidung ist, ist eine gewisse zeitliche Dringlichkeit gegeben.

Die Klinik stellt die Behandlung des Patienten und das Patientenwohl in den Vordergrund. Der gefahrenabwehrende Aspekt der Unterbringung wird dabei eher als zweitrangig betrachtet.

4. Problemstellung

Festzuhalten bleibt an dieser Stelle, dass alle erwähnten Organisationen den Hilfsgedanken voranstellen. Der Unterschied liegt lediglich in der Herangehensweise. Die bis hierhin betrachteten Blickwinkel der einzelnen Beteiligten machen dies nachvollziehbar. Eine Problematik ergibt sich aus vorhandenen Informationsasymmetrien, auch innerhalb einer Organisation. Selbst wenn das gleiche Ziel verfolgt wird, kommt es zu einem heterogenen Verständnis über die korrekte Verfahrensweise.

Im chronologischen Ablauf des Einsatzes ergeben sich somit die nachfolgend dargestellten Probleme.

Zunächst müssen die Polizeibeamten, die in der Regel zuerst bei der Person eintreffen, die Situation richtig einschätzen. Da die Verhaltensweisen der psychisch kranken Personen eine hohe Bandbreite von hochaggressiv bis verängstigt aufweisen kann, ist dies für einen medizinischen Laien schwierig zu durchschauen.

Sofern die Anzeichen einer psychischen Erkrankung erkannt werden, wird die zuständige Ordnungsbehörde hinzugerufen. An dieser Stelle muss darauf hingewiesen werden, dass es keine einheitlichen Regelungen für die Ausgestaltung der Rechtsnormen gibt und dafür, welche Organisation verpflichtend tätig werden muss (Ordnungsamt/Feuerwehr). Daher werden hier die Verfahrensweise aus der polizeilichen Praxis und die sich daraus ergebenden Komplikationen aufgezeigt.

Die erste Problematik ergibt sich aus dem Umstand, dass die Polizei, wie zuvor beschrieben, keine Menschen transportieren darf, die eine medizinische Versorgung benötigen. Deswegen ist es unerlässlich, die weiteren Maßnahmen am Ort des Einsatzes zu veranlassen. Ist die Situation vor Ort weiter derart eskalativ, dass die Gefahrensituation nicht eingedämmt werden kann, muss von diesem Grundsatz abgewichen und die Person dennoch an eine andere Örtlichkeit transportiert werden.

In vielen Fällen werden die Beamten der Ordnungsbehörde im Rahmen einer Rufbereitschaft angefordert, was einen teils erheblichen Zeitverzug mit sich bringt. Manche Städte und Kommunen übertragen diese Aufgabe entweder zu bestimmten Zeiten oder dauerhaft auf andere Behörden und Organisationen in ihrem Zuständigkeitsbereich. Dabei handelt es sich meist um die Feuerwehr, da diese rund um die Uhr verfügbar ist. Der zeitliche Verzug wird dadurch deutlich minimiert.

Diese Methode bringt jedoch weitere Hürden mit sich, die nun näher betrachtet werden sollen. Die für den Einsatz hinzugezogenen Beamten der Feuerwehr sind zu einem großen Teil der Laufbahngruppe 1.2, ehemals mittlerer Dienst, zuzuordnen. Sie sind rettungsdienstlich als Notfallsanitäter oder Rettungssanitäter ausgebildet. Vorteilhaft und durchaus konstruktiv ist die Tatsache, dass das Bewusstsein für die Gefahrenabwehr vorhanden und der Wille zu einer pragmatischen Lösungsfindung allgegenwärtig ist. Die feuerwehrtechnische Ausbildung beinhaltet bis zur Laufbahngruppe 1.2 keine verwaltungsrechtlichen

Aspekte. Die Aus- und Fortbildung zum Umgang mit psychisch Kranken ist zwar vorhanden, jedoch mit Blick auf die übertragene Verantwortung inhaltlich nicht ausreichend. Dennoch werden sie mit der Aufgabe betraut, eine Ordnungsverfügung auszustellen und in dem gesamten Verfahren vor Ort die Verantwortung für die Gesamtmaßnahme zu tragen. Zusätzlich besteht der Disput eines doppelten, u. U. widersprüchlichen Zuständigkeitsbereichs. Im Rettungsdienst haben die notfallmedizinische Versorgung und das damit verbundene Wohlergehen des Patienten Vorrang. Der Rettungsdienst ist zu jedem Zeitpunkt gewillt, im Sinne des Patienten und mit seiner Zustimmung zu agieren. Im Falle einer Ordnungsverfügung sollen nun repressive Maßnahmen gegen den Willen des Patienten erlassen werden, was als gegensätzlich betrachtet werden kann. Diese missliche Situation wird bewältigt, indem keine individuellen, aus der eigenen Kompetenz heraus entschiedenen Maßnahmen verfügt werden. Oftmals wird dem hinzugezogenen Mediziner die Entscheidungshoheit auferlegt. Die Motivation für die Einsatzbewältigung ist ärztlicherseits, wie bereits erwähnt, das Patientenwohl. Nachhaltige gefahrenabwehrende Maßnahmen zu treffen, ist nicht Gegenstand des ärztlichen Fachbereiches.

Dies ist in der Praxis immer wieder festzustellen und führt zu deutlichen Unstimmigkeiten an der Einsatzstelle. Aus der fehlenden Erfahrung resultiert, dass sich einige Ärzte nicht in der Lage sehen, vor Ort ein ärztliches Zeugnis auszustellen, welches zu einer sofortigen Unterbringung nach § 14 PsychKG NRW führt. Des Weiteren mangelt es an einem rechtssicheren Umgang mit dem PsychKG NRW, sodass Aufgaben und Kompetenzen falsch eingeschätzt werden können. Somit besteht die Sorge, eine Freiheitsentziehung zu begehen und sich strafbar zu machen. In der Verantwortung steht jedoch das Ordnungsamt oder die Feuerwehr im Rahmen der Aufgabenübertragung.

Im Endeffekt wird die Zwangseinweisung durch subjektive Annahmen verhindert. Da die psychische Erkrankung der Person trotzdem als schnellstmöglich behandlungsbedürftig betrachtet wird, gibt es Versuche, die Person von einer freiwilligen Behandlung zu überzeugen. Dies führt zu weiteren Dissonanzen. Zum einen ist fragwürdig, ob die Person in ihrer psychischen Ausnahmesituation überhaupt einwilligungsfähig ist und diese Entscheidung treffen kann. Zum anderen ist damit die Gefahr, die von der Person ausgeht bzw. für sie selbst besteht, nicht abgewehrt. Eine freiwillige Behandlung bedingt auch immer, dass die Person jederzeit widersprechen kann. Das bedeutet, dass der Transport jederzeit abgebrochen bzw. die Klinik verlassen werden darf.

Die Polizei sollte an dieser Stelle entscheiden, ob der Gefahrenüberhang so groß ist, dass zur Gefahrenabwehr eine Ingewahrsamnahme geprüft werden muss. Wenn das ärztliche Zeugnis keine psychische Erkrankung attestiert, die unmittelbar behandlungsbedürftig ist, darf die Person durch die Polizei in den Polizeigewahrsam verbracht werden. Eine Grundvoraussetzung ist, dass die Person gewahrsamsfähig ist, was gleichzeitig bedeutet, dass keine medizinische Behandlung notwendig ist. Die Gewahrsamsfähigkeit kann aber nicht allein auf der Grundlage des vorher ausgestellten negativen ärztlichen Zeugnisses angenommen werden. Unter Annahme dieser Tatsache wird die Person im Polizeigewahrsam durch einen Vertragsarzt der Polizei begutachtet. Dieser ist in der Regel in der Psychiatrie ähnlich erfahren wie die Notärzte. Erkennen diese Anzeichen einer psychischen Erkrankung, wird eine Gewahrsamsfähigkeit nicht bescheinigt. Im Anschluss daran wird die Ordnungsbehörde erneut hinzugezogen, um die zuvor gescheiterte sofortige Unterbringung nach PsychKG durchzusetzen.

Wird die Person mit einer Ordnungsverfügung zur sofortigen Unterbringung in eine geeignete Einrichtung verbracht, ist sie dort vorerst sicher untergebracht und kann diese auch gegen ihren Willen nicht verlassen. Es handelt sich dementsprechend um eine freiheitsentziehende Maßnahme.

Die Ärzte in den Kliniken bekommen die Person, üblicherweise begleitet durch die Polizei und den anordnenden Beamten der Ordnungsbehörde, übergeben. Die Feststellungen der Polizei sind zu diesem Zeitpunkt noch nicht verschriftet, da die Beamten seit Einsatzbeginn mit der psychisch kranken Person in Kontakt standen. Deswegen erfolgt, wenn überhaupt, ein mündlicher Bericht der Beamten. Die Informationen aus dem Polizeieinsatz und wie sich die Person währenddessen verhalten hat, sind in der Klinik nur in geringem Maße vorhanden. Sollte der Rettungsdienst den Transport durchgeführt haben, so können Informationen der Patientenanamnese sowie des Transportverlaufs dem Einsatzprotokoll entnommen werden.

Die aufnehmende Klinik sieht die dem Einsatz vorausgegangenen auslösenden Handlungen oftmals als singuläre Epoche an. Zeigt die betroffene Person in der Klinik keine weiteren Auffälligkeiten, wird sie vielfach nach einem Erstgespräch mit dem Psychiater entlassen. Insbesondere bei Patienten, die als austherapiert geführt werden, sind sofortige Entlassungen kein Einzelfall. Das Problem, das sich folglich vor allem für die Polizei ergibt, ist eine mögliche Rückkehr zum vorherigen Verhalten und die damit verbundene Gefahr für sich oder andere (Eigen- oder Fremdgefährdung). Selbst wenn im Anschluss Sachbeschädigungen und Verletzte zu verzeichnen sind oder sich die Person gar suizidiert, trägt der entlassende Arzt keinerlei rechtliche Konsequenzen.

Eine Entlassung der Person aus der Klinik erfolgt meistens ohne eine Information an die Polizei. Die Kliniken berufen sich dabei oft auf den Datenschutz. Daraus generiert sich in der Praxis oft ein wiederholter Einsatz. Noch bevor die Polizeibeamten ihre schriftlichen Berichte zu dem Einsatz angefertigt haben, können sie erneut mit der Person in einem Einsatz aufeinandertreffen.

5. Lösungsansätze und Ausblick

Die Polizei NRW hat bereits eine Fortbildungsmaßnahme unter dem Namen MEPAS (Menschen in psychischen Ausnahmesituationen) aufgesetzt. Mit dem Ziel, weniger Situationen eskalieren zu lassen und ein allgemeines Verständnis im Umgang mit psychisch kranken Menschen hervorzurufen, werden die Polizeibeamten sensibilisiert und geschult.

Die Erfahrung hat gezeigt, dass eine abgestimmte Zusammenarbeit zu sehr guten Ergebnissen führt. Bei signifikant auffälligen Personen, die als austherapiert gelten, wurden stadtintern Fallkonferenzen einberufen. Dabei wurde unter den beteiligten Organisationen und Institutionen festgestellt, dass Informationsdefizite vorlagen, die eine sachgerechte Entscheidung unmöglich gemacht haben. Dies gilt vor allem für die zuständigen Richter, die für die Entscheidung der Unterbringung alle Informationen vom polizeilichen Einsatz bis hin zur klinischen Diagnostik benötigen. In einigen Fällen lag nur der Krankenhausbericht vor, weshalb eine Entlassung angeordnet wurde. Die Gesamtwürdigung aller Informationen hätte allerdings zu einer sofortigen Unterbringung geführt.

In der Stadt Essen hat sich in den vergangenen Jahren eine Konferenz unter dem Namen *Systemsprenger* etabliert. Unter der Federführung des Gesundheitsamtes kommen alle Beteiligten regelmäßig zusammen und beratschlagen über allgemeine und spezielle Problemstellungen. Daraus resultierten bereits verschiedene Beschulungen für die Mitarbeiter in Form von Besprechungen, Schulungsvideos und der angesprochenen Fallkonferenzen. Durch die so entstandenen Gesprächskanäle konnte bereits für viele Problemstellungen ein Erfolg verzeichnet werden.

Eine deutliche Verbesserung im Umgang mit psychisch kranken Menschen ließe sich perspektivisch durch eine rechtlich normierte und einheitliche Verfahrensweise erreichen. Mit eindeutigen Zuständigkeiten und verpflichtenden Erreichbarkeiten rund um die Uhr würde das Verfahren von der Feststellung der psychisch kranken Person in einer Ausnahmesituation bis hin zur Unterbringung in einer geeigneten Klinik deutlich beschleunigt. Dies würde darüber hinaus weitere positive Synergieeffekte erzeugen – für die betroffene Person im Sinne einer zielgerichteten Therapie und für die beteiligten Institutionen in Bezug auf die Gefahrenabwehr.

Wie beschrieben, sind Ärzte im Rettungsdienst oftmals nur rudimentär in der Psychiatrie erfahren oder weitergebildet. Daher wäre es ratsam, eine psychiatrische Diagnose ausschließlich von den dazu befähigten Fachärzten durchführen zu lassen. Hierzu ist es notwendig, eine Ermächtigungsgrundlage zu schaffen, eine psychisch kranke Person auch gegen ihren Willen in eine psychiatrische Fachklinik zu transportieren. Dort könnte sie einem Facharzt vorgestellt werden, der mit Expertise und zeitlichen Ressourcen eine erste Diagnose für ein ärztliches Zeugnis stellen kann. Somit hätte die Ordnungsbehörde, welche ebenfalls mit speziell geschulten Mitarbeitern vor Ort wäre, eine fundierte Grundlage zur Erstellung der Ordnungsverfügung. Die Prüfung der Unterbringung bei Gericht sollte zudem zwingend die Feststellungen aller in dem Sachverhalt beteiligten Behörden und Institutionen enthalten. Dazu gehört vor allem der Bericht der Polizei, da nur dieser die Person in der Ausnahmesituation beschreibt und zudem die Angaben der Opfer enthält. Denn die Opfer können, wenn es sich um Angehörige, Nachbarn oder sonstige Personen aus dem nahen Umfeld der psychisch kranken Person handelt, oftmals auf eine deutlich längere Krankengeschichte zurückblicken und gegebenenfalls wichtige Hinweise für die weitere Behandlung geben.

In diesem Zusammenhang soll verdeutlicht werden, dass das gesamte System auf die gefahrenverursachende Person ausgerichtet ist. Das PsychKG NRW ist auf die Behandlung und Versorgung der psychisch kranken Person abgestellt, nachdem sie eine Gefahr für die Öffentlichkeit, sonstige Dritte oder sich selbst dargestellt hat. Eine normierte Versorgung, Behandlung oder Betreuung der Opfer von gewalttätigen psychisch kranken Personen existiert nicht. Auch dann nicht, wenn sie seit langer Zeit unter einer solchen Person gelitten haben. Andersherum wird der Person, die die Ursache für Leid und Schmerz gesetzt hat, auf gesetzlicher Grundlage mit einem hohen Personalaufwand, Zeit und finanziellen Mitteln Hilfe zur Verfügung gestellt. Hier steht nicht der Strafanspruch des Staates im Fokus, wie es bei gesunden Straftätern der Fall ist, sondern eine optimale Versorgung zum Wohle des psychisch kranken Täters. Dies setzt sich aus Sicht des Autors beim Maßregelvollzug fort. Eine tiefergehende Ausführung ist jedoch nicht Gegenstand der angeführten Thematik.

Als Ausblick für eine optimierte Verfahrensweise bei der sofortigen Unterbringung gemäß § 14 PsychKG NRW sollte ausschließlich Personal eingesetzt werden, das mit den besonderen Anforderungen und den damit verbundenen Aufgaben vertraut ist. Durch eine interinstitutionelle Vernetzung (z. B. in gemeinsamen Workshops oder Arbeitsgruppen) sollten alle Interessen beleuchtet und eine gemeinsame Verfahrensweise geschaffen werden. Dies schafft Rechtssicherheit für die Einsatzkräfte und Schutz für die psychisch kranke Person und vor allem für die (potenziellen) Opfer.

Literatur

Bundesärztekammer (Hrsg.) (2023): *(Muster-)Weiterbildungsordnung 2018 – in der Fassung vom 29.06.2023*, Berlin. https://www.bundesaerztekammer.de/fileadmin/user_upload/BAEK/Themen/Aus-Fort-Weiterbildung/Weiterbildung/20230629_MWBO-2018.pdf (Zugriff am 24.06.2024).

LVR – Landschaftsverband Rheinland (2024): *Psychische Störungen – Allgemeiner Überblick*. https://klinik-viersen.lvr.de/de/nav_main/fuer_patienten_und_angehoerige/krankheitsbilder_glossar/psychische_stoerungen_allgemein.html (Zugriff am 24.6.2024).

LWL – Landschaftsverband Westfalen-Lippe (2024): *Straftaten von nach Paragraf 63 Strafgesetzbuch untergebrachten Patienten*. https://www.lwl-massregelvollzug.de/de/was-ist-massregelvollzug/patienten/straftaten-delikte/#:~:text=Die%20meisten%20psychisch%20kranken%20Patienten,begingen%20Raub%2C%20Erpressung%20oder%20Diebstahl (Zugriff am 24.6.2024).

MGEPA – Ministerium für Gesundheit, Emanzipation, Pflege und Alter des Landes Nordrhein-Westfalen (2016): *Rahmenlehrplan Ausbildung zum Notfallsanitäter / zur Notfallsanitäterin in Nordrhein-Westfalen*, Düsseldorf.

Schmalzl, Hans Peter/Hermanutz, Max (2022): *Moderne Polizeipsychologie in Schlüsselbegriffen. Ein Handbuch für die professionelle Konflikt- und Krisenbewältigung*, Stuttgart: Boorberg.

Psychisch erkrankte Täter:innen als Opfer des Systems? – Integration oder Forensifizierung psychisch erkrankter Menschen im psychiatrischen Versorgungssystem

von Susanne Bründl und Johannes Fuß

Dortmund, Nordstadt, im Jahr 2022: Ein 16-jähriger Junge wird im Innenhof einer Jugendeinrichtung erschossen. Der Junge habe sich in einer psychischen Ausnahmesituation befunden. Betreuungspersonen riefen die Polizei. Ein Beamter gibt einen tödlichen Schuss auf den Jungen ab. Diskussionen über Polizeigewalt und die Verhältnismäßigkeit des Einsatzes entfachen. Die Polizei Dortmund reagiert unmittelbar mit einem Dienstunterricht zum Umgang mit psychisch erkrankten Menschen in Einsätzen (WDR 2023). Situationen, in denen die Polizei als letzte Institution gerufen wird und unmittelbaren Zwang anwendet, häufen sich. Die Fälle zeigen möglicherweise die Spitze des Eisbergs angesichts eines überforderten Systems.

In diesem Beitrag soll das deutsche Versorgungssystem für psychische Erkrankungen im Hinblick auf die Frage beleuchtet werden, ob psychisch erkrankte Menschen aufgrund unzureichender Versorgung zu Täter:innen gemacht werden. Wie können die überdurchschnittlich hohen Zahlen psychisch erkrankter Menschen in deutschen Gefängnissen und die steigenden Unterbringungszahlen in forensischen Kliniken erklärt werden? Wie gehen die Institutionen mit dieser Herausforderung um? Welche Schritte und grundlegenden Veränderungen sind nötig, um tödliche Polizeieinsätze gegenüber psychisch erkrankten Menschen zu verhindern? Wie muss ein System zur Versorgung psychisch erkrankter Menschen aussehen, um sie in die Gesellschaft zu integrieren, bevor sie in den Kontakt mit Polizei, Maßregel- und Justizvollzug kommen?

1. Zum Zusammenhang von psychischen Erkrankungen und Straftaten

Menschen mit psychischen Erkrankungen haben im Vergleich zur Allgemeinbevölkerung ein höheres Risiko mit dem Justizsystem in Kontakt zu kommen – als Opfer wie auch als Täter:innen von Gewaltdelikten. Während der überwiegende Teil psychisch erkrankter Menschen nicht gewalttätig ist, weist eine kleine Untergruppe ein erhöhtes Risiko zur Begehung von Straftaten auf (Sariaslan et al. 2020). Forensisch relevant sind vor allem Erkrankungen aus dem schizophrenen Formenkreis, bipolare affektive Störungen und Persönlichkeitsstörungen, insbesondere, wenn sie unbehandelt bleiben. Alkohol- und Drogenintoxikation sind zusätzliche Risikofaktoren für die Begehung von Straftaten. Die Assoziation zwischen psychischen Erkrankungen und Delinquenz ist besonders interessant, da ihr häufig eine allgemeinpsychiatrische Vorgeschichte vorausgeht. Menschen mit Schizophrenie hatten im Durchschnitt zehn Jahre vor einer Unterbringung im Maßregelvollzug zum ersten Mal Kontakt mit dem psychiatrischen Versorgungssystem und circa zehn Voraufenthalte in allgemeinpsychiatrischen Krankenhäusern (Müller et al. 2017).

Eine Unterbringung im Maßregelvollzug kann erfolgen, wenn in Zusammenhang mit der psychischen Erkrankung eine Straftat begangen wird. In Deutschland sind aktuell etwa 12.000 Menschen mit psychischen Erkrankungen im Maßregelvollzug – also einem forensisch-psychiatrischen Krankenhaus (gemäß § 63 StGB) oder einer Entziehungsanstalt (gemäß § 64 StGB) – untergebracht (Zeidler et al. 2024). Weitere etwa 58.000 Straftäter:innen, von denen ein großer Anteil ebenfalls eine oder mehrere psychische Erkrankungen aufweist, befinden sich in deutschen Gefängnissen (Fair/Walmsley 2021). Internationalen Übersichtsarbeiten zufolge leiden bis zu 80 Prozent der Menschen im Strafvollzug an psychischen Erkrankungen (Fazel/Seewald 2012) – die häufigsten Diagnosen entsprechen denen des Maßregelvollzuges. Jede:r zweite Gefangene mit Psychose oder Depression hat laut einer Metaanalyse eine komorbide Substanzkonsumstörung (Baranyi et al. 2022). Für Deutschland sind keine repräsentativen Daten verfügbar, weil psychiatrische Diagnosen außerhalb von Schuldfähigkeitsbegutachtungen nicht routinemäßig erfasst werden. Laut der Nationalen Stelle zur Verhütung von Folter (2023) gibt es jedoch immer mehr Gefangene mit psychischen Auffälligkeiten in deutschen Justizvollzugsanstalten. Parallel dazu steigt seit Jahren die Anzahl forensisch-psychiatrischer Unterbringungen (Müller et al. 2017).

Dem gegenüber steht ein Prozess der *Deinstitutionalisierung* in der Allgemeinpsychiatrie, der international als mögliche Erklärung für die hohe Anzahl an psychisch erkrankten Straftäter:innen diskutiert wird. *Deinstitutionalisierung* meint in diesem Zusammenhang vor allem die Auflösung großer Landeskliniken für Psychiatrie. Ziel ist es, Hospitalisierungsphänomenen entgegenzuwirken und die psychiatrische Therapie durch Innovationen wie Home Treatment, stationsäquivalente Leistungen und integrierte Versorgungsmodelle stärker zu ambulantisieren. Stationäre Unterbringungsdauern sollen verkürzt, Zwangsbehandlungen verringert und die psychiatrische Versorgung in Wohnortnähe und ambulante Settings verlagert werden. Diese Errungenschaft sozialpsychiatrischer Reformen soll an dieser Stelle nicht diskreditiert werden, da sie dem Wohl zahlreicher Menschen mit psychischen Erkrankungen gedient hat. Es gibt jedoch Hinweise darauf, dass eine Untergruppe von Patient:innen von den Entwicklungen des psychiatrischen Versorgungssystems nicht profitiert, da sie einen gewissen institutionellen Rahmen zur Versorgung benötigt, der in dieser Form immer weniger vorliegt. Laut *Penrose-Hypothese* führt eine Verringerung stationärer psychiatrischer Plätze dazu, dass psychisch schwer erkrankte Menschen vermehrt im Justiz- und Maßregelvollzug anzutreffen sind, wenn die ambulante und sozialpsychiatrische Versorgung nicht parallel zur *Deinstitutionalisierung* verstärkt wird (Penrose 1939). Longitudinale Studien aus Westeuropa und den USA stützen die Beobachtung, dass der Rückgang von allgemeinpsychiatrischen Betten und kürzere Verweildauern mit einem Anstieg der Zahl der Plätze in Haftanstalten und forensischen Einrichtungen korrelieren (Chow/Priebe 2016; O'Neill et al. 2021). Mundt und Kolleg:innen (2015) konnten in verschiedenen südamerikanischen Ländern zeigen, dass der Wegfall eines einzigen psychiatrischen Krankenhausbetts im Durchschnitt mit 5,18 mehr Gefangenen verbunden war. In Deutschland ist eine *Transinstitutionalisierung* von der Allgemeinpsychiatrie in den Justiz- und Maßregelvollzug spätestens seit den 1990er-Jahren zu beobachten. Sie betrifft besonders häufig Menschen, die einen niedrigen sozialökonomischen Hintergrund aufweisen. Diese Population ist zusätzlich zur hohen Prävalenz psychischer Störungen überproportional häufig alleinstehend sowie von Arbeitslosigkeit und Obdachlosigkeit betroffen (Schildbach/Schildbach 2018). In der Berliner Gefängnispsychiatrie waren beispielsweise Ende Januar 2020 über 80 Prozent der Menschen obdachlos, gegenüber circa 13 Prozent der Patient:innen in allgemeinpsychiatrischen Versorgungskliniken (Forschungsnetzwerk Wohnungslosigkeit und Gesundheit an der Charité 2020). Die Ansammlung schwer erkrankter Menschen im Strafvollzug führte zu kritischen Beiträgen in der Fachliteratur, die unter Schlagworten wie „Prisons as new asylums" (Konrad 2002) oder „Bring back the asylum" (Sisti et al. 2015) fordern, dass diese *Transinstitutionalisierung* durch erneute Schaffung ausreichender stationärer Kapazitäten in der Allgemeinpsychiatrie aufgehalten wird. Gegenpositionen versuchen die gegenläufigen Belegungstrends durch unabhängige Faktoren zu erklären. In jedem Fall kann als dringender Handlungsbedarf abgeleitet werden, dass es eine Untergruppe schwer psychisch erkrankter Menschen gibt, die ein hochstrukturiertes Umfeld benötigen, damit eine ausreichende Versorgung und Überwachung garantiert werden kann. Liegt diese Möglichkeit nicht im Rahmen der Allgemeinpsychiatrie vor, besteht die Gefahr, dass sich Zustandsbilder mancher Betroffener so weit verschlechtern, dass sie straffällig werden. Es droht eine Forensifizierung der erkrankten Menschen, die vor allem in Justizvollzugsanstalten auf unzureichende und überlastete Versorgungsstrukturen treffen.

2. Zur Situation psychisch erkrankter Menschen im Maßregel- und Justizvollzug

Die Unterbringung psychisch erkrankter Menschen im Maßregelvollzug nach §§ 63 und 64 StGB soll deren Besserung und Sicherung dienen und ist eng mit medizinischer und psychotherapeutischer Behandlung verbunden. Die Deutsche Gesellschaft für Psychiatrie und Psychotherapie, Psychosomatik und Nervenheilkunde (DGPPN) veröffentlichte im Jahr 2017 fachliche Standards für die Behandlung im psychiatrischen Maßregelvollzug (Müller et al. 2017). Eine Umfrage der DGPPN aus dem Jahr 2021, an der 45 aller 78 Maßregelvollzugseinrichtungen (mit 7.477 Patient:innen, davon 479 Frauen) teilnahmen, lieferte aktuelle Daten zur Umsetzung dieser Standards sowie zur allgemeinen Situation in deutschen Maßregelvollzugskliniken (Zeidler et al. 2024):

Etwa zwei Drittel der befragten Kliniken meldeten eine deutliche Überbelegung sowie einen Mangel an Personal und Räumen. Fast 60 Prozent der Einrichtungen gaben an, dass erforderliche Therapien aus finanziellen oder personellen Gründen nicht angeboten werden können. Die im Jahr 2017 von der DGPPN vorgelegten Behandlungsstandards sind in vielen Kliniken nicht erfüllt. Die berichteten Personalquoten bei Ärzt:innen, Pflegepersonal und Spezialtherapeut:innen unterschritten häufig die Empfehlungen der DGPPN. Verfehlungen der Größenempfehlungen sowie fehlende Einzelzimmer und Rückzugsmöglichkeiten sind sowohl therapeutisch als auch sicherheitsrelevant bedenklich. Schwer erkrankte und gefährliche Patient:innen können nicht angemessen untergebracht werden. Es besteht ein gut belegter Zusammenhang zwischen räumlicher und personeller Ausstattung und Aggression im psychiatrischen Setting. Jede dritte Klinik berichtete eine steigende Zahl körperlicher Übergriffe durch Patient:innen, die nicht nur auf Patient:innenmerkmale, sondern auch auf Faktoren der Einrichtung zurückzuführen sind. Zwangsmaßnahmen wie medikamentöse Zwangsbehandlung, Fixierung, Isolierung und Zimmereinschluss waren weit verbreitet. Unzureichende Versorgungsstrukturen führten zudem zu verlängerten Unterbringungen, was einen Anstieg der Kosten zur Folge hatte. Etwa jeder fünfte Patient war länger als zehn Jahre im Maßregelvollzug untergebracht. Hauptgründe hierfür waren weiter bestehende Gefährlichkeit, Therapieresistenz und fehlende Anschlusswohnformen. Besonders fehlende Entlassungsmöglichkeiten stehen nicht im Verhältnis zu vermeidbaren Verlängerungen des Freiheitsentzugs. Der Überblick zeigt eine angespannte Situation in den Kliniken des Maßregelvollzugs, da finanzielle, strukturelle, räumliche und personelle Ressourcen als unzureichend beschrieben wurden, den gesetzlichen Auftrag, die Besserung und Sicherung der psychisch erkrankten Straftäter:innen, sach- und fachgerecht zu erfüllen (Zeidler et al. 2024).

Das zentrale Ziel des Strafvollzugs ist es, die Resozialisierung der Straftäter:innen zu fördern (§ 2 Strafvollzugsgesetz). Für die psychiatrische wie für die somatische Gesundheitsversorgung gilt das Äquivalenzprinzip (§ 61 Strafvollzugsgesetz), also gleichwertige Behandlungsstandards in Haftanstalten und der öffentlichen Gesundheitsversorgung. Spezifische Leitlinien für die Behandlung in Gefängnissen gibt es nicht, was umso erstaunlicher ist bei der vermutlich hohen Prävalenz psychischer Erkrankungen unter Inhaftierten. Daten zum Verlauf psychischer Erkrankungen im Strafvollzug sind ebenfalls nicht verfügbar. Somit ist nicht klar, ob die Haft die Inzidenz mancher psychischen Erkrankungen erhöht (Stichwort: Haftpsychose), oder wie das Gefängnisumfeld mit der psychischen Gesundheit der Gefangenen interagiert. Einzelne Befunde beschreiben kurzfristige gesundheitliche Vorteile einer Inhaftierung für Personen, die ansonsten kaum Zugang zum Gesundheitssystem haben, wie etwa Menschen ohne festen Wohnsitz (Wildeman/Muller 2012). In internationalen Studien wurden dagegen negative Auswirkungen auf den Gesundheitszustand während und nach der Haft festgestellt. Die Sterblichkeitsrate entlassener Häftlinge ist bis zu 12,7-mal höher als die vergleichbarer Personen, wobei die meisten aus nicht natürlichen Gründen wie Suizid oder Drogenkonsum sterben (Binswanger et al. 2009). Während der Haft sind Gefangene einem erhöhten Risiko für Suizid, Selbstverletzung, Gewalt und Viktimisierung ausgesetzt. Suizide machen etwa die Hälfte aller Todesfälle in Haft aus und sind damit die häufigste Todesursache in Gefängnissen (Fazel et al. 2016).

Der hohen psychischen Belastung steht eine unzureichende psychiatrische sowie therapeutische Grundversorgung gegenüber. Die ambulante psychiatrische Behandlung wird von konsiliarisch tätigen Fachärzt:innen für Psychiatrie und Psychotherapie in den Anstalten durchgeführt (Konrad 2007). Aufgrund begrenzter Verfügbarkeit von Konsiliarpsychiater:innen, vor allem in ländlichen Regionen, kann diese psychiatrische Grundversorgung oft nicht in ausreichendem Maß gewährleistet werden. Einige Bundesländer (Baden-Württemberg, Bayern, Berlin, Brandenburg, Hessen, Niedersachsen, Nordrhein-Westfalen, Rheinland-Pfalz, Sachsen und Schleswig-Holstein) verfügen zusätzlich über eigene psychiatrische Abteilungen im Justizvollzug, allerdings ohne eine gesetzliche Aufnahmepflicht, was zu Wartelisten und Einschränkungen bei der Aufnahme führen kann. In Ländern, in denen es keine psychiatrischen Abteilungen gibt (z. B. Hamburg und Mecklenburg-Vorpommern), müssten psychisch erkrankte Menschen aus der Haft für eine stationäre Behandlung in Maßregelvollzugskliniken verlegt werden, denen es ohnehin an Kapazitäten mangelt. Neben der akuten psychiatrischen Versorgung gibt es kaum psycho- und soziotherapeutische Behandlung. Lediglich für Gewalt- und Sexualstraftäter:innen mit einer Freiheitsstrafe von mehr als zwei Jahren besteht eine Therapieauflage (nach § 9 I Strafvollzugsgesetz). Dafür gibt es derzeit 71 *Sozialtherapeutische Einrichtungen* mit 2.339 Plätzen. Im Jahr 2022 konnten somit 3,2 Prozent aller Inhaftierten in Deutschland in einer *Sozialtherapeutischen Einrichtung* behandelt werden (Moosburner 2022). Eine therapeutische Versorgung teils schwer belasteter Inhaftierter ist unter diesen Umständen nicht möglich. In einem Antrag an den Hamburger Senat wird von einer „chronischen Unterversorgung an psychologischer Betreuung" gesprochen, verbunden mit der Forderung nach mehr personellen und finanziellen Ressourcen (DIE LINKE 2021).

Maßregel- und Justizvollzug zielen darauf ab, Straftäter:innen so zu behandeln und zu unterstützen, dass sie nach ihrer Entlassung ein straffreies Leben führen können. Die gegenwärtige Versorgungssituation für psychisch erkrankte Menschen offenbart bedeutsame Defizite in beiden Systemen. Insbesondere die unzureichenden Kapazitäten und strukturellen Rahmenbedingungen in der psychiatrischen und psychologischen Versorgung sind problematisch und führen oft zu langen Wartezeiten oder dem vollständigen Fehlen einer leitlinienkonformen Therapie. Hinzu kommt eine im Vergleich zur Allgemeinbevölkerung überproportional hohe Verordnung von Psychopharmaka, vor allem im Strafvollzug, die als Indikator für den Mangel an therapeutischen Alternativen gesehen werden kann und vor dem Hintergrund teilweise mangelnder Verfügbarkeit psychiatrischen Fachpersonals besonders kritisch zu betrachten ist (Salize/Dressing 2010). Als letzte Konsequenz bleibt bei schweren Störungsbildern häufig nur eine Verlegung in sogenannte Beobachtungs- oder besonders gesicherte Hafträume, die faktisch zu einer Isolation und einem starken Eingriff in die Autonomie und Privatsphäre der Menschen führt. Vor allem Menschen mit psychotischen Störungen, Selbstverletzungen und Suizidalität werden in diesen Räumen untergebracht und verbleiben mangels Alternativen und aufgrund anhaltender Gefährdungsaspekte gegebenenfalls für Monate dort, was ihre psychische Gesundheit weiter beeinträchtigt. Teils schwerwiegende psychopathologische Zustände mit Verwahrlosung, Denkzerfahrenheit und/oder ausgeprägten inhaltlichen Denkstörungen können zuletzt häufig nur noch durch Verabreichung einer Zwangsmedikation – also einen erneuten starken Eingriff in die Rechte der Betroffenen – behandelt werden (Fuß et al. 2021). Eine systematische Erfassung und Auswertung von Daten, die eine zielgerichtete Versorgungsplanung ermöglichen würden, fehlt weitgehend. Dies führt zu einem sich selbst verstärkenden Kreislauf aus unvollständiger Datenerfassung und unzureichenden Versorgungsstrukturen und erschwert die Entwicklung und Umsetzung wirksamer psychiatrischer Versorgungskonzepte in Maßregelvollzugskliniken und Haftanstalten. Die mangelnde Verknüpfung mit dem öffentlichen Gesundheitssystem führt weiterhin zu einer unzureichenden Kontinuität der Versorgung von Personen, deren psychische Erkrankungen in Haft bereits nicht angemessen und nach der Entlassung erneut verzögert behandelt werden (Baillargeon et al. 2009). Insgesamt zeigt die gegenwärtige Versorgungssituation deutliche Abweichungen von den gesetzlich vorgegebenen Bedingungen, die zudem im Hinblick auf das Recht auf körperliche Unversehrtheit (neben einer Gefährdung für die Gesundheit der Inhaftierten und bei bestehender Fremdgefährdung auch für das Personal) sowie im Hinblick auf eine menschenwürdige Unterbringung (bei andauernder Isolation) hochproblematisch sind. Es besteht die dringende Notwendigkeit einer umfassenden Versorgungsstrategie, die auf Risikofaktoren und Bedürfnisse psychisch erkrankter Menschen im Maßregel- und Justizvollzug eingeht – von der Bereitstellung geeigneter Behandlungsplätze bis hin zur Sicherstellung angemessener Nachsorge nach der Entlassung.

3. Ein Versorgungssystem zur Unterstützung der Integration und Prävention einer Forensifizierung psychisch erkrankter Menschen

Die aktuelle Situation von psychisch erkrankten Menschen im Maßregel- und Justizvollzug erfordert Maßnahmen zur Verbesserung beider Systeme, um die Resozialisierungschancen für straffällig gewordene Menschen zu verbessern. Zusätzlich besteht dringender Bedarf an präventiven Strategien, um eine Forensifizierung der betroffenen Personen möglicherweise frühzeitig zu verhindern und sie angemessen zu versorgen, bevor sie straffällig werden. Um sich der Lösung des Problems von beiden Seiten anzunähern, sind große Veränderungen unabdingbar.

3.1 Rechtliche Rahmenbedingungen und gemeinsame Verantwortungsübernahme

Ob eine straffällig gewordene Person in den Maßregel- oder den Strafvollzug kommt, wird im Rahmen der gerichtlichen Hauptverhandlung mit Fokus auf den psychischen Zustand zum Zeitpunkt der Straftat entschieden. Straftäter:innen, die bei der Tat schuldunfähig (§ 20 StGB) oder vermindert schuldfähig (§ 21 StGB) waren und infolge einer überdauernden psychischen Störung gefährlich sind, werden unbefristet in einem psychiatrischen Krankenhaus gemäß § 63 StGB untergebracht. Straftäter:innen, deren Tat auf übermäßigen Konsum psychotroper Substanzen zurückzuführen ist und von denen aufgrund dieses Hangs weitere Straftaten zu erwarten sind, können bei hinreichend konkreter Erfolgsaussicht in einer Entziehungsanstalt gemäß § 64 StGB untergebracht werden. Beide Maßnahmen zielen auf die Besserung der Täter:innen durch Behandlung und Sicherung zum Schutz der Gesellschaft.

Die Zuweisung zum Maßregel- bzw. Justizvollzug und die gesetzlichen Rahmenbedingungen stehen seit Jahren in der Diskussion. Während die Zahl der Strafgefangenen kontinuierlich sinkt, steigt die Anzahl der Unterbringungen im Maßregelvollzug nach §§ 63, 64 StGB erheblich an. Die steigenden Unterbringungszahlen haben Reformen der Paragraphen bewirkt, deren tatsächliche positive Auswirkungen jedoch fraglich sind. So wurde mit der jüngsten Novellierung des § 63 StGB im Jahr 2016 explizit festgelegt, dass eine Unterbringung nach sechs Jahren unverhältnismäßig ist und spätestens nach zehn Jahren beendet werden muss, sofern die Anordnungsgründe nicht mehr erfüllt sind. Dennoch bleiben die durchschnittlichen Unterbringungsdauern bundesweit bei knapp zehn Jahren (Feißt et al. 2022). Die kürzliche Novellierung des § 64 StGB sieht vor, dass die Zuweisung wesentlich durch die Selbstbestimmungsfähigkeit und Behandlungsmotivation der Betroffenen bestimmt werden soll, da in der Vergangenheit falsche Zuweisungen zu einer Überbelegung der Einrichtungen und erfolglosen Beendigungen der Therapien geführt haben. Es ist zu erwarten, dass die gegenwärtige Reform des § 64 StGB mit dem Ziel einer Verringerung der Unterbringungen in Entziehungsanstalten mit einem Anstieg der Zahl von Menschen mit Substanzkonsumstörungen in Justizvollzugsanstalten einhergehen wird (Müller et al. 2021).

Die Umsetzung der gesetzlichen Maßregeln durch die Bundesländer wird teils kritisiert. Ein Hinweis auf deutliche Unterschiede in der Qualität der Behandlung oder der Bereitschaft zur Lockerung liefern die Unterbringungszahlen und -dauern zwischen den Bundesländern und innerhalb dieser. Darüber hinaus hängt die Häufigkeit gerichtlich angeordneter Begutachtungen mitunter von der Verfügbarkeit forensisch-psychiatrischer Gutachter:innen ab, die vor allem in manchen ländlichen Regionen fehlen (Feißt et al. 2022). Ein Vergleich begutachteter und nicht begutachteter Straftäter:innen fand keine Unterschiede in psychopathologischen und kriminologischen Merkmalen, außer in der Schwere des Delikts (Marneros et al. 1998). Das ist im aktuellen rechtlichen Kontext besonders problematisch, da sich ohne Begutachtung die Chance auf Entdeckung psychischer Erkrankungen und angemessene Behandlung verringert. Es wird folglich deutlich, dass sich die Umsetzung der rechtlichen Rahmenbedingungen vielmehr an den Möglichkeiten des Systems als an den Merkmalen und Bedürfnissen der betroffenen Menschen orientiert (Feißt et al. 2022). Bisherige Reformen haben die Probleme eher verlagert, als die Situation zu verbessern. Seit Jahren gibt es Forderungen nach grundlegenden Reformen, von Änderungen im Strafvollzug bis zur Abschaffung des bisherigen Maßregelvollzugs inklusive der §§ 63 und 64 StGB. Letzterer Vorschlag fordert die Zuordnung des Maßregelvollzugs zu den Einrichtungen des Strafvollzugs für den Aspekt der Sicherung, während die psychiatrische wie somatische Gesundheitsversorgung der inhaftierten Personen gleichermaßen den örtlichen Gesundheitssystemen übertragen werden soll. Maßregelvollzugskliniken sollen in diesem Konzept weiterhin als Behandlungseinrichtungen für psychisch erkrankte Strafgefangene dienen, jedoch unabhängig von deren Schuldfähigkeit. Andere Vorschläge sprechen sich für die Ausweitung des psychiatrischen Maßregelvollzugs auf ambulante Einrichtungen aus. Eine Begleitung und Sicherung soll alternativ zur stationären Unterbringung auch durch forensisch-psychiatrische Ambulanzen sowie sozialpsychiatrische Versorgungs- und Kontrollmöglichkeiten möglich gemacht werden (Feißt et al. 2022).

Gemeinsam ist diesen Forderungen, dass sie ein umfassendes und durchlässiges System anstreben, in dem psychisch erkrankte Menschen schnelle und angemessene Behandlung erfahren. Barrieren und lange Wartezeiten durch verschiedene Zuständigkeiten sollen überwunden werden, indem verschiedene Akteure wie Gerichte, Justizministerien, Sozialbehörden und Träger von Kliniken und Nachsorgeeinrichtungen zusammenarbeiten. Auf diese Weise sollen alle verfügbaren Versorgungsmöglichkeiten des Systems – inklusive ambulanter und gemeindepsychiatrischer – verbessert und ausgeschöpft werden. Der Fokus der Behandlung muss sich auf die Besserung im Sinne einer Wiedereingliederung psychisch erkrankter Straftäter:innen in die Gesellschaft richten. Lange Unterbringungsdauern und Hospitalisierungen sollen durch stufenweise Lockerungen und Entlassungen in die ambulante Versorgung reduziert werden. Parallel sollten im Strafvollzug die Möglichkeiten des offenen Vollzugs für geeignete Inhaftierte verstärkt genutzt werden, wie es etwa das Bundesland Berlin macht. Lediglich ein kleiner Teil der Straftäter:innen, bei denen dies zum Schutz der Gesellschaft und/oder zur Erhaltung der psychischen Gesundheit absolut notwendig erscheint, soll analog zu § 66 StGB langfristig in einer geschützten Umgebung bleiben. Der gesamtgesellschaftliche Nutzen einer schnellen Reintegration psychisch erkrankter Straftäter:innen durch angemessene Behandlung im Rahmen des Justiz- und Maßregelvollzugs anstatt jahrelanger Hospitalisierung und Inhaftierung muss deutlich gemacht werden.

3.2 Verbesserung bestehender Strukturen und Ausbau präventiver Maßnahmen

Alle beteiligten Akteure – von der Polizei als häufig erstem Kontakt bis zu Nachsorgeeinrichtungen am Ende einer erfolgreichen Versorgungskette – sollten sich um eine gemeinsame Verbesserung der Lage psychisch erkrankter Menschen bemühen. Im Folgenden werden zentrale Anhaltspunkte aufgeführt.

Polizei: Die Polizei wird häufig als erste Instanz in Ausnahmesituationen gerufen. Schätzungen zufolge haben etwa die Hälfte aller polizeilich getöteten Personen psychische Erkrankungen (Jasch 2022, 453). Um das Risiko von Eigen- und Fremdgefährdung zu minimieren, sind geeignete Aus- und Fortbildungsinhalte für die Polizei im Umgang mit psychisch erkrankten Personen notwendig. Deeskalierende Kommunikations- und Handlungskompetenzen sind essenziell zur Prävention des Schusswaffengebrauchs, werden jedoch bisher weniger trainiert als unmittelbarer Zwang (Zaiser et al. 2022, 279 ff.). Neue Ansätze empfehlen, sich in Ausnahmesituationen auf leicht erkennbare psychische Zustände (z. B. Angst, Aggressivität, Wahn) zu konzentrieren und nach Leitfaden deeskalierend zu reagieren (Maier/Dittrich-Gessnitzer 2023). Eine Einbeziehung von Erfahrungsexpert:innen in trialogische Fortbildungen der Polizei, wie es beispielsweise durch *Irre Menschlich e. V.* in Hamburg und Bremen geschieht, erscheint besonders vielversprechend, um ein Verständnis für die Situation akut schwer psychisch erkrankter Menschen zu vermitteln. Obwohl einige Polizist:innen gute Fähigkeiten zur Deeskalation haben und durch ihre Autorität beruhigend wirken können, sind Gefahrensituationen mit akut psychisch erkrankten Menschen oft sehr verunsichernd für alle Beteiligten. Die Komplexität dieser Situationen kann dazu führen, dass Fehler nahezu unvermeidbar erscheinen. Begegnungen in einem sicheren Umfeld zu Übungszwecken könnten daher für alle Beteiligten von Vorteil sein (Bock 2010).

Psychiatrische Versorgung: Im Einklang mit dem Äquivalenzprinzip ist es naheliegend, die Qualität der psychiatrischen Versorgung im Justiz-, Maßregelvollzug und in der Allgemeinpsychiatrie anzugleichen. Eine wirksame psychiatrische Versorgung erfordert die Erweiterung finanzieller, personeller und räumlicher Ressourcen. Einheitliche Leitlinien können einen Rahmen für angemessene Behandlungen schaffen, etwa bezüglich der Anordnung und Dauer von Zwangsmaßnahmen. Eine standardisierte psychiatrische Eingangsdiagnostik sollte integraler

Bestandteil des Aufnahmeverfahrens in die verschiedenen Einrichtungen sein. Sie ermöglicht die Bewertung und das Management des Behandlungsbedarfs sowie des Gewaltrisikos von Menschen mit psychischen Störungen. Die Schwere der psychopathologischen Symptome muss richtungsweisend für ihre Versorgung sein. Ebenso sollten das Monitoring des Verlaufs psychopathologischer Symptome sowie die regelmäßige Veröffentlichung von Statistiken zu Suiziden, Suizidversuchen, Prävalenzen psychischer Störungen, Medikamentenverbrauch, Verlegungsbedarf und tatsächlichen Verlegungen in andere Einrichtungen zur Standardprozedur gehören. Dies stellt sicher, dass eine leitlinienkonforme Therapie umgesetzt und die Bedarfsplanung der Einrichtungen effizient gestaltet wird. Eine Koordination zwischen Justizvollzugsanstalten, Maßregelvollzugskliniken und der Allgemeinpsychiatrie ist notwendig. Insbesondere müssen Menschen mit akuten psychotischen Störungen oder suizidalen Tendenzen unmittelbar stationär versorgt werden können. Attraktive Arbeitsbedingungen sind unerlässlich, um multiprofessionelle Teams aus hochqualifiziertem Personal für die Versorgung zu gewinnen und zu binden.

Schulung weiterer Mitarbeitender: Weitere Mitarbeitende – insbesondere das Justizvollzugspersonal – sollten in die Versorgung einbezogen werden. Wissen über psychische Erkrankungen und den Umgang mit psychisch erkrankten Menschen sollte ein fester Bestandteil der Ausbildung sein und regelmäßig vertieft werden. Mitarbeitende mit besonderer Begabung im Umgang mit psychisch erkrankten Menschen können weiter geschult und befähigt werden. Vor allem zur Suizidprävention ist es entscheidend, dass das Vollzugspersonal Risikofaktoren identifizieren und entsprechend reagieren kann. Durch die Einbeziehung des Vollzugspersonals können disziplinarische Maßnahmen, wie die Isolation, die sich nachteilig auf die psychische Gesundheit auswirken können, besser auf ein Minimum begrenzt und durch engagierte Interventionen ersetzt werden.

Nachsorge: Zur Wiedereingliederung in die Gesellschaft und zur Prävention erneuter Straffälligkeit sind Lockerungsmaßnahmen und eine kontinuierliche Nachbetreuung nach der Entlassung entscheidend.

Hierfür braucht es ein robustes Übergangsmanagement und die enge Zusammenarbeit mit Nachsorgeeinrichtungen sowie sozialpsychiatrischen Diensten. Besondere Aufmerksamkeit sollte der Behandlung von Substanzmissbrauch als wesentlichem Risikofaktor für neue Straftaten gelten. Unterstützungsleistungen in den Bereichen Wohnen und Arbeit sowie spezialisierte Ambulanzen, beispielsweise für Substitutionsprogramme, sollten integraler Bestandteil der Nachsorge sein. Um einen erneuten Kontakt mit dem Strafvollzugssystem zu verhindern, ist die Verfügbarkeit von freiwilligen ambulanten, stationären und Rehabilitationsangeboten unerlässlich. Eine längere Verweildauer sollte für schwerwiegende Fälle möglich sein. Besonders wichtig ist, dass auch Menschen ohne Krankenversicherung Zugang zu diesen Angeboten haben. Ein vielversprechendes Nachsorge-Modellprojekt findet aktuell in der *Sozialtherapeutischen Anstalt Bochum* statt. Hier werden Inhaftierte über die Entlassung hinweg psychologisch und sozialtherapeutisch begleitet. Ein dauerhaftes Konzept zum Weiterbestehen wird derzeit in Zusammenarbeit mit dem Justizministerium und den Gerichten entwickelt.

Prävention: Die Erkenntnis, dass Menschen mit psychischen Erkrankungen bereits Jahre vor der Begehung von Straftaten mit dem Versorgungssystem in Kontakt kommen, unterstreicht die Bedeutung präventiver Maßnahmen. Schmidt, Nitschke und Habermeyer (2021) geben einen Überblick zu bestehenden Angeboten, die auf interdisziplinärer Zusammenarbeit und gezieltem Risikomanagement basieren. Zur Unterstützung allgemeinpsychiatrischer und gemeindenaher Versorgungsstrukturen wurden in Ländern wie den Niederlanden, Frankreich und der Schweiz forensisch-psychiatrische Dienste eingerichtet. Der *Konsildienst der Fachstelle Forensic Assessment & Risk Management der Psychiatrischen Universitätsklinik Zürich* führt Risikoeinschätzungen durch, gibt Handlungsempfehlungen, sorgt für eine gute Vernetzung der zuständigen Stellen, legt klare Abläufe fest und dokumentiert die Fälle zur besseren Beurteilung des Versorgungsbedarfs. In Krisenfällen werden Verlegungen in forensische Einrichtungen organisiert. Die Entwicklung des Konsildienstes wurde durch staatlichen Beschluss festgelegt und wird zur Qualitätssicherung durch eine interdisziplinäre Fachkommission begleitet. Daneben gibt es eigenständige Behandlungsangebote, die therapeutische Interventionen als Ergänzung oder Alternative zur Allgemeinpsychiatrie bieten. Die *Präventionsambulanz der Klinik für Forensische Psychiatrie des Bezirksklinikums Ansbach* beispielsweise bietet eine multiprofessionelle Behandlung mit Fokus auf forensisches Risikomanagement für Patient:innen mit psychotischen und schweren Persönlichkeitsstörungen. Durch enge Zusammenarbeit mit der Allgemeinpsychiatrie, niedergelassenen Ärzt:innen, professionellen Betreuungspersonen und Angehörigen wird eine kontinuierliche Versorgung sichergestellt. Das Konzept der Präventionsambulanz wurde in das *Psychisch-Kranken-Hilfe-Gesetz* des Landes Bayern integriert und soll landesweit etabliert werden. Präventive Angebote wie die dargestellten haben das Potenzial, durch leitlinienorientierte sozialpsychiatrische Behandlung das Risiko für die Begehung von Straftaten von psychisch erkrankten Personen zu senken und deren langfristige Integration zu fördern, bevor es zu kostspieligen Unterbringungen im Maßregel- oder Justizvollzug kommt (Schmidt et al. 2021).

4. Fazit

Eine kleine Untergruppe von Menschen mit psychischen Erkrankungen hat ein erhöhtes Risiko für die Begehung von Straftaten. Das derzeitige psychiatrische Versorgungssystem weist Lücken auf, die Zweifel daran aufkommen lassen, ob es den notwendigen institutionellen Rahmen bietet, um diese Menschen ausreichend zu versorgen. Zur Wiedereingliederung in die Gesellschaft und zum Schutz der Allgemeinheit ist eine Verbesserung der psychiatrischen Versorgung im Straf- und Maßregelvollzug dringend notwendig. Gleichzeitig muss ein wesentlicher Fokus auf der frühzeitigen Identifikation von Personen mit besonderem Hilfebedarf liegen, um sie bereits im Rahmen der Allgemeinpsychiatrie zu versorgen, bevor sie mit dem Justizsystem in Kontakt kommen. Zur Prävention von Straffälligkeit müssen Orte geschaffen werden, an denen schwer psychisch erkrankte Menschen Unterstützung finden und trotz ihrer Erkrankung ein zufriedenstellendes Leben führen können, ohne von Obdachlosigkeit, Armut und sozialer Isolation bedroht zu sein. Die Umsetzung solcher Maßnahmen erfordert Entscheidungen und die Bereitstellung finanzieller Ressourcen auf politischer Ebene sowie ein enges Zusammenspiel aller beteiligten Akteure. Nur so können psychisch erkrankte Menschen dauerhaft stabil versorgt und möglicherweise vor der Begehung von Straftaten geschützt werden.

Literatur

Baillargeon, Jacques/Binswanger, Ingrid A./Penn, Joseph V./Williams, Brie A./Murray, Owen J. (2009): Psychiatric disorders and repeat incarcerations: the revolving prison door. *American Journal of Psychiatry, 166*(1), S. 103–109.

Baranyi, Gergö/Fazel, Seena/Langerfeldt, Sabine Delhey/Mundt, Adrian P. (2022): The prevalence of comorbid serious mental illnesses and substance use disorders in prison populations: a systematic review and meta-analysis. *The Lancet Public Health, 7*(6), e557–e568.

Binswanger, Ingrid A./Krueger, Patrick M./Steiner, John F. (2009): Prevalence of chronic medical conditions among jail and prison inmates in the USA compared with the general population. *Journal of Epidemiology & Community Health, 63*(11), S. 912–919.

Bock, Thomas (2010): Psychische Erkrankungen und ihre Bedeutung für die Polizei. Vortrag auf der Fortbildung für Krisen-Trainer der Polizei. 14.4.2010. https://irremenschlich.de/download/view-startdown/107/ (Zugriff am 18.5.2024).

Chow, Winnie S./Priebe, Stefan (2016): How has the extent of institutional mental healthcare changed in Western Europe? Analysis of data since 1990. *BMJ open, 6*(4).

DIE LINKE (2021): Gefangene angemessen psychologisch betreuen – Psychologische Versorgung im Justizvollzug personell ausbauen [Antrag an den Hamburger Senat und Antwort]. https://www.buergerschaft-hh.de/parldok/dokument/756 26/psychologische_versorgung_in_den_hamburger_gefaengnissen.pdf (Zugriff am 18.2.2024).

Fair, Helen/Walmsley, Roy (2021): World prison population list. *Educare*, 5.

Fazel, Seena/Hayes, Adrian J./Bartellas, Katrina/Clerici, Massimo/Trestman, Robert (2016): Mental health of prisoners: Prevalence, adverse outcomes, and interventions. *The Lancet Psychiatry, 3*(9), S. 871–881.

Fazel, Seena/Seewald, Katharina (2012): Severe mental illness in 33 588 prisoners worldwide: Systematic review and meta-regression analysis. *The British Journal of Psychiatry, 200*(5), S. 364–373.

Feißt, Martin/Lewe, Ulrich/Kammeier, Heinz (2022): *Plädoyer für eine Transformation der Maßregeln der §§ 63 und 64 StGB. Organisationale, empirische und rechtspolitische Argumente für eine Änderung des Sanktionenrechts.* Einbeck/Bielefeld/Münster: Deutsche Gesellschaft für Soziale Psychiatrie e. V.

Forschungsnetzwerk Wohnungslosigkeit und Gesundheit an der Charité (2020): Zählung wohnungsloser Menschen in psychiatrischen Krankenhäusern. https://wohnungslosigkeit-gesundheit.charite.de/forschung/projekte/zaehlung_wohnungsloser_menschen_in_psychiatrischen_krankenhaeusern/ (Zugriff am 14.2.2024).

Fuß, Johannes/Marquardt, Inga/Briken, Peer/Konrad, Norbert (2021): Compulsory medication of people with mental disorders in the penal system: The situation in Germany and recommendations for clinical practice. *Der Nervenarzt*, 92, S. 27–35.

Jasch, Michael (2022): Polizeilicher Schusswaffengebrauch und psychisch erkrankte Angreifer. In: Staller, Mario/Koerner, Swen (Hrsg.): *Handbuch polizeiliches Einsatztraining. Professionelles Konfliktmanagement – Theorie, Trainingskonzepte und Praxiserfahrungen*. Wiesbaden: Springer Gabler, S. 451–468.

Konrad, Norbert (2002): Prisons as new asylums. *Current Opinion in Psychiatry*, 15(6), S. 583–587.

Maier, Stephanie/Dittrich-Gessnitzer, Kerstin (2023): Psychische Zustände erkennen, statt Störungsbilder identifizieren: Ein neuer Ansatz zum Umgang mit psychisch Erkrankten für die polizeiliche Praxis. *Polizei & Wissenschaft*, (3), S. 36–45.

Marneros, Andreas/Rössner, Dieter/Ullrich, Simone (1998): Was unterscheidet psychiatrisch begutachtete von psychiatrisch nicht begutachteten Straftätern? *Recht & Psychiatrie*, (3), S. 24–26.

Moosburner, Maeve (2022): *Sozialtherapie im Strafvollzug 2022: Ergebnisübersicht der Stichtagserhebung zum 31.03.2022*. Wiesbaden: Kriminologische Zentralstelle e. V.

Müller, Jürgen L./Böcker, Felix M./Eusterschulte, Beate/Koller, Matthias/Muysers, Jutta/Pollmächer, Thomas (2021): Neuregelung des § 64 StGB aus psychiatrischer Sicht – Positionspapier einer Task-Force der DGPPN. https://www.dgppn.de/_Resources/Persistent/00ce546dbeb5e107bf6efff9cc0a11304c56c7ed/2021-02-2 4_Positionspapier%20%C2%A7%2064%20StGB_FIN_gesamt.pdf (Zugriff am 14.2.2024).

Müller, Jürgen L./Saimeh, Nahlah/Briken, Peer/Eucker, Sabine/Hoffmann, Klaus/Koller, Matthias/Wolf, Thomas/Dudeck, Manuela/Hartl, Christian/Jakovljević, Anna-Karina/Klein, Verena/Knecht, Guntram/Müller-Isberner, Rüdiger/Muysers, Jutta/Schiltz, Kolja/Seifert, Dieter/Simon, Alfred/Steinböck, Herbert/Stuckmann, Werner/Weissbeck, Wolfgang/Wiesemann, Claudia/Zeidler, Robert (2017): Standards für die Behandlung im Maßregelvollzug nach §§ 63 und 64 StGB. *Der Nervenarzt*, 88 (Suppl. 1), S. 1–29.

Mundt, Adrian P./Chow, Winnie S./Arduino, Margarita/Barrionuevo, Hugo/Fritsch, Rosemarie/Girala, Nestor/Minoletti, Alberto/Mitkiewicz, Flávia/Rivera, Guillermo/Tavares, María/Priebe, Stefan (2015): Psychiatric hospital beds and prison populations in South America since 1990: does the Penrose hypothesis apply? *JAMA Psychiatry*, 72(2), S. 112–118.

Nationale Stelle zur Verhütung von Folter (2023): Jahresbericht 2022. Berichtszeitraum 1. Januar 2022 – 31. Dezember 2022. https://www.nationale-stelle.de/filead min/dateiablage/Dokumente/Berichte/Jahresberichte/NSzVvF_Jahresbericht_2 022_140623_web-1.pdf (Zugriff am 14.2.2024).

O'Neill, Conor J./Kelly, Brendan D./Kennedy, Harry G. (2021): A 25-year dynamic ecological analysis of psychiatric hospital admissions and prison committals: Penrose's hypothesis updated. *Irish Journal of Psychological Medicine*, 38(3), S. 182–185.

Penrose, Lionel S. (1939): Mental disease and crime: outline of a comparative study of European statistics. *British Journal of Medical Psychology*, 18, S. 1–15.

Salize, Hans Joachim/Dressing, Harald (2010): Psychiatrische Versorgung im europäischen Strafvollzug. *Forensische Psychiatrie, Psychologie, Kriminologie*, 1(4), S. 70–78.

Sariaslan, Amir/Arseneault, Louise/Larsson, Henrik/Lichtenstein, Paul/Fazel, Seena (2020): Risk of subjection to violence and perpetration of violence in persons with psychiatric disorders in Sweden. *JAMA Psychiatry*, 77(4), S. 359–367.

Schildbach, Sebastian/Schildbach, Carola (2018): Criminalization through transinstitutionalization: a critical review of the Penrose hypothesis in the context of compensation imprisonment. *Frontiers in psychiatry*, 9, S. 534.

Schmidt, Catharina/Nitschke, Joachim/Habermeyer, Elmar (2021): Forensische Modelle zur Gewaltprävention an der Schnittstelle zur Allgemeinpsychiatrie: Der forensisch-psychiatrische Konsildienst. *Forensische Psychiatrie, Psychologie, Kriminologie*, 15(3), S. 214–221.

Sisti, Dominic A./Segal, Andrea G./Emanuel, Ezekiel J. (2015): Improving long-term psychiatric care: bring back the asylum. *Jama*, 313(3), S. 243–244.

WDR (2023): *Prozess nach Tod des 16-jährigen Dramé: Wann darf die Polizei schießen?* 19.12.2023. https://www1.wdr.de/nachrichten/mouhamed-drame-dort mund-schuesse-polizei-verhaeltnismaessigkeit-102.html#:~:text=In%20Dortmu nd%20wurde%202022%20der,stehen%20f%C3%BCnf%20Beamte%20vor%20G ericht (Zugriff am 25.6.2024).

Wildeman, Christopher/Muller, Christopher (2012): Mass imprisonment and inequality in health and family life. *Annual Review of Law and Social Science*, 8, S. 11–30.

Zaiser, Benjamin/Staller, Mario/Koerner, Swen (2022): Polizeiliche Kommunikationsfähigkeit und deeskalative Handlungskompetenz – Grundlagen und Potenzial des Einsatztrainings. In: Staller, Mario/Koerner, Swen (Hrsg.): *Handbuch polizeiliches Einsatztraining. Professionelles Konfliktmanagement – Theorie, Trainingskonzepte und Praxiserfahrungen.* Wiesbaden: Springer Gabler, S. 279–295.

Zeidler, Robert/Dudeck, Manuela/Frank, Udo/Gerlinger, Gabriel/Hesse, Dirk/ Muysers, Jutta/Pollmächer, Thomas/Riedemann, Christian/Sander, Julia/Völlm, Birgit/Müller, Jürgen L. (2024): Die Situation des deutschen Maßregelvollzugs – Ergebnisse einer Umfrage der DGPPN. *Der Nervenarzt*, 95(1), S. 1–8.

Zur Bedeutung des Grundrechts auf Sicherheit und der staatlichen Schutzpflicht für das Handeln der Eingriffsverwaltung auf dem Felde des Opferschutzes[1]

von Klaus Schönenbroicher

1. Statt einer Einführung: Der Mannheimer Messermord an dem Polizeibeamten Rouven L.

Am Freitag, den 31. Mai 2024, führte die Bürgerbewegung Pax Europa unter Leitung des bundesweit bekannten Islam-Aufklärers – in den Medien teils als „Islam-Kritiker" tituliert – Michael Stürzenberger eine grundrechtlich durch Art. 8 GG geschützte Versammlung auf dem Marktplatz in Mannheim durch. Noch vor dem eigentlichen Beginn der Versammlung griff laut Medien der Afghane Sulaiman A. (25) Stürzenberger und weitere Mitglieder der Bürgerbewegung mit einem „Kampfmesser" an und verletzte mehrere Personen schwer. Der Polizeibeamte Rouven L. (29) wurde durch gezielte Messerstiche des Attentäters in den Nacken- und Kopfbereich getötet.

Der Angriff und die weiter folgenden Handlungen des Attentäters sind durch Videos von Privatleuten im Internet dokumentiert. Eine sofortige Bewertung des Polizeieinsatzes durch die Polizei des Landes Baden-Württemberg unterblieb, obwohl die im Internet veröffentlichten

---

[1] Der Beitrag gibt ausschließlich die persönliche Auffassung des Verfassers wieder.

Videos des Geschehens die Mutmaßung nahelegen können, dass das Handeln der vor Ort anwesenden Polizeibeamten Fragen in Bezug auf die Eigensicherung der Beamten und die Beachtung von Einsatzvorschriften zum wirksamen Schutz von Versammlungen gegen Straftäter und Störer aufwirft (s. u.).

Die Reaktionen auf den Mord und die Mordversuche fielen unterschiedlich aus.

Die öffentliche Trauer um den ermordeten Polizisten, über den auch sehr viele personenbezogene Daten bis hin zum Nachnamen in die Öffentlichkeit gelangten, war groß.

Das kann man über viele Reaktionen auf die schweren Verletzungen des Michael Stürzenberger und der anderen Opfer nicht sagen.

Aus Teilen der Politik kam dazu ein dröhnendes Schweigen. In den Medien wurde teils unterschwellig die Einschätzung verbreitet, die Bürgerbewegung Pax Europa habe mit ihrer kritischen Haltung zum Islam Reaktionen von radikalen Muslimen gewissermaßen „herausgefordert".

Aus der Bundesregierung, insbesondere aus dem Bundesinnenministerium, hörte man die üblichen Beschwichtigungs- und Relativierungsfloskeln, wenn es um den Islam in Deutschland und islamistisch motivierte schwerste Gewalttaten geht: Die Tat sei abscheulich, „gegenseitiger Respekt" sei wichtig, etc. Sorgsam wurde darauf hingewiesen, die „Motivation" des Täters müsse angeblich noch genau ermittelt und festgestellt werden. Teils wurde insinuiert, Stürzenberger sei vom bayerischen Amt für Verfassungsschutz beobachtet worden, was dieser noch auf dem Intensiv-Krankenbett in einem Interview mit der Schilderung von jahrzehntealten Querelen in der Münchner CSU (in welcher er als Pressesprecher amtierte) und der Vermutung quittierte, der bayerische Staat, fest in den Händen der CSU, habe im Wege der verfassungsschutzamtlichen Beobachtung alte Rechnungen mit ihm begleichen wollen.

Eine Art traurigen Höhepunkt der Verkennung von Opfer- und Täterrolle markierte der Wortbeitrag des allzeit als vermeintlicher „Experte" auftretenden selbstgefälligen Chefs der Deutschen Polizeigewerkschaft, Rainer Wendt, der sich kurz nach der schrecklichen Tat in einem Fernsehinterview zu der unfassbaren Entgleisung verstieg, in Mannheim seien „mehrere Extremisten aufeinandergestoßen". Der Menschenrechtsaktivist und Islam-Aufklärer Ali Utlu gab dagegen nach dem Messermord ein Interview bei „Tichys Einblick", in dem er die Einschätzung vertritt, dass man als Islam-Kritiker in Deutschland „jederzeit ermordet werden" kann. Ähnlich in der Sache, wenn auch in der Wortwahl nicht so drastisch, äußerte sich der Islam-Fachmann Ahmad Mansour, der schon in einem 2022 erschienenen Buch beschreibt, wie der politische Islam unsere Demokratie unterwandern will („Operation Allah").

2. „Kriminalität aus der Opferperspektive": Schützt der deutsche Staat wirkungsvoll Kritiker des radikalen Islam, Einwohner allgemein und die Polizei davor, Opfer von Gewalttaten zu werden?

Dass im Deutschland des Jahres 2024 Menschen, die sich kritisch über den Islam äußern, Gegenstand von Mordanschlägen werden, dass Polizeibeamte, die versuchen, Menschen vor offenkundig islamistisch motivierten Gewalttätern zu schützen, ermordet werden, ist ein alarmierendes Zeichen. Dass der deutsche „woke Mainstream" in Staat und Gesellschaft gleich darauf wieder zur Appeasement-Tagesordnung übergehen will, jede Diskussion über das Gewaltpotential des politisierenden radikalen Islam anscheinend erstickt werden soll (s. u.), erscheint noch beunruhigender.

Was sagt das Grundgesetz dazu? Ist es den „Eliten" in Staat und Gesellschaft erlaubt, duldend oder gar fördernd ein gesellschaftliches Klima herbeizuführen, in dem, wer in der grundrechtlich geschützten Form der Versammlung (Art. 8 GG) Kritik am Islam äußert, eine Art „Freiwild" wird? In dem den Anspruch auf wirksamen staatlichen Schutz verliert, wer öffentlich etwa die Vereinbarkeit der Forderung nach Kalifat und Scharia in Deutschland mit dem Grundgesetz infrage stellt? Sieht das Grundgesetz gar die „Unterwerfung" (Houellebecq) der deutschen Rechtsordnung und Gesellschaft unter eine Religion mit Absolutheitsanspruch vor, die nicht einmal die europäische strikte Trennung zwischen Religion und Staat als Folge der Aufklärung im 17. und 18. Jahrhundert kennt?

Formuliert das Grundgesetz, auf der anderen Seite, konkrete Rechtspflichten an den Parlamentsgesetzgeber, was den Erlass von Vorschriften zum Opferschutz angeht? Verfügt es Rechtspflichten an die Eingriffsverwaltung, wie genau die Eingriffsbehörden die Bevölkerung davor zu schützen haben, Opfer von Gewalttaten zu werden? Haben Deutsche oder Ausländer in Deutschland konkrete individuelle Schutzansprüche gegen den Staat, d. h. die Eingriffsbehörden, auf konkrete, notfalls gerichtlich durchsetzbare Schutzmaßnahmen zu ihren Gunsten in Gefahrensituationen, auch und gerade bezogen auf konkrete oder abstrakte Gefahren durch den radikalen gewaltbereiten Islam bzw. dessen fanatisierte Anhänger?

3. Zur Terminologie: „Opferschutz" und „Opferrechte"

Die Begriffe „Opferschutz" und „Opferrechte" werden rechtspolitisch und strafprozessual häufig in einem Kontext verwendet, der besagt, dass die Rechtsordnung einerseits den Bürgerinnen und Bürgern zu wenig primären Schutz vor Gewalttätern biete, andererseits denjenigen, die Opfer von Gewalttaten geworden sind, materiell und immateriell zu wenig Kompensation (falls es so etwas überhaupt geben kann) zukommen lasse.

Die Rechte von Opfern von Straftaten sind allerdings – und auch dies gehört zur Wahrheit – in den letzten 30 Jahren gesetzlich deutlich gestärkt und verbessert worden. Das gilt etwa für die Beteiligung im Strafprozess, aber auch für neue Entschädigungs- und Schadenersatzgrundlagen unabhängig von Ansprüchen von Opfern gegen den oder die eigentlichen Täter (vgl. dazu den Beitrag von Gnisa in diesem Sammelband).

Die zentrale Herausforderung für den Staat und seine Eingriffsorgane besteht selbstverständlich darin, dafür zu sorgen, dass niemand zum „Opfer" wird. Der Schutz der Menschen davor, überhaupt Opfer zu werden – das ist gemeint, wenn von „Opferschutz" die Rede ist. Es geht nicht darum, „Opfer" zu „schützen", sondern es geht darum, Menschen davor zu bewahren, Opfer anderer Menschen zu werden.

Der Mensch ist ein Wolf für den Menschen (Homo homini lupus est) – diese Erkenntnis des Thomas Hobbes aus dem englischen Bürgerkrieg markiert den Urgrund dafür, dass Menschen zu Opfern werden können. Und Menschen wirksam davor zu schützen, Opfer der Gewalt, der Aggression und der Willkür anderer Menschen zu werden, ist, vor aller juristischen grundgesetzlichen Einzelerörterung, unzweifelhaft eine Staatsaufgabe des modernen mitteleuropäischen Staates der Neuzeit – und kein „Nice-to-have", das die Politik machen oder sein lassen kann.

4. Das Grundrecht auf Sicherheit und die staatliche Schutzpflicht

Im demokratischen Verfassungsstaat des Grundgesetzes besitzt nur der Staat das Monopol der legitimen physischen Gewaltausübung. Notwehr und Nothilfe sind zwar selbstverständlich erlaubt, es gibt aber keine „privat-natürlichen", sondern nur gesetzlich zugewiesene und genau beschriebene Selbstverteidigungs- und Hilferechte.

Aus dem staatlichen Gewaltmonopol erwächst auf der anderen Seite die Verpflichtung des Staates, Rechte und Rechtsgüter der Bürger wirksam zu schützen. Sicherheit ist als Wert mit Verfassungsrang anerkannt. Deshalb ist es unzulässig, die Frage der Sicherheit und des Schutzes der Bürger (nur) als Aspekt rechtspolitischer Opportunität und (tages- bzw. partei-)politischen Ermessens einzuordnen.

Am Schutz des Lebens und der Gesundheit von Menschen besteht ein besonderes öffentliches Interesse. Der Staat hat die Pflicht, Nichtstörer vor Störern polizeilich zu schützen und dabei auch ein wirksames gesetzliches Sanktionen- und Zwangsinstrumentarium durchzusetzen. Bei Vorliegen einer staatlichen Schutzpflicht kann es zu einer Ermessensreduzierung auf null kommen, etwa in dem Fall, dass der finale polizeiliche Rettungsschuss das einzig erfolgversprechende Mittel ist, Leben und Gesundheit der Geisel eines Täters zu retten (§ 63

Abs. 2 PolG NRW). Weshalb SPD-dominierte Mehrheiten im Landtag NRW jahrzehntelang die gesetzliche Regelung des Todesschusses im Polizeigesetz NRW (bis 2010) verhinderten, obwohl die Vorschrift lediglich die verfassungsrechtliche Rechtslage wiedergibt, ist, vor diesem Hintergrund, auch heute noch gänzlich unverständlich.

Das Recht muss niemals dem Unrecht weichen. Der Staat muss die rechtmäßige Rechtsausübung schützen und die rechtswidrige Aggression wirksam bekämpfen. Die Polizei hat Nichtstörer zu schützen und Gefahren, die von Störern ausgehen, abzuwehren und die Störer ggf. unschädlich zu machen, bevor eine Rechtsgutverletzung eintreten, ein Mensch also zum Opfer eines anderen Menschen werden kann.

In Einzelfragen kann es zu schwierigen Grenzziehungen kommen, auch zu gegenläufigen Ansichten, bei denen es mitunter keine Verständigung zwischen den Vertretern verschiedener rechtsphilosophischer und staatsrechtlicher Lager gibt: Darf der Parlamentsgesetzgeber ausdrücklich regeln, unter welchen Voraussetzungen ein polizeilicher oder militärischer Einsatzleiter den Befehl zum Abschuss eines Flugzeugs geben darf, wenn Entführer drohen, die Maschine in dicht bewohntes Gebiet oder gar ein vollbesetztes Fußballstadion abstürzen zu lassen? Durfte die Frankfurter Polizei dem furchtbaren Kindesentführer und Mörder Gäfgen als einziges in Betracht kommendes und letztes Mittel die Zufügung körperlichen Zwangs androhen, um ihn zu zwingen, den von ihm geheim gehaltenen Aufenthaltsort des entführten Kindes zu offenbaren, und so den letzten Versuch unternehmen, das Leben des entführten Kindes zu retten?

5. Themenbereich parlamentsgesetzliches Schutzniveau

Klassische einfachgesetzliche Schutznormen sind die Eingriffsgesetze des allgemeinen und besonderen Eingriffs- und Überwachungsrechts. Im Zentrum stehen die speziellen Eingriffsgrundlagen und die polizei- und ordnungsrechtlichen Generalklauseln. Danach sind Polizei und Ordnungsbehörden verpflichtet, Gefahren zu bekämpfen und Störungen zu beseitigen. Sie verfügen zur Durchsetzung ihrer Anordnungen über Zwangsrechte, bis hin zum Schusswaffengebrauch durch die Polizei.

Daneben gibt es aber zahlreiche weitere Schutzrechtsbereiche und Schutznormen, die auch und gerade zum Ziel haben, zu verhindern, dass Menschen zu Opfern werden. Auch beispielsweise Art. 16a Abs. 2 GG lässt sich als parlamentsgesetzliche Schutzvorschrift begreifen, denn diese Vorschrift hat zum Ziel, die deutsche Bevölkerung vor unkontrolliertem und in Teilen gefährlichem Zuzug von Ausländern zu schützen.

Nach dieser Vorschrift, in Verbindung mit dem ursprünglichen sog. Dublin-Asylsystem der Europäischen Union, ist Deutschland von sicheren Drittstaaten umgeben. Sogenannte humanitäre Zuzugsrechte außerhalb etwa regulärer Arbeitsmigration und visagestützter legaler Einreisen sollen grundsätzlich ausgeschlossen werden, bis hin zu der detaillierten Regelung der sofortigen Rückführung bei Einreiseversuchen auf dem Luftweg. Sinn der Regelung ist, nur legale und kontrollierte Zuwanderung nach Deutschland gelangen zu lassen. Ohne Zweifel sind damit auch Sicherheitsinteressen der deutschen Bevölkerung verbunden, neben dem Zweck der Verhinderung von „unkontrollierter Zuwanderung in die deutschen Sozialsysteme", wie insbesondere die CDU/CSU als maßgebliche politische Kraft hinter dem sog. „Asylkompromiss" Anfang/Mitte der 1990er-Jahre immer betont hat.

Obwohl das Bundesverfassungsgericht Art. 16a Abs. 2 GG und die Ausführungsvorschriften dazu verfassungsrechtlich umfangreich prüfte und für verfassungsrechtlich zulässig befand (BVerfGE 94, 49 ff., 115 ff., 166 ff.), wurden sie von der CDU-Bundeskanzlerin Merkel spätestens ab dem 4. September 2015 in einer Aktion, die auch von manchen Staatsrechtslehrern als „staatsstreichartig" bezeichnet wurde, faktisch außer Kraft gesetzt. Merkel ließ damals Flüchtlinge, die in Ungarn sicher waren, und weitere Flüchtlinge, die sämtlich in einem sicheren Drittstaat der EU kein Zuzugsrecht nach Deutschland hatten, aktiv mit der Deutschen Bahn nach Deutschland holen, entgegen Art. 16a Abs. 2 GG und dem Dublin-Regime der Verteilung der illegal Eingereisten bzw. Asylsuchenden. Wirksame dauerhafte Grenzkontrollen durch die personalstarke Bundespolizei als dem ehemaligen „Bundesgrenzschutz" finden seitdem nicht mehr statt, es sei denn, das Bundesinnenministerium bequemt sich für kurze Zeiträume dazu, etwa bei der sog. Corona-Pandemie und bei der Europameisterschaft im Fußball im Juni 2024. Ob die grundgesetzlichen strengen Vorgaben zu dem sog. Flughafenverfahren von den deutschen Behörden eingehalten werden, ist dem Verfasser nicht bekannt; jedenfalls können diese leicht durch eine Einreise auf dem Landweg umgangen werden. Das Dublin-Verfahren zur Rücküberstellung in das Land der ersten Einreise, von Deutschland vor Jahrzehnten in der EU durchgesetzt, wird von manchen EU-Mitgliedstaaten nicht mehr eingehalten; ansonsten schaffen es die deutschen Behörden dem Vernehmen nach (im Sommer 2024) teils nicht mehr, die ausreisepflichtigen Ausländer zu überstellen.

Eine gesellschaftspolitische oder gar juristische Diskussion um die fortwährende Missachtung des Art. 16a Abs. 2 GG in der Staatspraxis wird seitens der vier etablierten Parteien SPD, CDU/CSU, FDP und Grüne sorgfältig vermieden, von den recht neuen Parteien AfD und BSW jedoch eingefordert. Aus der Politik wird im Sommer 2024 sogar unverhohlen die Auffassung vertreten, die Hälfte der unkontrolliert Einreisenden „verdient unseren Schutz" – die Aussage steht in klarem Gegensatz zur grundgesetzlichen Rechtslage und zu den gigantisch hohen Sozialausgaben für die unkontrollierte Migration Nichtqualifizierter in die deutschen Sozialsysteme.

Nicht überraschen können daher die hohen Stimmenanteile der politischen „Newcomer" AfD und BSW bei den Bürgerinnen und Bürgern, zuletzt bei der Europawahl 2024. Mittelfristig dürften die Stimmengewinne der migrationskritischen Parteien auf der rechten und linken Seite des politischen Spektrums dafür sorgen, dass es den vier etablierten Parteien CDU/CSU, SPD, FDP und Grüne nicht gelingen wird, die für eine Grundgesetzänderung des Art. 16a GG notwendige Zweidrittelmehrheit zusammenzubekommen. Dafür setzen diese Parteien seit spätestens September 2015 die Vorschrift samt den Ausführungsvorschriften des einfachen Rechts faktisch außer Kraft und laden aktiv jeden weltweit ein, in die deutsche Sozialsysteme „einzuwandern".

Die illegale Migration findet vor allem aus Bürgerkriegsländern statt, in denen der Islam faktisch oder gar offiziell Staatsreligion und eine Trennung von Staat und Gesellschaft unbekannt ist.

Seit Jahrzehnten ist die sog. „Kettenmigration" bekannt und in der Migrationsliteratur ausführlich beschrieben: Vor allem junge widerstandsfähige Männer werden nach Deutschland „vorgeschickt", unter Zahlung hoher Bargeldsummen an Schleuser, um dann weitere Personen qua Heirat und Familiennachzug „nachzuziehen". Auch hinsichtlich des Letzteren wurden im Aufenthaltsgesetz und sogar im Asylgesetz die juristischen Hürden immer weiter abgesenkt, bis hin zum Nachzug in die Sozialhilfe. Junge Männer sind häufig emotional wenig stabil und „sittlich wenig gefestigt", wie man früher sagte. Sie sind für die Parolen des radikalen Islam ebenso besonders anfällig wie für die Verlockungen des schnellen Geldes durch organisierte Kriminalität und weitere Straftaten wie aggressive Messertaten, Vergewaltigungen aufgrund eines archaischen Frauenbildes etc. Die Hoffnungen auf Integration in die deutsche liberale Gesellschaftsordnung haben sich bei vielen dieser Leute nicht erfüllt. Die Integration ist viel schlechter als z. B. bei den sog. „Gastarbeitern" und ihren Kindern in den 1960er- und 1970er-Jahren. Angesichts der hohen Geburtenraten werden die Probleme, die daraus entstehen, immer drängender.

Statt die Zuwanderung zu kontrollieren und zu begrenzen, gaukeln Teile der Politik der Bevölkerung in Deutschland vor, negative Aspekte wie die Zunahme von Kriminalität durch bestimmte Gruppen von Asylbewerbern und sonst rechtsgrundlos eingereisten Personen könnten gleichsam durch nachträgliche Korrekturen wie die sofortige Abschiebung von Straftätern oder sogar Störern ausgemerzt oder abgemildert werden.

Diese leicht zu durchschauenden Mechanismen versuchten auch der Bundeskanzler und die Bundesinnenministerin im oben geschilderten Fall der Ermordung des Polizeibeamten Rouven L. zur Anwendung zu bringen.

Nachdem öffentlich wurde, dass der afghanische Attentäter Sulaiman A. angeblich ohne Visum bzw. Aufenthaltsrecht arbeitslos, aber mit Familie in Deutschland leben soll, beeilte sich die offizielle Berliner Regierungspolitik, Anstrengungen zu dokumentieren, den Täter möglichst rasch in sein Herkunftsland Afghanistan abzuschieben – was völkerrechtlich und ausländerpraktisch u. a. eine entsprechende Kooperation des Taliban-Regimes in Kabul voraussetzt.

Jedoch ist Art. 16a Abs. 2 GG von dem Gedanken getragen, dass es angesichts des gesellschaftlichen Phänomens der sog. „humanitären Rückführungshemmung" der reichen europäischen Gesellschaften, der verbreiteten Identitätsverschleierung der rechtsgrundlos Einreisenden und der ebenso verbreiteten Rücknahmeunwilligkeit vieler Herkunftsstaaten entscheidend ist, die Leute gar nicht ins Land zu lassen. Abschiebungen können leicht durchkreuzt werden, zumal es mittlerweile zahlreiche Rechtsanwälte gibt, die auf den entsprechenden migrationsrechtlichen Fachgebieten bestens spezialisiert sind. Den Ausländerbehörden ist es in der Regel aus einem Bündel von Gründen gar nicht möglich, vollziehbar ausreisepflichtige oder gar ausgewiesene Ausländer abzuschieben, was von Teilen der Politik zu allem Überfluss dann auch noch zu einem Vorwurf an diese Behörden umgemünzt wird.

Dass Abschiebungen in vielen Fällen an den Herkunftsländern scheitern oder aus anderen Gründen trotz gesetzlicher Ausreisepflicht nicht vollzogen werden können, wird seitens der aktuellen „Mainstream-Politik" weitgehend totgeschwiegen und missachtet, wobei nochmals zu konstatieren ist, dass die einfachgesetzlichen Änderungen des Aufenthaltsgesetzes zur nachträglichen Erlangung von Aufenthalts- und Niederlassungserlaubnissen (sog. „Systemwechsel") und die hohen voraussetzungslosen Sozialleistungen zusätzliche Wanderungs- und Bleiberechtsanreize begründen. Helfen könnte die von den Briten bereits praktizierte Abschiebung in Drittstaaten – was vermutlich aber genau deswegen von Teilen der Grünen, der SPD, der Kirchen und des sozioindustriellen Komplexes (der von Armutsmigration finanziell profitiert) entschieden abgelehnt wird.

6. Themenbereich eingriffsbehördliches Schutzniveau

Von den Rechtsgrundlagen der Gefahren- und Störungsvermeidung und -bekämpfung zu unterscheiden ist der Komplex der eingriffsbehördlichen Maßnahmen zur Umsetzung der verfassungsrechtlichen Schutzpflicht des Staates.

Der oben geschilderte Fall des Mannheimer Messermörders gibt Anlass, hierzu einige exemplarische Punkte anzusprechen.

Kritik am Islam ist grundsätzlich erlaubt, soweit es sich bei entsprechenden Meinungsäußerungen nicht um Straftaten handelt, wobei die strafrechtliche Bewertung insoweit auch stets im Lichte der überragenden Bedeutung der Meinungsäußerungsfreiheit (Art. 5 Abs. 1 GG) zu treffen ist.

Entsprechende rechtstreue Versammlungen sind seitens der Polizei zu schützen. Die Polizei trifft u. a. die Pflicht, im Vorfeld von angezeigten Versammlungen Gefährdungsanalysen zu möglichen Gegendemonstranten und Störern anzustellen. Der Kräfteeinsatz ist entsprechend zu disponieren, ggf. müssen starke Kräfte der Bereitschaftspolizei zum Schutz der Versammlung eingeplant werden. § 13 Abs. 3 VersG NRW bestimmt insoweit mit großer Deutlichkeit:

> „Geht eine unmittelbare Gefahr für die öffentliche Sicherheit von Dritten aus, sind Maßnahmen der Gefahrenabwehr gegen diese zu richten. Kann dadurch auch unter Heranziehung von landes- oder bundesweit verfügbaren Polizeikräften eine unmittelbare Gefahr nicht abgewehrt werden, dürfen Maßnahmen nach den Absätzen 1 oder 2 (scil.: Verbot oder Beschränkung der Versammlung) auch zulasten der Versammlung ergriffen werden, von der die Gefahr nicht ausgeht. Ein Verbot oder die Auflösung dieser Versammlung setzt Gefahren für Leben oder Gesundheit von Personen oder für Sachgüter von erheblichem Wert voraus."

Polizeiliche „Taktiken" oder „Strategien", die darauf setzen würden, „Eskalationen" zu vermeiden, indem die versammlungsrechtliche Grundrechtsausübung von Nichtstörern verboten oder beschränkt würde, weil die Gruppe der Störer zu aggressiv und zu „stark" erscheint, als dass polizeilich wirksam gegen sie vorzugehen wäre, sind rechtswidrig und verboten. § 13 Abs. 3 VersG NRW stellt insofern die Verfassungsrechtslage dar. Die Vorschrift legt der Polizei eine klare Pflicht zur

Kräfteplanung und zum Kräfteeinsatz auf. Fehlt es daran, fehlt es am erforderlichen Schutz der Versammlung oder wird diese gar entgegen § 13 Abs. 3 VersG NRW aus Gründen polizeilicher „Opportunität" als Nichtstörer faktisch zum Störer gemacht und Gegenstand polizeilichen Eingriffshandelns, ist das polizeiliche Verhalten rechtswidrig.

An dieser Stelle kann und soll natürlich keine einsatzfachliche Bewertung der Vorgänge erfolgen, die auf den im Internet verbreiteten Videos zu dem Mord an Rouven L. zu sehen sind. Auffällig ist aber, dass die am Tatort eingesetzten bzw. anwesenden Polizeibeamten wenig Orientierung zu haben scheinen, von wem der Messerangriff ausgeht und wer die Veranstalter bzw. Ordner der Versammlung und die Angriffsziele des Attentäters bzw. dann die Opfer sind. Dass es sich bei Stürzenberger um eine bundesweit bekannte und auch umstrittene Person handelt, die möglicherweise des besonders intensiven Schutzes vor fanatischen, radikalisierten Moslems mit Bereitschaft zur Verübung von Mord und Totschlag bedurfte, kommt auf den Videoaufnahmen eher nicht zum Ausdruck. Von einer Abstimmung oder Kooperation der Polizeibeamten mit dem Veranstalter oder Ordnern ist nichts zu sehen.

Dass der Gewerkschaftsvorsitzende Wendt sogar noch nach der schrecklichen Tat eine Art Gleichsetzung von Stürzenberger und dem Mörder vornahm, indem er für beide den Begriff „Extremist" verwendete, mag eine Art Indiz dafür sein, dass auch in der Polizei in Deutschland selbst grundsätzliche Fehlvorstellungen über die Verpflichtungen der Polizei zum Schutz rechtstreuer Versammlungen und damit eine grundgesetzlich grundsätzlich verfehlte Sichtweise und Rechtsauffassung herrschen könnten.

Was auf den veröffentlichten Filmaufnahmen zu sehen ist, sind Abläufe, die sicher nicht der guten einsatzfachlichen Lehre entsprechen. Es ist aufgeregtes, unkoordiniertes Verhalten zu sehen, auch Weglaufen vom Tatort, panisches Schreien auch aus der Polizei ist zu hören. Der getötete Polizist, der irrtümlich einen Nichtstörer zu Boden gebracht hat, gibt seine Rückseite preis, ohne dass die anderen anwesenden Polizeibeamten ihn sichern. Angesichts dessen, dass in der polizeilichen Aus- und Fortbildung intensive Unterweisungen zum Umgang mit Messertätern erfolgen, erscheint der Schusswaffeneinsatz auch unabhängig von dem entsetzlichen Ausgang des Geschehens als möglicherweise zu spät erfolgt.

7. Zum elenden Stand des Diskurses über angeblichen „Opferschutz" auf dem Felde schwerster islamistischer Straftaten in Deutschland

Der Mannheimer Messermord hätte unter dem Gesichtspunkt des Schutzes der Menschen in Deutschland davor, Opfer einer schweren Gewalttat zu werden, Anlass geboten, folgende Punkte sofort offen zu erörtern:

- Die sofortige Wiedereinführung der Beachtung der Regelungen des Art. 16a Abs. 2 GG.
- Die Frage, ob und warum das Gewaltpotential des Täters nicht vor der Tat in den Fokus der Sicherheitsbehörden gelangt ist, um die Tat zu verhindern.
- Die Frage, ob die Gefährdung der Versammlung durch die Mannheimer Polizei vorab zutreffend eingeschätzt worden ist.
- Die Frage, ob Eigensicherungsaspekte der am Einsatz beteiligten Polizeibeamten vorgabenkonform berücksichtigt worden sind.
- Allgemein die Frage, ob die deutsche Gesellschaft ein generell höheres Gefährdungsniveau durch immer mehr islamistisch fanatisierte, teils mutmaßlich gänzlich verwirrte, aber extrem gewaltbereite Personen mit „Migrationshintergrund" hinnehmen muss oder hinnehmen soll.

Keine dieser Fragen wurde im Sommer 2024 indes in den Medien und im politischen „Mainstream" offen diskutiert oder auch nur angeschnitten (Stand: Juni 2024).

Erkennbar war das Bemühen, jede Diskussion über die grundgesetzwidrige faktische Preisgabe der Grenzen und über ein wirksames Zuzugsregime zu vermeiden. Gleiches gilt für eine Erörterung des polizeilichen Handelns vor dem Einsatz und in dessen Verlauf. Jeder,

der, auch aus Gründen des Schutzes der Polizeibeamten, eine sofortige fachliche und rechtliche Bewertung verlangte, wurde als pietätloser „Besserwisser" und als eine Art „Feind der Polizei" geschmäht. Dabei ist es Aufgabe aller Polizeiführungen in Bund und Ländern, durch sofortige sorgsame Analyse des Mannheimer Geschehens alles zu tun, um weitere Schäden an Leben und Gesundheit von Polizeibeamten möglichst zu verhindern.

Das stärkste Tabu wurde – wie immer in derartigen Situationen – über die gesellschaftspolitische Frage gelegt, wie groß das religionsimmanente Aggressionspotential des Islam tatsächlich ist, und wie dieses im Interesse eines gedeihlichen, gewaltfreien Zusammenlebens in Deutschland möglicherweise gesenkt und in die Verfassungsordnung einbezogen werden kann.

Tabus sind errichtet, und Tabus werden weiter eisern aufgezwungen und durchgesetzt. Deutschland – jedenfalls die großen, tonangebenden Parteien und die sie unterstützenden Medien – will gar nicht diskutieren, was die Ursachen für die Tat des Mannheimer Messermörders sind, und was getan werden muss, um das Gewalt- und Risikopotential des radikalen Islam zu senken. Es hat nicht den Anschein, als nehme die muslimische Radikalisierung in Deutschland in Zahl und Intensität ab – das Gegenteil scheint der Fall. Deutschland weigert sich, dies offen zu diskutieren, „Islam-Appeasement" war und ist weiter angesagt. Für den „Opferschutz" sieht es insofern nicht gut aus. Weitere schändliche Taten wie der Mannheimer Messermord sind leider zu erwarten.

Opferschutz im Recht – ein Torso?

von Jens Gnisa

Kein Zweifel: Es hat sich vieles verbessert, auch wenn der Opferschutz erst spät im Recht angekommen ist. Die Zeiten, in denen Opfer einer Straftat dem Angeklagten vollkommen ungeschützt auf dem Gerichtsflur begegneten, keine gesicherten Informationen über den Verfahrensablauf und keinen Beistand erhielten, sind zum Glück vorbei. Auch wenn das Opfer als solches erst spät von der Rechtspraxis ‚entdeckt‘ wurde, haben seither eine Vielzahl von Regelungen die Stellung des Verletzten im Recht verbessert. Besondere Fortschritte brachte etwa das 3. Opferrechtsreformgesetz aus dem Jahr 2015 mit erweiterten Informationsrechten des Verletzten und der psychosozialen Prozessbegleitung oder zuletzt die Überführung des sozialen Entschädigungsrechts für Opfer von Gewalttaten in das SGB XIV mit echten Verbesserungen wie etwa den „Schnellen Hilfen". Und trotzdem: Noch immer hat man auch als langjähriger Justizpraktiker das Gefühl, das Kräfteverhältnis zwischen Staat, Angeklagten und Verletzten ist noch immer nicht hinreichend austariert. Nach wie vor ist das Strafrecht schon von seiner Aufgabe her täterzentriert. Es ist allerdings für das Recht auch nicht einfach. *Den* Verletzten schlechthin gibt es nicht. Während das Interesse der Angeklagten – Freispruch oder wenigstens milde Strafe – im Regelfall annähernd gleich ist, ist dies bei den Verletzten eben nicht der Fall. Es gibt Verletzte, die auf eine harte Strafe drängen – anderen wiederum ist das eher unwichtig und bei ihnen steht im Vordergrund, dass ihnen geglaubt wird. Manch Verletzter möchte gerade dem Angeklagten im Sitzungssaal begegnen und ihn so mit den Folgen der Straftat konfrontieren – andere wollen auf keinen Fall mit dem Angeklagten zusammentreffen oder sind in Sorge, er werde sich rächen. Auf diese Bandbreite reagiert das Recht, indem den Verletzten Optionen an die Hand gegeben werden. Sicher, die Zeugenaussage ist eine Pflicht – aber die Beteiligung als Neben- oder Adhäsionskläger, das Stellen eines Entschädigungsantrags, die Akteneinsicht oder die psychosoziale Prozessbegleitung sind nur Handlungsmöglichkeiten des Verletzten. Ob er diese Rechte wahrnimmt, bleibt ihm unbenommen. Der Verletzte muss also aktiv werden. Aber ist ihm das möglich?

Belehrungen der Opfer

Die nahezu unüberschaubare Vielzahl von Rechten und Hilfsangeboten macht es erforderlich, ausreichend belehrt und vielleicht sogar ein Stück weit navigiert zu werden. Die Belehrungen der Verletzten sind teils gesetzlich geregelt, etwa in § 34a Abs. 4 PolG NRW, vor allem aber in §§ 406i und 406j StPO. Die Belehrungen erfolgen in der Regel durch die Polizei und schriftlich. Allerdings wird die Überforderungssituation des Verletzten in der Praxis häufig nicht hinreichend beachtet, auch wenn bei der Polizei Opferschutz etwa durch besonders geschulte Beamte deutlich aufgewertet wurde. Nicht selten stehen die Verletzten noch unter dem Eindruck der Straftat und können psychisch oftmals ihre Lage noch gar nicht hinreichend erfassen oder gar bereits über die Geltendmachung von Rechten nachdenken. Diese Situation sieht auch der Gesetzgeber, weshalb er die schriftliche Belehrung als Regelfall vorsieht. Dem kommt die Polizei nach, indem dem Verletzten Merkblätter – in NRW etwa das Merkblatt für Opfer einer Straftat, „Das Adhäsionsverfahren. 2 in 1", oder die Opferfibel – ausgehändigt werden. Schaut man sich aber die Opfer an, dann ist eben nicht gewiss, ob sie tatsächlich die Belehrungen auch hinreichend verstehen können. Sprachbarrieren, Schwierigkeiten, einen längeren schriftlichen Text überhaupt zu erfassen, oder nach wie vor Scham stellen sich in der

Praxis immer wieder als nahezu unüberwindbare Hindernisse bei der aktiven Wahrnehmung der Rechte dar. Gelegentlich arbeiten die mit Opferschutz betrauten Polizeibeamten hier nach, indem sie etwa von sich aus im Fall der Einwilligung noch einmal auf Verletzte zutreten. Ob dies tatsächlich geschieht, scheint aber oftmals eher zufällig. Deshalb ist es dringend geboten, nach der zügigen Erstbelehrung durch die Polizei noch einmal mündlich strukturiert nachzuarbeiten. Hierzu bietet es sich zunächst an, eine Stelle zu schaffen, die absolut gesichert auf die Verletzten zutritt und ein mündliches Gespräch einige Zeit nach der Tat anbietet. Ob diese Stelle innerhalb der Polizei angesiedelt wird, bei einer anderen Behörde oder durch freie Einrichtungen wahrgenommen wird, erscheint nachrangig. Wichtig ist, dass hier wirklich alle Verletzten erreicht werden, die dies wünschen. Zudem sollten alle Opfer einer bedeutenden Straftat angesprochen werden, die dies zumindest nicht abgelehnt haben. Dabei könnte auf den Katalog des § 395 StPO – also die zur Nebenklage berechtigten Personen – abgestellt werden. Gerade über eine zwingende Mündlichkeit eines solchen Gesprächs würden zahlreiche Verletzte erreicht werden, die sich im jetzigen System nicht hinreichend zurechtfinden.

Nebenklage gegen Jugendliche

Ein wichtiges Instrument, die Opfer einer Straftat ‚auf Augenhöhe‘ mit dem Angeklagten zu bringen, ist die Nebenklage. Doch diese ist gegen Jugendliche nur sehr eingeschränkt möglich. In § 80 Abs. 3 JGG ist die Nebenklage nur dann eröffnet, wenn ein Verbrechen gegen das Leben, die körperliche Unversehrtheit, die sexuelle Selbstbestimmung oder einige weitere ausgewählte Delikte vorliegt. Begründet wird diese Einschränkung damit, dass Jugendliche vor der konfrontativen Situation, die durch die Nebenklage entstehen kann, geschützt werden sollen (vgl. Mertens in Bialas, Opferschutz, 73). Gerade hier ist es aber für die pädagogische Einwirkung auf den Jugendlichen besonders wertvoll, sich mit den Folgen der Tat durch eine Anwesenheit des Opfers in der Hauptverhandlung auseinanderzusetzen. Die Rolle der Nebenkläger ist aus der Sicht der Justizpraxis auch oft eine andere, als der Gesetzgeber zu glauben scheint. Nur selten steht für die Nebenkläger eine möglichst hohe Bestrafung im Zentrum ihres Interesses. Sie wollen oft zunächst einmal verstehen, warum sie überhaupt Opfer der Straftat wurden. Sie möchten, dass man ihnen glaubt, und sie fragen sich, wie zukünftig gleichgelagerte Taten verhindert und sie selbst das Gefühl von Sicherheit wieder zurückerlangen können. Diese Motive zu erfassen, ist auch pädagogisch zur Besserung der Jugendlichen wichtig. Umgekehrt ist es für die Opfer von Straftaten oft nicht einsichtig, warum die Nebenklage gegen Jugendliche ausgeschlossen ist. Denn das Alter des Täters spielt für die Folgen der Tat auf ihrer Seite keine Rolle. Der Gesetzgeber sollte deshalb die Nebenklage gegen Jugendliche vollumfänglich zulassen. Möglichen Missständen kann mit der Verhandlungsführung des Vorsitzenden begegnet werden.

Konzentration der Vernehmungen

Noch nicht wirklich vorangekommen sind die Strafverfolgungsbehörden bei der Frage, wie Mehrfachvernehmungen von Opfern vermindert werden können. Die jetzige Regelung hat aus Sicht des Opferschutzes Mängel. Allerdings gibt es Fortschritte. Um schwerwiegende Nachteile von dem Zeugen abzuwenden, kann das Gericht anordnen, dass ein Zeuge sich während der Vernehmung an einem anderen Ort aufhält und die Aussage zeitgleich in Wort und Bild in den Sitzungssaal übertragen wird (§ 247a StPO). Diese Vorschrift und die mit ihr verbundene Trennung von Vernehmungszimmer und Sitzungssaal schafft eine mentale Entlastung des Opferzeugen und wird von der Praxis begrüßt. Eigentliches Ziel sollte es aber sein, die Belastung des Zeugen durch eine einzige Vernehmung, die dann in der Hauptverhandlung verwandt werden kann, auf das Mindestmaß zu konzentrieren. Zentral geht es hier nun um die Normen §§ 58a, 255 a StPO. § 58a StPO regelt, in welchen Fällen und von wem der Zeuge in Bild und Ton zu vernehmen ist. Insbesondere soll dies geschehen, wenn schutzwürdige Interessen von Personen unter 18 Jahren verletzt worden sind oder

Kinder und Jugendliche durch eine gravierende Straftat im Sinn des in § 255a Abs. 2 StPO aufgeführten Katalogs verletzt wurden. Um einen höheren Beweiswert zu erreichen, hat die Vernehmung bei Delikten gegen die sexuelle Selbstbestimmung per Bild-Ton-Aufzeichnung durch den Ermittlungsrichter zu erfolgen. Diese Muss-Vorschrift gilt für alle Altersgruppen in den genannten Fällen (Schmitt in Meyer-Goßner, StPO, 67. Aufl., § 58a Rdn. 8a). § 255a StPO regelt demgegenüber die Ersetzung der Vernehmung des Zeugen in der Hauptverhandlung durch das Vorspielen der Bild-Ton-Aufzeichnung und knüpft dabei an die Fälle des § 58a StPO an. Über die in § 58a Satz 1 Nr. 1 StPO genannten Fälle hinaus – also dort, wo Minderjährige betroffen sind – ist eine Ersetzung der Zeugenaussage durch das Vorspielen der Bild-Ton-Aufzeichnung nur bei einer Straftat gegen die sexuelle Selbstbestimmung (§§ 174–184 k StGB) möglich. Dieser Ausschnitt scheint deutlich zu eng. Es sollte deshalb erwogen werden, § 255a StPO auch für volljährige Zeugen über die in § 255a Abs. 2 StPO genannten Sexualstraftaten hinaus moderat zu erweitern. Davon einmal abgesehen, findet die Vorschrift in ihrer jetzigen Konzeption selbst bei minderjährigen Zeugen im Sexualstrafbereich kaum Anwendung. Anträge nach § 58a StPO werden selbst bei großen Amtsgerichten nur sehr selten gestellt; oftmals bewegt sich die Zahl jährlich im einstelligen Bereich. Selbst wo eine Vernehmung nach § 58a StPO durchgeführt wurde, kommt es noch seltener wirklich zu einer Ersetzung der Vernehmung in der Hauptverhandlung. § 255a StPO ist bewusst als Kann-Vorschrift angelegt, da die Beweiswürdigung letztendlich Sache der Richter in der Hauptverhandlung ist. Ihnen möchte der Gesetzgeber nicht vorschreiben, sich nur auf die Bild-Ton-Aufzeichnung zu beschränken und von einer persönlichen Vernehmung des Zeugen Abstand zu nehmen. Deshalb besagt Abs. 2 Satz 4 auch ausdrücklich, dass eine ergänzende Vernehmung des Zeugen durch das Gericht zulässig ist. Die Krux liegt darin, dass die Vernehmung nach § 58a StPO durch den Untersuchungsrichter im Ermittlungsverfahren erfolgt, andere Richter aber in der Hauptverhandlung über den Schuldspruch zu entscheiden haben. Letztere sehen – insbesondere in konfrontativen Situationen –

nur ungern von ihrem eigenen persönlichen unmittelbaren Eindruck ab. Eine Lösung könnte hier sein, im Ermittlungsverfahren auf eine Vernehmung nach § 58a StPO zu verzichten und stattdessen die Möglichkeiten der Vernehmung durch den beauftragten Richter – also ein Mitglied des erkennenden Gerichts – über die Eröffnung der Videovernehmung zu erweitern. § 223 StPO, der die Vernehmung durch den beauftragten Richter erfasst, ist sehr eng gefasst. Bisher geht es darum, dass für den Zeugen letztendlich nicht zu beseitigende Hindernisse für sein Erscheinen in der Hauptverhandlung entgegenstehen; die mit der Zeugenvernehmung verbundenen besonderen psychischen Belastungen zählen regelmäßig nicht dazu. Zeugenschutzaspekte spielen also bisher hier kaum eine Rolle. Es ist aber wenig einsichtig, warum über den Ermittlungsrichter im Rahmen der §§ 58a, 255a StPO wenigstens in engen Grenzen die Möglichkeit der ersetzenden Videovernehmung eröffnet wird, nicht aber bei gleichen Fallkonstellationen der Kammer selbst über den beauftragten Richter. Der Unmittelbarkeitsgrundsatz wäre jedenfalls durch die Vernehmung über den beauftragten Richter deutlich weniger eingeschränkt als durch den nicht der Kammer angehörenden Untersuchungsrichter. Eine solche Vernehmung in einem späteren Verfahrensabschnitt hätte auch den Vorteil, dass der Verteidigung die Beurteilung der Beweissituation besser möglich ist und Fragen eher geklärt werden können als bereits im Ermittlungsverfahren.

Im Bereich der Beweisaufnahme gibt es ein weiteres Problem, das immer weiter nach vorne rückt: Die Anforderungen der Revisionsgerichte an die Beweiswürdigung der Tatrichter werden immer höher, obwohl die Beweiswürdigung eigentlich Sache der Tatrichter ist und die Revisionsgerichte nur auf Rechtsfehler hin prüfen. Beispielhaft erwähnt werden kann die Entscheidung des BGH 2 StR 354/20:

> „Lückenhaft ist die Beweiswürdigung, wenn sich das Tatgericht nicht mit allen wesentlichen, den Angeklagten belastenden und entlastenden Indizien auseinandergesetzt hat (vgl. BGH, Beschlüsse vom 28. Januar 2010 – 5 StR 524/09, NStZ-RR 2010, 152, 153, und vom 18. August 2009 – 5 StR 278/09, NStZ-RR 2009, 377). Die Urteilsgründe müssen erkennen lassen, dass das Tatgericht die für den Schuldspruch bedeutsamen Beweise erschöpfend gewürdigt, dass es die entscheidungserheblichen Umstände erkannt, in seine Überlegungen einbezogen und in eine umfassende Gesamt-

würdigung eingestellt hat; eine Beweiswürdigung, die Feststellungen nicht in Betracht zieht, welche geeignet sind die Entscheidung zu beeinflussen, oder naheliegende Schlussfolgerungen nicht erörtert, ist rechtsfehlerhaft (vgl. Senat, Beschluss vom 28. April 2020 – 2 StR 494/19, NStZ 2020, 693; BGH, Urteile vom 13. Juli 2016 – 1 StR 94/16, juris Rn. 9, und vom 27. März 2003 – 1 StR 524/02, NStZ-RR 2003, 206, 207)."

Für die Praxis bedeutet dies, dass gerade in Aussage-gegen-Aussage-Konstellationen regelmäßig die Vernehmung der Belastungszeugen allein nicht mehr ausreichend ist. Vielmehr verlangt die Rechtsprechung hier im Regelfall Ermittlungen zur Aussageentstehung. Zu klären ist, wie und warum es zur Anzeige kam, wie das Opfer das erste Mal ausgesagt hat, ob es Anzeichen für Einflussnahmen gab und es konstant ausgesagt hat. Dies wird sich häufig nur durch die Vernehmung von Polizisten, Erziehern, Lehrern und Nachbarn ermitteln lassen. Die Obergerichte sind dazu übergegangen, den erstinstanzlichen Richtern insoweit hohe Darstellungsanforderungen aufzuerlegen. Zum Nachteil der Opfer. Denn durch Umfeldermittlungen und die damit verbundene breite Offenlegung des Sachverhalts kommen die Opfer erneut unter Druck; alte Wunden reißen auf.

Die ständige Verkomplizierung des Rechts und die immer höheren Anforderungen an die Instanzgerichte haben Folgen, die sich auch in den Statistiken nachlesen lassen. Wurden in Deutschland im Jahr 2014 im Bereich der Strafrechtspflege vor den Landgerichten in 1. Instanz bei 9.132 Verfahren noch 2.573 an einem Hauptverhandlungstag erledigt (28,1 Prozent), so waren dies 2021 bei 9.917 Verfahren nur noch 1.947 (19,6 Prozent). Die Strafverfahren vor den Landgerichten in 1. Instanz verlängern sich auch von ihrer Dauer her; in NRW von 7,3 Monaten im Jahr 2014 auf 8,6 Monate im Jahr 2023 im Schnitt. Natürlich schlägt auch die lange Dauer der Verfahren auf die Opfer durch, die nicht zur Ruhe kommen können. Teilweise weichen die Staatsanwaltschaften im Hinblick auf die Überlastung der Strafkammern aus und klagen vor den Schöffengerichten an. Dies ist jedoch eine Beschleunigung zu einem hohen Preis. Denn hinter den Schöffengerichten steht im Gegensatz zu den Strafkammern eine Berufungsinstanz und damit eine neue Tatsacheninstanz mit Beweisaufnahme. Hier werden den Opfern dann doch oft Steine statt Brot gegeben. Es fragt sich, ob die Anforderungen an die Beweiserhebung durch die Obergerichte zu hoch geworden sind. Es sollte deshalb eine Fachdiskussion darüber eröffnet werden, ob sich nicht die revisionsrechtlichen Anforderungen an die Beweiserhebungen wieder senken lassen. In jedem Fall macht dies aber noch einmal deutlich, dass alles versucht werden sollte, Nachvernehmungen der Opfer zu vermeiden und die Zeugenaussage auf eine oder zwei Vernehmungen zu konzentrieren.

Adhäsionsverfahren

Der Entlastung von Opfern dient es nicht nur, Mehrfachvernehmungen zu verhindern, sondern natürlich erst recht, möglichst in einem einzigen konzentrierten Prozess alle Verfahrensgegenstände zu erledigen. Genau dies ist Sinn und Zweck des Adhäsionsverfahrens, das auch mittlerweile europarechtlich über Art. 16 der Richtlinie 2012/29/EU abgesichert ist. Demnach ist es verbrieft, dass innerhalb einer angemessenen Frist über Entschädigungsansprüche gegen den Täter auch im Strafverfahren entschieden wird. Im deutschen Recht ist dies Aufgabe des Adhäsionsverfahrens. Nach zahlreichen Reformen ist an den rechtlichen Regelungen zur Entschädigung selbst nichts mehr auszusetzen. Die Erforschung des Sachverhalts selbst ist für Opfer im Strafverfahren viel einfacher als im Zivilverfahren, da hier die Strafverfolgungsbehörden dem Amtsermittlungsgrundsatz unterworfen sind; eine Beweislastverteilung wie im Zivilrecht kennt das Recht hier demgegenüber nicht. Der Antrag selbst lässt sich einfacher und schneller formulieren. Es bestehen keine Auslagenvorschüsse für Zeugen und Sachverständige und das Kostenrisiko ist insgesamt deutlich geringer als im Zivilrecht (§ 472a StPO). Die Anwaltsgebühren sind mittlerweile auskömmlich. Es bestehen prozessual Möglichkeiten, ein Feststellungsurteil zu erhalten, Vergleiche abzuschließen und den Anspruch anzuerkennen. Das Verfahren zeichnet sich insgesamt durch hohe Flexibilität aus. Und trotzdem funktioniert es nicht. Bei 582.112 Strafverfahren, die 2021 vor den Amtsgerichten abgeschlossen wurden, kam es nur in 2.070

Fällen zu End- und in weiteren 199 Fällen zu Grundurteilen im Adhäsionsverfahren. Zudem wurden 1.464 Vergleiche abgeschlossen. Die Gesamtzahl der Adhäsionsverfahren liegt also nur bei unter 1 Prozent (Zahlen nach destatis, Fachserie 10, Reihe 2.3). Bei den Landgerichten liegen die Zahlen zwar etwas höher, erreichen aber auch hier keine 5 Prozent der Gesamtverfahren (vgl. Timm in Bialas, Opferschutz, 92). Die Ursachen dafür liegen weniger in einem mittlerweile sehr opferfreundlichen Recht, sondern in den psychologischen Umständen der Prozessführung. Für das Opfer geht es im Regelfall zunächst nicht um eine Entschädigung, sondern darum, dass ihm überhaupt geglaubt wird. Dazu muss es an der Sicherstellung der Beweise mitwirken und sieht sich der Belastung durch seine Zeugenaussage ausgesetzt. In dieser Situation schieben die Opfer ihre eigenen Ansprüche im Regelfall eher nach hinten; warten ab, wie das Strafverfahren ausgeht, ohne ein weiteres Streitfeld aufzumachen. Wird das Opfer anwaltlich beraten, ist natürlich die Frage der Adhäsion ein wichtiges Thema der Beratung – oft allerdings mit negativem Ausgang für die Adhäsion. Denn es besteht dann die Befürchtung, die Adhäsion, also der Anspruch auf Entschädigung, führe zu einer Einschränkung der Glaubwürdigkeit des Opferzeugen. In der Tat wird oft postwendend von der Verteidigung vorgebracht, dem Zeugen ginge es eben doch nur um Geld und weniger um die Wahrheit. In der Praxis spielt die Adhäsion deshalb in erster Linie nur dann eine Rolle, wenn eben nicht Aussage gegen Aussage steht, sondern der Sachverhalt als geklärt gelten kann und die Verteidigung in der Adhäsion eher die Chance sieht, mit der Regelung der zivilrechtlichen Ansprüche eine Strafmilderung zu erreichen. Gerade bei Sexualdelikten ist dies allerdings eher selten. Die grundsätzlich gute Idee des Gesetzgebers, den zivilrechtlichen Anspruch in den Strafprozess zu ziehen, darf also als weitgehend wirkungslos gelten. Das Opfer wird sehr häufig einen zweiten Anlauf in einem Zivilverfahren nehmen, sich eher Opferentschädigungsansprüchen nach dem SBG XIV zuwenden oder gar frustriert ganz auf mögliche zivilrechtliche Ansprüche verzichten. Der Gesetzgeber sollte an der anderen Seite ansetzen. Wenn es nicht funktioniert, den zivilrechtlichen Anspruch in das Strafverfahren zu ziehen, dann bestünde aber gleichwohl die Möglichkeit, die strafrechtlichen Feststellungen in das Zivilverfahren zu überführen und so eine weitere Beweisaufnahme zu vermeiden. Derartige Überlegungen gibt es in der Praxis bereits seit Längerem, sie sind aber immer wieder daran gescheitert, dass der Gesetzgeber doch eher über das Adhäsionsverfahren vorgehen wollte. Zudem würde es natürlich einen starken Eingriff in die freie Beweiswürdigung des Zivilrichters bedeuten, wenn er nun seinerseits an die strafrechtlichen Feststellungen seines Kollegen gebunden wäre. Die Reform müsste hier die Balance wahren. Deshalb wird an dieser Stelle vorgeschlagen, bei § 286 ZPO anzusetzen. Anbieten würde sich in § 286 Abs. 2 ZPO die folgende Formulierung:

„Das Gericht kann die tatsächlichen Feststellungen aus einer rechtskräftigen Entscheidung eines anderen Gerichts seiner Entscheidung ohne eine erneute Beweisaufnahme zu Grunde legen. Dies gilt nicht, wenn Gründe im Sinn des § 580 Nr. 2, 3, 5–8 ZPO in Bezug auf die Entscheidung des anderen Gerichts glaubhaft gemacht werden."

Eine solche Vorschrift zwingt den Zivilrichter nicht dazu, die Feststellungen zu übernehmen, wenn er im Zweifel ist. Er kann sie aber übernehmen, wenn er sie für überzeugend hält, ohne dass der Beklagte dagegen Einwendungen erheben kann. Der Grundsatz der freien Beweiswürdigung für den Richter bleibt also bestehen. Eine Ausnahme ist lediglich dann vorgesehen, wenn Restitutionsgründe glaubhaft gemacht werden, also wichtige Mindeststandards im vorausgegangenen Verfahren nicht eingehalten wurden. Das Opfer bekäme mit einer solchen Regelung eine weitere Option an die Hand. Es könnte sich nach wie vor für das Adhäsionsverfahren entscheiden. Tut es dies nicht, dann wird der Prozess im sich anschließenden Zivilverfahren vereinfacht, indem doppelte Feststellungen von Straf- und Zivilgericht weitgehend vermieden werden.

Anonymität des Aufenthaltsorts

Für bedrohte Personen und Opfer von Straftaten ist der zukünftige Schutz von besonderer Bedeutung. Oft muss der Aufenthaltsort gewechselt werden und unbedingt anonym bleiben, um ein wenigstens einigermaßen ungestörtes Leben beginnen zu können. Hier weist nun das FamFG gerade dann, wenn Mütter mit Kindern betroffen sind, eine Schwäche auf, die es unbedingt zu beseitigen gilt. Hat die Mutter mit den Kindern einen für den Vater unbekannten Aufenthaltsort bezogen, dann hat dieser die Möglichkeit, ein neues Verfahren auf Gewährung von Umgang zu beantragen. Ist noch kein Verfahren anhängig, dann ist nach § 152 Abs. 2 FamFG das Gericht des Ortes zuständig, an dem das Kind seinen gewöhnlichen Aufenthalt hat – also ausgerechnet am neuen Wohnort. Zwar haben die Gerichte Wege entwickelt, in diesen Fällen die genaue Adresse geheim zu halten, indem die Adresse in einem Sonderheft verwahrt wird, für das der Kindesvater kein Einsichtsrecht hat. Im Rubrum des Beschlusses wird die neue Adresse nicht aufgeführt. Dieses System ist jedoch fehleranfällig. Zudem ist über die Zuständigkeit des Gerichts nun zumindest die Region bekannt, in der sich das Kind aufhält, was nicht unbegründete Ängste und Befürchtungen auslöst. Diese Situation bringt Opferschutzanwälte auch in eine missliche Beratungssituation. Denn sie können durchaus – offensiv in Erwartung des Umzugs – noch am alten Gericht eine Ehesache anhängig machen. Der Umzug würde dann nach § 152 Abs. 1 FamFG nichts mehr an der Zuständigkeit des Gerichts auch für die Kindschaftssache ändern. Aber damit geht der Opferanwalt das Risiko ein, ‚schlafende Hunde‘ zu wecken. Er schiebt unnötig einen Streit an, der so vielleicht noch gar nicht existiert, nur um die bloße Möglichkeit eines Antrags des Vaters am neuen Gericht zu verhindern. Der Schutz ist deshalb nicht komplett, weil § 154 FamFG nur den umgekehrten Fall regelt: Wenn der Kindesvater den Antrag am Gericht des neuen Aufenthaltsortes des Kindes stellt, kann dieses Gericht den Antrag an das Gericht eines früheren Aufenthaltsortes des Kindes verweisen, wenn die Änderung des Aufenthaltes zum Schutz des Kindes oder des betreuenden Elternteils – in der Regel der Mutter – erforderlich war. Dann ist es aber schon zu spät, weil der Kindesvater zumindest ja schon den zuständigen Gerichtsbezirk und damit auch die Region kennt. Wichtig wäre es, im Fall der Aufenthaltsänderung wegen einer Bedrohungssituation den Antrag gar nicht erst an das Gericht des neuen Aufenthaltsortes gelangen zu lassen. Die Regelung müsste so beschaffen sein, dass in diesen Fällen der Vater gehalten sein muss, den Antrag zunächst beim ursprünglich zuständigen Gericht zu stellen und der Kindesmutter müsste ein Wahlrecht eingeräumt werden, ob sie nicht doch den Prozess am früher zuständigen Gericht fortführen will. Dem Vater werden dadurch nicht unbillig Rechte genommen, denn dieses Wahlrecht dürfte nur im Fall einer realen Bedrohung eingeräumt werden. Der drohende Vater ist aber weniger schutzwürdig.

Bedrohungen durch schuldunfähige Personen

Erst recht wird der Schutz unserer Rechtsordnung lückenhaft, wenn Bedrohungen von renitenten, aber schuldunfähigen Personen ausgehen. Ist es noch nicht zu einer Straftat gekommen, dann kann das Gericht trotzdem über das Gewaltschutzgesetz angerufen werden. Dies kann beispielsweise Näherungsverbote aussprechen. Aus § 1 Abs. 3 GewSchutzG wird allerdings klar, dass derartige Anordnungen nicht nach dem GewSchutzG angeordnet werden können, wenn die Person die Tat in einem dauerhaft die freie Willensbestimmung ausschließenden Zustand begangen hat. Auch der Rückgriff auf die allgemeinen Vorschriften – etwa § 1004 BGB in Verbindung mit dem allgemeinen Persönlichkeitsrecht – hilft schon deshalb nicht weiter, weil in der Zwangsvollstreckung auf die Frage der Schuldfähigkeit der Person Rücksicht zu nehmen ist. Ist sie nicht in der Lage, die Willensbestimmung frei zu entwickeln, dürfen weder Ordnungsgelder noch Ordnungshaft verhängt werden (vgl. Zöller, ZPO, 35 Aufl., § 890 Rdn. 6). Hier muss in die Gesetze der Länder über Hilfen und Schutzmaßnahmen bei psychisch Kranken gewechselt werden. Nach deren Normen sind zwar Unterbringungen psychisch Kranker grundsätzlich möglich, wenn durch die Erkrankung eine gegenwärtige erhebliche Gefahr bedeutender Rechtsgüter anderer besteht, die nicht anders abgewendet werden kann. Doch die Hürden sind hoch und die Unterbringung ist nie dauerhaft. § 11 Abs. 2 PsychKG (NW) definiert bereits das

„gegenwärtig" sehr eng. Demnach muss das schadensstiftende Ereignis entweder unmittelbar bevorstehen oder aber – im Fall der Unvorhersehbarkeit – wegen besonderer Umstände jederzeit zu erwarten sein. In der Praxis sind vor allem Stalkingfälle nicht selten, in denen die Gefahr eher latent, die Bedrohungssituation für die Opfer aber nicht minder ernst zu nehmen ist. Steht beispielsweise jeden Abend die Person im öffentlichen Straßenraum an der Laterne vor der Wohnung des Opfers, macht aber ansonsten nichts, dann sind die Instrumentarien des Rechts ein stumpfes Schwert. Ist der Täter schuldunfähig, greift das GewSchutzG nicht; zivilrechtliche Zwangsmaßnahmen können nicht erfolgreich umgesetzt werden. Das PsychKG ist problematisch, weil es bisher noch nicht zu einer Gefährdung bedeutender Rechtsgüter gekommen ist – denn ein unmittelbarer körperlicher Angriff ist noch nicht erfolgt. Strafrechtlich kann die Person trotz Verwirklichung des § 238 StGB im Hinblick auf die Schuldfähigkeit nicht verurteilt werden. Es bleibt eine Unterbringung nach § 63 StGB. Hier ist nun mit dem Stalking eine rechtswidrige Tat begangen worden, die im Hinblick auf eine Schuldunfähigkeit nicht zu einer strafrechtlichen Verurteilung führen kann. Jedoch setzt in diesen Fällen die Unterbringung weiter voraus, dass von der Person infolge ihres Zustandes erhebliche rechtswidrige Taten, durch welche die Opfer seelisch oder körperlich erheblich geschädigt oder erheblich gefährdet werden, zu erwarten sind und sie deshalb für die Allgemeinheit gefährlich ist. War die Anlasstat bisher nicht erheblich, so trifft das Gericht die Anordnung nur dann, wenn besondere Umstände die Erwartung rechtfertigen, dass der Täter solche rechtswidrigen Taten begehen, also zumindest im Bereich der mittleren Kriminalität strafbar wird. Spätestens hieran scheitert es bei einem Täter, der wie im obigen Beispielfall keinerlei Taten angekündigt hat, sondern nur sehr bedrohlich auftritt. Das fortgesetzte Stalking selbst reicht als eine solche erhebliche Straftat wegen des vergleichsweise geringen Strafrahmens von Geldstrafe oder Freiheitsstrafe bis zu 3 Jahren nicht aus. Gefordert werden im Regelfall Delikte mit einem Strafrahmen von mindestens 5 Jahren (vgl. Fischer, StGB, 71. Aufl., § 63 Rdn. 28). Im Hinblick auf die erhebliche Intensität des Eingriffs wird sich beim § 63 StGB kaum etwas ändern lassen, zumal diese Norm gerade durch eine Reform im Jahr 2016 geändert wurde. Es würde aber bereits helfen, wenn § 238 StGB vom Strafrahmen her so weit angehoben würde, dass schon die drohende Verwirklichung einer weiteren Tat nach § 238 StGB als mittlere Kriminalität eingestuft werden könnte. Dies wäre der Fall, wenn bereits das Grunddelikt einen Strafrahmen von bis zu 5 Jahren aufweisen würde. Die Qualifikationen der Absätze 2 und 3 müssten dann ebenfalls angehoben werden. Im Hinblick auf die für die Opfer oftmals gravierenden Folgen langjährigen Nachstellens wäre die Anhebung des Strafrahmens auch nicht unverhältnismäßig.

Fazit

Unser Recht hat sich insgesamt für Opfer in den letzten Jahrzehnten deutlich verbessert und ist teils besser als sein Ruf. Es ist aus rechtshistorischen Gründen zersplittert – aber beileibe kein Torso mehr. Auch wenn der Strafprozess nach wie vor täterzentriert ist; die Opfer sind mit einem ganzen Strauß an Rechten ausgestattet. Viele Hemmnisse sind in erster Linie psychologischer Natur. Trotzdem sollten wir alles unternehmen, um die aufgezeigten Schwachstellen und Lücken im Recht schnellstens zu schließen. Darüber hinaus muss sich die Praxis Gedanken machen, ob den Opfern nicht doch häufig unnötig Steine in den Weg gelegt werden: Die psychosoziale Prozessbegleitung wird noch zu selten angeordnet, bei der Terminierung wird häufig mehr auf die Verteidigung als auf die Opferanwälte Rücksicht genommen und auch die Entschädigungsanträge nach dem SGB XIV werden teils sehr bürokratisch bearbeitet. Hier geht es letztendlich um die Einstellung der Rechtsanwender dem Opfer gegenüber. Wir müssen uns bewusst machen: Auch wenn Opfer häufig lange oder gar ein Leben lang unter den Folgen einer Straftat leiden und das Recht dies nicht vollständig ausgleichen kann, wäre es schon eine starke Hilfe, wenn die Opfer von Straftaten am Ende der Verfahren sagen könnten: Es ist für uns alles getan worden, was möglich ist. Dieses Ziel ist noch nicht erreicht, weder im Recht noch in den Köpfen der Rechtsanwender.

Literatur

Bialas, Andreas (Hrsg.) (2020): *Opferschutz*, Kommunal- und Schulverlag GmbH & Co. KG: Wiesbaden.

Fischer (2024): *Strafgesetzbuch mit Nebengebieten*, 71. Auflage. Beck-Verlag.

Meyer-Goßner, Lutz/Schmitt, Bertram (2024): *Strafprozessordnung*, 67. Auflage. Beck-Verlag.

Zöller (2024): *Zivilprozessordnung,* 35. Auflage. Dr. Otto Schmidt-Verlag.

Unterstützung von Opfern: Neue Wege zum Empowerment

von Dorothee Dienstbühl

Anstatt Menschen als Opfer zu stigmatisieren, sie zu marginalisieren und sie aus dem gesellschaftlichen Blickwinkel zu drängen, braucht es einen unterstützenden Umgang und ein anderes Selbstverständnis. Dazu sollten Menschen, die von anderen zu Opfern gemacht wurden, nicht auf die Ohnmacht reduziert werden, die sie erlebt haben und zum Teil weiter erleben müssen. Stattdessen sollte der Ansporn sein, diese Menschen aus der Opferrolle zu holen und sie (wieder) in ihre Kraft kommen zu lassen. Damit dies gelingt, müssen wir allerdings bei uns beginnen, unsere Verhaltensweisen hinterfragen und uns gelegentlich die eine oder andere Floskel verkneifen.

Täter faszinieren – Opfer deprimieren?

True Crime floriert. Spektakuläre Verbrechen bedeuten Sensation und Aufmerksamkeit. Und sie verursachen Schrecken und Traumata – und das längst nicht nur für Opfer und Angehörige, sondern auch für Menschen, denen Kriminalität Angst macht. Doch vor allem die Täter genießen regelrecht Kultstatus (Dienstbühl 2022, 71 ff.). Während über Serienmörder wie Ted Bundy, Jeffrey Dahmer oder auch die Deutschen Fritz Haarmann, Jürgen Bartsch und Joachim G. Kroll bekannt ist, ob sie Rechts- oder Linkshänder waren, welchen IQ sie hatten und über welche besonderen Talente sie verfügten, sind ihre Opfer meist nicht einmal namentlich bekannt: eine Anhalterin, ein Mädchen aus der Nachbarschaft, ein zwölfjähriger Junge. Es gibt Bücher, Sondereditionen ursprünglicher Nachrichtenmagazine, unzählige Podcasts, Netflix-Serien und vieles mehr, in denen Opfer lediglich als Nebenfiguren stattfinden, die die Hauptakteure zu dem gemacht haben, was sie sind. Mörder, sicherlich. Vor allem aber: berühmt. Dokumentationen über die nicht berühmten Opfer gibt es dagegen nicht. Wie lange ihr Todeskampf und ihr Angsterleben waren oder wie sich ihr Tod auf ihre Familien ausgewirkt hat, darüber erfahren wir in der Regel nichts. Auch nicht darüber, wie die Angehörigen der unzähligen Opfer den Verlust und das Grauen der Tat verarbeitet haben, wie sie die Kraft fanden, weiterzuleben, zu funktionieren – darüber gibt es kein Sonderheft und keine Podcast-Mehrteiler. Denn tatsächlich sind die Täter – also die faktisch Bösen – positiv konnotiert. Sie entscheiden sich zu der Tat, sie sind die Macher, sie sind aktiv, sie besitzen Macht. Sogar die höchste, nämlich die über Leben und Tod.

Die Opfer hingegen sind bedauernswerte Randerscheinungen. Passiv, machtlos, ängstlich und schließlich verletzt oder gar tot. Ihre Angehörigen sind regelmäßig ähnlich „farblos" und damit uninteressant. Es gibt jedoch zwei Ausnahmetatbestände. Erstens: Sie werden selbst zum Täter, wie die Mutter Marianne Bachmeier, als diese 1981 im Lübecker Gerichtssaal den Mörder ihrer Tochter Anna erschoss. Ohne diese Tat würde niemandem der Name Marianne Bachmeier, der Name der Mutter eines Mordopfers, heute noch etwas sagen. Oder zweitens: Die Opfer sind selbst berühmt, wie beispielsweise der beliebte bayerische Volksschauspieler Walter Sedlmayr oder die talentierte Schauspielerin und Verlobte von Roman Polański, Sharon Tate. Auch dann geht es weit weniger um deren Angehörige, die Angst und den Schmerz, den sie vor ihrem Tod erleiden mussten. Im Falle Sedlmayrs war sein Doppelleben und das bis zum Tod gut gehütete Geheimnis seiner Homosexualität die Sensation. Es ging somit um das Offenlegen der Intimsphäre des Opfers, die die Öffentlichkeit ihm nicht mehr zugestand. Wie es seinen Angehörigen damit ging? Irrelevant. Anders und doch ähnlich verhielt es sich mit dem bekanntesten Mordopfer der Manson-Family: Die schöne junge Schauspielerin Sharon Tate und ihr ungeborenes Baby stellten den Widerspruch zwischen Hollywoods Filmwelt und der gelebten und vom Drogenkonsum beeinflussten Realität der Manson-Family besonders plastisch heraus. Die grausamen Details des Verbrechens auf Charles Mansons Geheiß machten das so brutale Abschlachten von Menschen, hier gar einer hochschwangeren Prominenten, zu einem monströsen Gesamtkunstwerk und damit Manson selbst zu einer Ikone über Generationen. Wie die Angehörigen mit dem Verlust, mit unzähligen Bildern des mit dem Blut aus Tates Bauchraum geschriebenen Wortes „PIG" an der Wand und dem öffentlich zur Schau gestellten Verhalten der Täterinnen und Täter vor Gericht zurechtkamen, findet dann im öffentlichen Interesse kaum noch Platz. Was zählt, sind Fakten zur Sensation.

Kriminalität ist alltäglich; damit sie interessiert und sich verkauft, muss sie irgendwie besonders sein. Für Menschen, die Kriminalität erleben mussten, gibt es den Wettbewerb des Besonderen nicht. Für sie geht es darum, mit dem Erlittenen, mit dem Verlust weiterzuleben, zu überleben und das Geschehen zu verarbeiten. Wie kann dies gelingen?

Umgang mit Menschen, die Ohnmacht erfahren haben

Zum Opfer geworden zu sein, bedeutet, wie zuvor bereits ausgeführt, die Kontrolle verloren zu haben. Es bedeutet Ohnmacht. Im Umgang mit den Menschen sollte nun also der Fokus darauf liegen, dieses Ohnmachtsempfinden nicht weiter zu verstärken. Und damit offenbaren sich Verhaltensweisen, auf die man nicht nur getrost verzichten kann, sondern auch sollte.

1. Was einem Menschen, der Kriminalität und Gewalt erlebt hat, ganz sicher nicht hilft, ist **die Verzweiflung der Anderen**. Menschen, die beispielsweise in ihrem Hause brutal überfallen und ausgeraubt wurden, benötigen keine Angehörigen und Nachbarn, die jetzt selbst nachts nicht mehr schlafen können oder die vor lauter Sorge fortan an gesundheitlichen Problemen leiden und selbst gar nicht

wissen, wie sie das jemals durchstehen sollen. Die Tochter, die vom Freizeitbetreuer sexuell missbraucht wurde, braucht keinen Vater, der seinen Kummer nur noch mit Alkohol erträgt, oder eine Mutter, die sich Sorgen um das Gerede der Leute im Ort macht. Nichts eignet sich so wenig wie das erfahrene Leid eines anderen Menschen, um sich selbst in den Mittelpunkt zu stellen.

2. Das Opfer einer Straftat braucht ganz sicher auch keine noch so **„gut gemeinten" Ratschläge**. Die alte Dame, die falschen Polizeibeamten ihren gesamten Schmuck zur Aufbewahrung übergeben hat, kann auf ein Plusquamperfekt im Konjunktiv („Ich hätte dem meinen Spazierstock über den Kopf gezogen") vom Nachbarn verzichten. Der Frau, die über Monate vom Chef sexuell belästigt wird, Tipps zu geben, wie sie ihr Aussehen unattraktiver gestalten kann („Ich würde die Haare bei dem nicht offen tragen"), oder dem Teenager, der in der Schule gewalttätig gemobbt wird, Hinweise zu geben, wie er besser rüberkommt („Mach doch mal ein bisschen Sport und geh mal mit paar Mädels aus"), zeigt den Betroffenen nur: Du bist falsch, du machst alles falsch, und es entschuldigt mitunter sogar die Täter. Dies bedeutet ein Höchstmaß an Unsolidarität mit der Person, die gerade der Solidarität bedarf.

3. Und was kein Mensch braucht, der zum Opfer einer Straftat geworden ist, sind **Schuldzuweisungen**. Und eben jene beginnen häufig bereits mit einem simplen *Warum*: „Warum bist Du nachts alleine durch den Park gelaufen?"; „Warum hast Du dich nicht schon früher von ihm getrennt?"; „Warum hast Du nicht einfach den Mund gehalten?" Wenn man über diese Fragen nachdenkt, dann ist klar, dass keine Antwort die Fragenden zufriedenstellen könnte. Wenn eine solche Warum-Frage gestellt ist, dann steht mit ihr das vernichtende Urteil bereits fest: „Hättest Du das nicht getan, wäre Dir das nicht passiert."

Wenn wir an dieser Stelle ganz ehrlich sind, fällt uns sicher die eine oder andere Situation ein, in der wir selbst genauso reagiert haben. In der wir sofort mit einem „Also, ich hätte"-Satz oder einer „Warum hast Du"-Frage den Menschen zusätzlich gezwungen haben, sich zu rechtfertigen und sich noch ein Stück kleiner zu fühlen als ohnehin schon. Und sicher wollten wir das gar nicht, es war uns lediglich nicht bewusst. Vielleicht schaffen wir es, beim nächsten Mal kurz vorher innezuhalten, uns den Reflex zu verkneifen und uns zu überlegen, was der Mensch vor uns anstelle von Jammerei, Schuldzuweisungen und ungebetenen Ratschlägen nun tatsächlich braucht.

Was Menschen nach Kontrollverlust und Ohnmacht ganz sicher brauchen, ist das Gefühl der Wiedererlangung von Handlungsmacht und Kontrolle. Wie kann man ihnen diese zurückgeben? Mit Fragen, die Raum für kleine Entscheidungen lassen. Wenn Polizeibeamte die Opfer einer Straftat befragen müssen, können sie bereits damit beginnen. Es sind nur Kleinigkeiten, wie, die Wahl zwischen zwei Stühlen zu lassen, die vor dem Schreibtisch stehen, um Platz zu nehmen. Oder etwas zu trinken anzubieten, z. B.: „Möchten Sie etwas trinken? Möchten Sie ein Wasser oder einen Kaffee?" Und dies kann man auch im persönlichen Umgang tun: „Wann immer Du reden möchtest, ich bin für Dich da." Dass man diese Worte ernst meint, kann man zeigen, ohne sie ständig zu wiederholen, indem man sich um diese Person kümmert, öfter fragt, wie es ihr geht – und diese Antworten auch aushält.

Echte Solidarität mit den Opfern von Gewalt zeigt sich durch die Bereitschaft zum Zuhören. Nicht durch schlaue Kommentare, nicht durch Urteile und nicht dadurch, dass man die Welt für den anderen wieder in Ordnung bringt. Hier scheitern Menschen regelmäßig am eigenen Anspruch und lassen auch deswegen die Betroffenen fallen. Es geht nicht darum, zum Superhelden zu werden. Es geht darum, den Kummer des Gegenübers anzunehmen, zu ertragen und dafür den nötigen Raum zu lassen. Es geht aber auch darum, jeden Erfolg, sei er noch so klein, zu feiern: die erste Nacht, in der das Opfer eines Wohnungseinbruchsdiebstahls wieder durchschlafen kann. Das erste Mal, wenn das Opfer einer jahrelangen Nachstellung aus vollem Herzen lachen kann. Das ehrliche Gespräch, in dem der rüstige Senior es erstmals schafft, offen über die Angst um seinen Enkel zu sprechen, die er beim Schockanruf erfahren hat.

#FlaschmobOpferschutz: Lasst die Menschen nicht alleine!

Und tatsächlich gibt es noch viel mehr, was wir tun können. Vor einem Strafgericht hat der Mensch, der einer Straftat bezichtigt wird, im Grunde einen sehr guten Stand. Durch den Grundsatz „In dubio pro reo" („Im Zweifel für den Angeklagten") muss das Gericht seine Schuld nachweisen. Und nicht nur das. Ihm steht mindestens ein Pflichtverteidiger zu. Daran gibt es auch nichts auszusetzen, denn damit wahrt das Gericht eines der obersten demokratischen Prinzipien, keine willkürliche Justiz zu betreiben.

Die Opfer, also die Geschädigten und ihre Angehörigen, müssen damit allerdings vor Gericht den Nachweis erbringen, dass die Tat schuldhaft gegen sie begangen wurde. Man mag sich an dieser Stelle vorstellen, wie schwer dies bei besonders schweren Straftaten für die Opfer ist. Wenn sie beispielsweise einen Angehörigen verloren haben und der Anwalt des Beschuldigten alles daransetzt, dass dieser nicht für schuldig befunden wird. Oder wie es den Opfern sexueller Gewalt gehen mag, wenn das Gericht darüber befinden muss, ob das „Nein!" wirklich deutlich und auch für den Täter unmissverständlich war. Denn wenn nicht, kann er nicht für schuldig befunden werden. Seit 2017 haben die Opfer von Straftaten einen Anspruch auf psychosoziale Begleitung im Strafprozess gem. § 406g StPO. Dies ist für Kinder und Jugendliche als Betroffene von Gewalt- oder Sexualverbrechen prinzipiell kostenlos. Bei Erwachsenen entscheidet das Gericht im Einzelfall über die Kostenübernahme. Die Begleitung ist als Beistand zu verstehen, der darüber hinaus die Abläufe eines Gerichtsprozesses kennt und sie transparent erklären kann (Dienstbühl/Üzüm 2024, 196). Das Gefühl, im Prozess nicht alleine sein zu müssen, ist für Betroffene immens wichtig. Und dazu muss man nicht eine bestellte professionelle psychosoziale Begleitung sein: Man kann sich, wenn ein Opfer das möchte, in den Zuschauerraum des Gerichtssaales bei den öffentlichen Verhandlungen setzen. Man kann einem Menschen, der vor Gericht im Endeffekt – und gerade durch die Verteidigung – wie ein Lügner behandelt wird, den Rücken stärken und sagen: „Ich glaube Dir und ich sitze hinter Dir in diesem Raum."

Je nach der Schwere des erfahrenen Deliktes ist es für die Betroffenen gut, nur einen bzw. sehr wenige Vertraute dort zu haben. In anderen Fällen kann es sogar hilfreich sein, wenn die Menschen den Rücken durch volle Zuschauerränge oder aber zumindest vor der Tür des Gerichtssaales demonstrativ gestärkt bekommen. Wenn ein Mensch von mehreren Jugendlichen zusammengeschlagen und massiv verletzt und gedemütigt wurde, dann hat er die Täter durch ihren feigen Übergriff in der Mehrzahl als absolute Übermacht kennengelernt. Diese Perspektive wird durch eine Lage auf dem Boden und tretende Angreifer noch verstärkt. Auch wenn Gerichtsverhandlungen nach dem Jugendgerichtsgesetz (JGG) zum Schutze der Jugendlichen unter Ausschluss der Öffentlichkeit stattfinden, können Familie, Angehörige, Freunde und Nachbarn dafür Sorge tragen, dass dieser Mensch mit einer Übermacht in das Gericht und bis vor den Saal kommt: Einer Übermacht aus Solidarität und Unterstützung, die derjenige im Angesicht seiner Peiniger nun mehr braucht denn je. Schlichtweg durch physische Präsenz.

Erfahrungen und starke Stimmen

Wir brauchen mehr Berichte über Erfahrungen von Menschen, die zu Opfern geworden sind und die es schaffen, damit zu leben. Mit Verlust. Mit Schmerz. Mit Trauer. Die wieder Mut gefunden haben. Die die Resignation besiegt haben. Die sich ihr Leben zurückerobert haben. Beeindruckende Beispiele hierfür bieten die Erfahrungsberichte von Holocaust-Überlebenden. 2024 schrieb die *Vogue Deutschland* eine beeindruckende Reportage über Margot Friedländer. Nicht nur das: Die Zeitschrift verband ihren Report mit einem Fotoshooting, und diese faszinierende 102-jährige Frau zierte sogar das Cover der Doppelausgabe Juli/August 2024. Sie spricht über die Zeit, das Grauen. Ihr komplette Familie wurde in Auschwitz ermordet. Sie selbst wurde nach Theresienstadt deportiert. Mit 88 Jahren ist sie nach Berlin zurückgekehrt, um zu erinnern, um „die Schrecken der Vergangenheit mit der Zukunft zu verbinden" (Amro 2024, 167). Sie hat die Hoffnung und das

Vertrauen in die Menschen nicht aufgegeben und möchte dies, gerade in der aktuellen Zeit einer erschreckenden Renaissance des Hasses gegen Jüdinnen und Juden in Deutschland seit dem terroristischen Überfall der Hamas vom 7. Oktober 2023, vermitteln.

Erlebte Gewalt und Entmenschlichung sind jedoch Alltagsphänomene, die abseits von Terror, von Rassismus und extremen Ideologien ihren Weg in das Leben der Menschen finden – und sogar in die eigenen vier Wände, die eigentlich der höchstpersönliche Schutzraum sein sollen. Dass häusliche Gewalt keine Privatsache ist, dafür hat der Gesetzgeber in Deutschland gesorgt. Und auch die Polizei macht diese Haltung durch konsequentes Einschreiten bei gemeldeten Fällen klar. Für die Betroffenen ist das Thema jedoch schambehaftet: Niemand soll wissen, was zu Hause passiert. Gerade Frauen, die im Rampenlicht stehen oder auch eine Führungsfunktion innehaben, möchten diese Verletzbarkeit nicht zeigen. Nur selten finden Prominente den Mut, offen über solche Erfahrungen fernab des Glamours zu sprechen. Zu erzählen, dass sie Angst hatten, dass sie sich schwach und gedemütigt fühlten. Die Schauspielerin Katy Karrenbauer tut dies, um anderen Frauen Mut zu machen und sie zu warnen, nicht auf eine Änderung des Gewalttäters zu hoffen. Dafür engagiert sie sich seit Jahren im Weißen Ring e. V. als Botschafterin (Bayerische Staatsregierung 2023). Solche ehrlichen Worte sind rar, und gerade sie können Betroffene anders erreichen, als es jede professionell illustrierte Kampagne tun kann.

Die empfundene Scham führt häufig dazu, dass Menschen sich nicht einmal ihren nächsten Verwandten oder der Polizei anvertrauen wollen. Dies geht vor allem älteren Menschen so, die zum Opfer perfider Betrugsmaschen geworden sind. Dass aber selbst Experten zum Opfer von kriminellem Trickbetrug werden können, zeigte der mutige Bericht des renommierten Kriminologen Prof. Dr. Christian Pfeiffer. Mit einem Schockanruf versuchten falsche Polizeibeamte, 55.000 Euro von dem damals 78-jährigen Mann zu erbeuten. Nur weil das Telefonat wegen technischer Probleme abbrach und er seinerseits die Polizei anrief, um den Rest zu klären und seiner Tochter zu helfen, flog der Betrug auf (NDR 2022). Christian Pfeiffer hätte sagen können, dass er Glück hatte und ja nichts passiert sei – aber der frühere Justizminister des Landes Niedersachsen und langjährige Direktor des Kriminologischen Forschungsinstituts Niedersachsen (KFN) nutzte stattdessen sein Beispiel, um die Menschen öffentlichkeitswirksam zu warnen. Und damit half er vor allem auch jenen, die solchen Betrugsmaschen aufgesessen sind und sich töricht und dumm fühlen. Denn sicher sind selbst einem Prof. Dr. Pfeiffer Floskeln à la „Warum hast du nicht?" und „Also, ich hätte" nicht erspart geblieben. Und gerade deswegen ist dieser couragierte Schritt so wichtig und verdient Respekt.

Es ist an uns.

Es braucht nicht nur die Menschen, die den Mut besitzen, über das zu sprechen, was ihnen widerfahren ist. Es braucht zudem Menschen, die ihnen zuhören. Die die Schilderungen der persönlichen Erfahrungen lesen, hören und sich für sie interessieren. Es ist somit also ebenso an uns, nicht nur die zwölfte Produktion über Charles Manson zu konsumieren, sondern den Betroffenen zuzuhören. Zu verstehen, was es bedeutet, zum Opfer zu werden, und zu verstehen, was dieser Mensch nun von uns braucht. Es ist an uns, Engagement zu zeigen – sei es in Form einer Mitgliedschaft beim Weißen Ring e. V., der Unterstützung eines örtlichen Frauenhauses oder Kinderheims. Es gibt so viele Möglichkeiten. Wir können nicht nur vom Staat fordern, er solle es richten. Auch wenn es hier (siehe nächster Beitrag „Implikationen und Nachbesserungsbedarf für einen gelungenen Opferschutz") noch einiges gibt, was im Sinne eines wirksamen Opferschutzes zu tun ist. Doch es ist an uns, für die Menschen in unserem Umfeld da zu sein, wenn sie von anderen Menschen zu Opfern von Gewalt und Kriminalität gemacht wurden. Damit sie irgendwann sagen können: Ich *war* Opfer.

Literatur

Amro, Miriam (2024): *Großes Herz*, Vogue, Juli/August 2024, S. 164–171, 231.

Bayerische Staatsregierung (2023): *Herrmann verleiht „Stern der Sicherheit an Karrenbauer und Prof. Ziercke"*. Pressemitteilung v. 6.12.2023, https://www.bayern.de/herrmann-verleiht-stern-der-sicherheit-an-karrenbauer-und-prof-ziercke/ (Zugriff am 2.7.2024).

Dienstbühl, Dorothee (2022): Das Böse im Ruhrgebiet: Vom gesellschaftlichen Umgang mit Tätern und Opfern, in: Hombach, Bodo/Richter, Frank (Hrsg.): *Auf Streife durchs Revier. Kriminalität im Ruhrgebiet und gesellschaftliche Folgen*, Baden-Baden: Tectum, S. 71–94.

Dienstbühl, Dorothee/Üzüm, Çiğdem (2024): *Sexualdelikte. Leitfaden für die Polizeipraxis und einen aktiven Opferschutz*, Heidelberg: C.F. Müller.

NDR (2022): *Trickbetrug: Kriminologe Pfeiffer fast Opfer von Schockanruf*, NDR Hallo Niedersachsen v. 18.8.2022, https://www.ndr.de/nachrichten/niedersachsen/Trickbetrug-Kriminologe-Pfeiffer-fast-Opfer-von-Schockanruf,pfeiffer260.html (Zugriff am 1.7.2024).

Schlussbetrachtung

Implikationen und Nachbesserungsbedarf für einen gelungenen Opferschutz

von Dorothee Dienstbühl und Frank Richter

Wenn ein Mensch durch ein Verbrechen zum Opfer gemacht wird, dann geht es nicht nur darum, die Tat zu ahnden und den oder die Täter für sie zu sanktionieren. Vielmehr sollen die Opfer eine *umfassende und professionelle Unterstützung* durch staatliche Institutionen erhalten (Blum 2021, 1). In Deutschland wurde der Opferschutz seit den 1990er-Jahren kontinuierlich ausgebaut und verbessert. Gleichwohl zeigen beispielsweise die Beiträge von Tülay und Iris sowie die kritische Betrachtung des Direktors am Amtsgericht Bielefeld Jens Gnisa, dass noch viel zu tun ist, um eine wirklich umfassende und professionelle Unterstützung des Staates zu gewährleisten. Denn faktisch weist sie gravierende Lücken auf.

Der Opferschutz auf dem Prüfstand

In einer Untersuchung des Bundeskriminalamtes zu Beginn der 1990er-Jahre befragte die eingesetzte Untersuchungsgruppe Opfer ganz unterschiedlicher Formen von (Gewalt-)Kriminalität nach ihren Erwartungen und Wünschen nach der Tat. Folgende Aussagen wurden besonders häufig getroffen (sinngemäß nach Baurmann/Schädler 1999, 100 ff.):

1. *Ich will nie wieder zum Opfer (gemacht) werden.*
2. *Ich möchte mein altes Leben zurück, die Straftat soll mein Leben nicht verändern/dominieren.*

3. *Der Staat soll dem Täter Grenzen setzen und ihm aufzeigen, dass er mir nichts mehr antun kann und darf.*
4. *Die Strafe soll den Täter erziehen und ihm zeigen, dass er Unrecht getan hat.*
5. *Ich will jetzt wissen, was die Polizei, die Justiz für mich tut und wie sie mich schützt.*

Diese Wünsche sind gut nachvollziehbar. Den zweiten Wunsch, dass das Leben wieder so sein soll wie vor der Tat, kann der Staat nicht erfüllen, denn er kann die Tat nicht ungeschehen machen. Der Staat muss jedoch dafür Sorge tragen, dass die Menschen nach einer Straftat Hilfe bekommen – und zwar dann, wenn sie sie brauchen. Der erste Wunsch, nämlich die Verhinderung von weiteren Straftaten als Schutzanspruch, betrifft die oberste Pflicht eines Staates, die sich aus Art. 2 Abs. 2 Satz 1 in Verbindung mit Art. 1 Abs. 1 Satz 2 GG unmittelbar ableiten lässt. Demnach ist der Staat verpflichtet,

> „jedes menschliche Leben zu schützen. Diese Schutzpflicht ist umfassend. Sie gebietet dem Staat, sich schützend und fördernd vor dieses Leben zu stellen; das heißt vor allem, es auch vor rechtswidrigen Eingriffen von Seiten anderer zu bewahren. An diesem Gebot haben sich alle staatlichen Organe, je nach ihren besonderen Aufgaben, auszurichten. Da das menschliche Leben einen Höchstwert darstellt, muß diese Schutzverpflichtung besonders ernst genommen werden" (siehe das sog. „Schleyer-Urteil" des Bundesverfassungsgerichts BVerfGE 46, 160 vom 16.10.1977).

Natürlich muss das Opfer selbst Maßnahmen ergreifen, um sich zu schützen – sei es, selbst sehr sensibel mit den eigenen Daten, z. B. in Social Media, umzugehen, die gewalttätige Paarbeziehung zu beenden oder selbst kein aggressives Verhalten gegen Mitmenschen an den Tag zu legen. Der dritte und der vierte Wunsch formulieren den Anspruch der Sanktion des sich rechtswidrig verhaltenden Täters und benennen damit eines der größten Streitthemen im gesellschaftlichen Diskurs: die Angemessenheit von strafrechtlichen Urteilen. Auf diesen Diskurs soll an dieser Stelle verzichtet werden, allerdings ist der Wunsch der Opfer nach einer Strafe, die das vom Täter verursachte Ungleichgewicht der Rechtsordnung und des individuell Betroffenen ausgleichen, wieder in Balance bringen soll, von der Richterschaft zwingend zu berücksichtigen. Eine Ermahnung oder eine Freiheitsstrafe, die zur Bewährung ausgesetzt wird, empfinden regelmäßig weder Täter noch Opfer als echte Sanktion. Gleichwohl gibt es für dieses Strafmaß Gründe und sie liegen im Ermessen der Gerichte. Wird jedoch die Opferperspektive hierbei vernachlässigt, wird das Opfer durch den Staat ein weiteres Mal viktimisiert. Der fünfte Wunsch erscheint beinahe banal, jedoch zeigt sich, dass viele Menschen eben nicht wissen, was der Staat nun für sie konkret tut – und es zeigt sich zudem, dass die Ansprechpartner, die es wissen sollten in Polizei, Justiz und Opferhilfestellen, selbst nicht immer die Kompetenzen besitzen, die sie brauchen, um Menschen adäquat zu helfen. Dies hat mehrere Gründe. Es beginnt mit dem Erstkontakt, der Anzeigenaufnahme bei der Polizei, der Nachfrage bei der Justiz bei der Ladung zu einem Gerichtstermin als Zeuge. Geht der Erstkontakt fehl, wird ein Opfer abgewimmelt, sein Leid oder seine Frage bagatellisiert, das Opfer als Störfaktor behandelt, beginnt ein zweiter Leidensweg, der eine eigene Qualität aufweist, indem er eine Schadensvertiefung der eigentlichen Straftat bedeutet. Hinzu kommt der oft unterbleibende Hinweis auf flankierende Unterstützungsangebote für Betroffene.

So sind beispielsweise vielen Menschen und selbst den Betroffenen von Gewalt oder deren Angehörigen und Bekannten die Möglichkeiten der „Opferentschädigung" tatsächlich weitestgehend unbekannt: In einer repräsentativen Umfrage des Weißen Ring e. V. im Jahr 2022 gaben 76 Prozent der Befragten und 70 Prozent der Befragten, die selbst Gewalt erfahren haben oder ein Opfer von Gewalt kennen, an, das OEG (seit 1. Januar 2024: SGB XIV) nicht zu kennen (Weißer Ring e. V. 2022, 16). Eine weitere gravierende Lücke zeigte sich in der praktischen Anwendung des OEG: Die Anträge sind kompliziert und von den Betroffenen werden sie zudem als retraumatisierend empfunden: Sie müssen sich nicht nur zur Tat äußern, sondern auch sämtliche Vermögensverhältnisse usw. darlegen. Der Weiße Ring e. V. macht klar, dass viele Anträge nicht gestellt werden, weil die Betroffenen entweder nicht einmal wissen, dass sie Ansprüche haben bzw. haben könnten und weil sie die Beantragung alleine nicht schaffen. Eine Stichprobe zeigt, dass je nach Bundesland 36 (Niedersachsen) bis 56 Prozent (Thüringen) der Anträge abgelehnt werden. Zudem fühlten sich die Antragstellenden häufig selbst wie Lügner behandelt, wenn für sie Gutachten in Auftrag gegeben wurden – und dies zum Teil häufiger. Ob sich dies mit Einführung des Sozialen Entschädigungsrechts wirklich ändert, muss sich erst zeigen. Faktisch bleibt es dabei, dass nach wie vor keinerlei Rechtsfolgeanspruch gilt und der Antrag – wie zuvor auch – beim zuständigen Versorgungsamt gestellt werden muss.

Doch auch die Rechte, die durch die StPO dem Opfer als Verletzten zugebilligt werden, haben in der Praxis zu oft nicht den Erfolg, den sie in Aussicht stellen: Beispielsweise beschweren sich Opfer immer wieder, dass sie nicht darüber informiert werden, wenn sich im Umgang mit dem verurteilten Täter etwas Neues ergibt (z. B. Haftlockerungen, vorzeitige Entlassungen etc.), obwohl die Opfer ein ausdrückliches Recht nach § 406d StPO besitzen. Ein weiteres Manko betrifft den Schutz der Betroffenen und der Zeugen: Während der Datenschutz unmissverständlich Grundsätze zum Umgang mit sensiblen Daten in Behörden formuliert, gelangen immer wieder persönliche Angaben von Opfern und Zeugen in unbefugte Hände, weil Akten beim Versenden an die Anwälte aus Zeitmangel nicht mit der gewünschten Sorgfalt durchgesehen werden, um entsprechende Daten zu schwärzen. Dieser Umstand ist seit Jahren bekannt, ruft jedoch seitens der Justiz regelmäßig lediglich ein Schulterzucken hervor. Hier sind insbesondere die Justizminister der Länder und des Bundes in die Pflicht zu nehmen. Zudem ist die Prüfung einer Haftbarkeit bei unbefugter Herausgabe an Dritte durch das Gericht längst geboten. An dieser Stelle kommt zudem den Datenschützern der Behörden eine ganz aktive Rolle zu.

Für viele Menschen entwickelt sich das Erleiden von Kriminalität zusätzlich zu einer finanziellen Tragödie: Grundsätzlich sollen zwar verurteilte Täter die Anwaltskosten für die Opfer übernehmen. Das bedeutet zum einen, dass eine Person zunächst verurteilt werden muss. Und wenn diese nicht zahlungsfähig ist, muss das Opfer regelmäßig selbst diverse Kosten tragen, die der Staat nicht übernimmt. Die immer wieder getätigte Angabe, dass Opfer von schweren Verbrechen Rechtsbeistandskosten erhalten, muss folglich dahingehend korrigiert werden, dass dies faktisch gerade *nicht* die Regel ist. Sofern sie einer Arbeitstätigkeit nachgehen bzw. über finanzielle Mittel verfügen, die zunächst als ausreichend angesehen werden und der Täter für schuldunfähig befunden, aus Mangel an Beweisen freigesprochen oder das Verfahren aus sonstigen Gründen eingestellt wird, haben sie diese Kosten selbst zu tragen. Dies sollte in Hinblick auf die Stellung von Opfer und Täter vor Gericht zwingend überdacht werden – das ist jedoch ein Appell an den Gesetzgeber, für Abhilfe zu sorgen. Zudem muss die Anmerkung gestattet sein, dass Opferanwälte keine Fachanwaltschaft darstellen. Das bedeutet, jeder niedergelassene Anwalt kann sich als Opferanwalt bewerben, muss aber weder eine bestimmte Qualifikation noch eine Mindestanzahl an Mandantschaften vorweisen oder spezifische Kenntnisse, wie beispielsweise in der Vertretung der Nebenklage, um sich so bezeichnen zu dürfen. An dieser Stelle bedarf es der Aufklärung und Transparenz, da eine gute anwaltliche Vertretung entscheidend für die Opfer vor Gericht ist.

In den letzten Jahren konnten wichtige Initiativen umgesetzt werden, wie die psychosoziale Begleitung vor Gericht. Diese schützt das Opfer jedoch nicht vor einer aggressiven Konfliktverteidigung von Täteranwälten, deren Strategie es häufig ist, die Glaubwürdigkeit des Opfers anzugreifen, um das beste Resultat für den Täter zu erzielen. Zudem stellt sich die Frage, ob es notwendig ist, dass die Opfer in einem Hauptverfahren den Tätern gegenübertreten müssen. Die Vorstellung von Opfern, die sich vor allem wünschten, dem Täter in die Augen zu blicken, bedarf im Kontext der Sexualdelikte einer umfassenden Korrektur. Viele Opfer wollen genau das nicht. Die Absicht, durch die audiovisuelle Vernehmung die sekundäre Viktimisierung bei der polizeilichen Vernehmung so gering wie nur möglich zu halten, wird vor Gericht zuweilen ignoriert.

In der Polizeiarbeit liegt mittlerweile ein besonderer Fokus auf einem kompetenten Opferschutz. Dieser fußt einerseits auf Prävention durch adressatengerechte Informationen und Ansprechpartner für individuelle Fragen und Bedarfe. Auf der anderen Seite geht es um Beistand, wenn Menschen Opfer von Straftaten geworden sind. An dieser Stelle müssen Polizeibeamte einen sehr schwierigen Spagat erbringen, nämlich die Strafverfolgung einerseits zu gewährleisten, andererseits jedoch Opfern von Kriminalität wieder ein Stück Vertrauen in den Rechtsstaat zurück-zugeben und bei alledem stets im eigenen Handlungsfeld zu bleiben.

Wenn eine Person zur Polizei geht, um Anzeige zu erstatten, hat sie meist wenig Kenntnisse zum Ablauf der Anzeigenerstattung und zum gesamten Verfahren. Die wenigsten Personen gehen zuvor zu einer Beratungsstelle, die sie auf die Anzeigenerstattung vorbereiten kann. Entsprechend besteht hier neben dem Anliegen der anzeigenden Person ein Informationsdefizit (Blum 2021, 70). Entsprechend wichtig ist es für die Polizeibeamten, nicht nur die Gefühlslage ihres Gegenübers ernst zu nehmen, sondern bedarfsgerecht die nachfolgenden Schritte zu erläu-tern, damit zu dem Informationsdefizit nicht noch ein Kommunikati-onsdefizit hinzutritt. Was für die Polizeibeamten Routine ist, stellt vor allem für die Betroffenen einer schweren Straftat regelmäßig eine Aus-nahmesituation dar, mit der behutsam umgegangen werden sollte.

Forderungen für weitere Verbesserungen des Opferschutzes

Die Gesamtschau zeigt, dass gerade die rechtlichen Maßnahmen, die Opferrechte stärken sollen und auf dem Papier zunächst sehr gut wir-ken, noch viel zu weit davon entfernt sind, Menschen, die durch eine Straftat zu Opfern gemacht wurden, adäquat zu helfen. Nachbesserun-gen sind zwingend geboten. Nachfolgender Forderungskatalog soll eine Grundlage für politische Entscheidungen sein, um Opferschutz und Opferrechte in Deutschland nachhaltig zu verbessern.

1. **Opfer müssen vor Gericht den Tätern gleichgestellt werden.** Das bedeutet: Wer Opfer einer Straftat geworden ist oder durch eine Straftat einen Angehörigen verloren hat, muss den rechtlichen Bei-stand genauso automatisch gestellt bekommen wie der Beschuldigte. Zudem haben nicht die Opfer für die Anwaltskosten aufzukommen: Kann der Täter nicht zahlen oder wird er vom Gericht für schuld-unfähig befunden, muss der Staat hier einspringen. Es ist nicht hinnehmbar, dass Menschen, die Opfer schwerer Kriminalität wer-den, einen zusätzlichen finanziellen Schaden durch ihre rechtliche Vertretung aufgebürdet bekommen.

2. **Die Opfer schwerer Kriminalität bzw. deren engste Angehörige haben einen mehrjährigen Anspruch auf psychologischen Beistand.** Während unmittelbar nach schwerer Gewalt, beispielsweise durch einen bewaffneten Raubüberfall und Geiselnahme, sofortiger Beistand zur Krisenintervention verfügbar ist, ist dies, wenn der Verarbeitungsprozess mit Panikattacken etc. einsetzt, regelmäßig nicht mehr der Fall. Denn regelmäßig dauert es Monate, bis der Mensch in seinem Verarbeitungsprozess an diesem Punkt ankommt. Und die Betroffenen brauchen die Hilfe genau dann (vgl. Dienstbühl 2022, 101).

3. **Die Polizeien der Länder sorgen für regelmäßige und verpflichtende Schulungen zur Belehrung von Opfern,** in welchen sie diesen nicht nur ein Merkblatt mit Adressen aushändigen, sondern sie auch mit dem lokalen Angebot in der Intranet-Datenbank VIKTIM und dem frei zugänglichen Portal ODABS vertraut machen, wo die passenden Formate für die von Kriminalität betroffenen Personen recherchiert werden können (Dienstbühl/Üzüm 2024, 194). Die Merkblätter für Opfer von Kriminalität sind entsprechend aktuell zu halten. Es braucht in der Polizei durchgehend verfügbare Ansprechpartner für Opferfragen, die mit dem Sachverhalt vertraut sind und entsprechend sensibel handeln.

4. **In sämtlichen Bundesländern und vom Bund werden Opferschutzbeauftragte ernannt,** die nicht ihre Aufgabe damit als erledigt betrachten, die Opfer bei Anfragen an andere Hilfsorganisationen zu verweisen, sondern die vor allem dann aktiv werden, wenn Opfer durch die Behördenstrukturen regelrecht zerrieben werden. Die Opferschutzbeauftragten brauchen ein entsprechendes Mandat, das politisches Gewicht besitzt und mit dem sie Einfluss nehmen können.

5. **Polizei und Staatsanwaltschaft kommen ihrer längst bestehenden Verpflichtung zur Information der Opfer einer Straftat zum Ermittlungsverfahren gem. § 406d StPO nach.** In der Praxis zeigt sich immer wieder, dass dies nicht im wünschenswerten Maße eingehalten wird bzw. aufgrund des Einsatz- und Fallaufkommens

eingehalten werden kann. Können die Behörden diesem Recht des Opfers aufgrund umständlicher Behördenkommunikation oder anderer Vorkommnisse nicht nachkommen, müssen die zuständigen Ministerien reagieren und für Abhilfe sorgen. Es ist nicht hinnehmbar, dass bürokratische Mängel gesetzlich verbürgte Rechte von Opfern beschneiden.

6. **Der Datenschutz der Opfer hat oberste Priorität.** Opfer werden beispielsweise darüber aufgeklärt, dass sie lediglich eine ladungsfähige Anschrift und nicht zwingend ihre Privatadresse angeben müssen (Dienstbühl/Üzüm 2024, 130). Alle sensiblen Daten, auch die von Zeugen, sind vor Akteneinsicht durch Anwälte zu schwärzen. Bei der Verletzung dieser Pflichten muss es echte Sanktionsmöglichkeiten geben, die auch von den Anwaltskammern mitgetragen werden, denn auch Anwälte sind Organe der Rechtspflege. Werden Opferschutzdaten versehentlich oder auch bewusst weitergeleitet, gefährdet dies die Einhaltung der Rechtsordnung, denn eingeschüchterte Zeugen stehen sodann auch nicht mehr als adäquate Beweismittel zu einer objektiven Rechtsfindung zur Verfügung. Hier obliegt den Datenschutzbeauftragten eine besondere Verpflichtung, dies nachzuhalten und bei Verfehlungen einzugreifen.

7. **Psychologische Gutachten müssen den von der Deutschen Gesellschaft für Psychologie (DGPs) erstellten Qualitätsstandards (v. 18.10.2017) zwingend entsprechen.** Generell ergeben sich die Anforderungen an Sachverständige und ihre Gutachten aus dem Umstand, dass sie als Beweismittel dienen bzw. herangezogen werden. Entsprechend müssen sie fachlich fundiert, verständlich und transparent formuliert und sachlich neutral sein. Ist dies nicht der Fall, sind die Gutachten vor Gericht nicht verwertbar. Wenn Gutachter durch mangelhafte Gutachten auffallen, sind sie von der Gutachtertätigkeit für Gerichte auszuschließen.

Fazit

Der Opferschutz ist in der Praxis längst noch nicht dort angekommen, wie die „Schriftlage" dies annehmen ließe. Die Erfahrungsberichte in diesem Buch und viele tausend weitere offenbaren Mängel, die einer modernen Demokratie unwürdig sind und die grundrechtlich verbürgten Rechte der Menschen konterkarieren. Unser Staat steht hier in der Pflicht. Dem früheren Bundespräsidenten Gustav Heinemann wird der Satz: „Man erkennt den Wert einer Gesellschaft daran, wie sie mit den schwächsten ihrer Glieder verfährt" zugeschrieben. Sich mit dieser Frage im direkten Kontext eines würdigen und wirksamen Opferschutzes auseinanderzusetzen, ist ein Appell. Also: Welchen Wert möchten wir uns als Gesellschaft geben? Oder soll ganz simpel das Recht des „Stärkeren" gelten? Doch wo stehen wir, wenn in unserer Gesellschaft die Täter die Stärkeren sind?

Literatur

Baurmann, Michael C./Schädler, Wolfram (1999): *Das Opfer nach der Straftat – seine Erwartungen und Perspektiven. Eine Befragung von Betroffenen zu Opferschutz und Opferunterstützung sowie ein Bericht über vergleichbare Untersuchungen*, 2., überarbeitete Auflage, Wiesbaden: Bundeskriminalamt (= BKA-Forschungsreihe, Band 22).

Blum, M. Carolin (2021): *Opferschutz und Opferhilfe. Handlungsempfehlung für die Polizeiarbeit*, Heidelberg: Kriminalistik Verlag.

Dienstbühl, Dorothee (2022): *„Mach mal einen Cognac auf!"* Was es bedeutet, bewaffneten Bankräubern ausgeliefert zu sein. Interview mit Katja van Bevern", in: Hombach, Bodo/Richter, Frank (Hrsg.): *Auf Streife durchs Revier. Kriminalität im Ruhrgebiet und gesellschaftliche Folgen*, Baden-Baden: Tectum, S. 95–101.

Dienstbühl, Dorothee/Üzüm, Cigdem (2024): *Sexualdelikte. Leitfaden für die Polizeipraxis und einen aktiven Opferschutz*, Heidelberg: Kriminalistik Verlag.

Weißer Ring e. V. (Hrsg.) (2022): *Forum Opferhilfe*. 1/2022, https://weisser-ring.de/system/files/domains/weisser_ring_dev/downloads/forumopferhilfeausgabe01-22web.pdf (Zugriff am 26.7.2024).

Autorenverzeichnis

Tina Bommert ist Kriminalhauptkommissarin und derzeitig Dienstgruppenleiterin beim Kriminaldauerdienst des Polizeipräsidiums (PP) Essen. Sie leitete zuvor die als Kooperationsmodell für das PP Essen und PP Oberhausen eingerichtete Ermittlungsgruppe „EG Call Center", die sich thematisch insbesondere mit Taten falscher Polizisten und Enkeltrickbetrügern sowie dem Phänomen der Schockanrufe befasst hat.

Susanne Bründl ist Psychologin, Kriminologin und Psychotherapeutin in Ausbildung. Sie arbeitet als wissenschaftliche Mitarbeiterin am Institut für Forensische Psychiatrie und Sexualforschung an der Universität Duisburg-Essen sowie am Institut für Sexualforschung, Sexualmedizin und Forensische Psychiatrie des Universitätsklinikums Hamburg-Eppendorf. In ihrer Promotion beschäftigt sie sich mit den Auswirkungen einer Inhaftierung auf Gesundheit, Verhalten und Gehirn inhaftierter Menschen.

Prof. Dr. Dorothee Dienstbühl unterrichtet als Professorin an der Hochschule der Polizei des Landes Brandenburg (HPolBB) Kriminalistik. Zuvor lehrte sie an der Hochschule für Polizei und öffentliche Verwaltung (HSPV) in Nordrhein-Westfalen Kriminologie und Soziologie. Weitere berufliche Stationen hatte sie u. a. als Leiterin des Bedrohungsmanagements an der Hochschule Darmstadt und als Fallmanagerin in zwei Jobcentern. Sie ist zertifizierte Präventionsmanagerin für

Stalking und Intimpartnergewalt (IPBm) und begleitet seit über zehn Jahren Frauen, die von häuslicher/ familiärer oder sexueller Gewalt oder Nachstellung betroffen sind.

Dr. Tobias Eilers ist seit 2012 als Pressesprecher der Johanniter in NRW tätig. Zuvor arbeitete er als Lehrrettungsassistent und bildete viele Jahre angehende Rettungskräfte an der Johanniter-Akademie in Münster aus. Er studierte Germanistik, Skandinavistik, Geschichte und Politikwissenschaft in Münster und Bergen/Norwegen (M.A.) und promovierte mit einer literatur- und medienwissenschaftlichen Arbeit über Robert Gernhardt (Dr. phil.).

Ninve Ermagan arbeitet für ZDFheute, ARD, taz, faz als freie Journalistin mit den Themenschwerpunkten Feminismus, Extremismus und Antisemitismus. Die 25-Jährige hat Geschichte und Politikwissenschaften in Mainz studiert. Die ARD-Doku „Mythos Jungfernhäutchen" mit Ermagan als Host hat zuletzt medial viel Aufsehen erlangt.

Prof. Dr. Johannes Fuß ist Psychiater, Sexualwissenschaftler und Gutachter. Seit 2021 ist er Direktor des Instituts für Forensische Psychiatrie und Sexualforschung an der Universität Duisburg-Essen. Er ist 2. Vorsitzender der Deutschen Gesellschaft für Sexualforschung. Wissenschaftlich interessiert er sich unter anderem für die Situation psychisch erkrankter Menschen im Maßregelvollzug und in Haft.

Jens Gnisa ist seit dem Jahr 2012 Direktor des Amtsgerichts Bielefeld. Zuvor war er Vizepräsident des Landgerichts Paderborn und Richter am Oberlandesgericht Hamm. Innerhalb des Deutschen Richterbundes war er zunächst Landesvorsitzender in NRW, sodann Mitglied des Präsidiums in Berlin und schließlich von 2016–2019 Bundesvorsitzender des DRB. Er ist zertifizierter Mediator und Autor von juristischen Sachbüchern.

Prof. Bodo Hombach ist Vorsitzender des Vorstandes der Brost-Stiftung, Präsident der Brost-Akademie und Ehrenpräsident der Bonner Akademie für Forschung und Lehre praktischer Politik (BAPP). Hombach lehrt als Honorarprofessor an der Universität Bonn. Zuvor war er u. a. als Chef des Bundeskanzleramtes sowie als Sonderkoordinator des Stabilitätspaktes für Südosteuropa in Brüssel tätig. Von 2002 bis 2012 war er Geschäftsführer der WAZ-Gruppe in Essen.

Iris ist Volljuristin und Mutter. Sie ist seit über 20 Jahren in verantwortlichen Positionen an Universitäten und Hochschulen tätig. Seit Januar 2020 ist sie Kanzlerin einer Hochschule und in dieser Leitungsfunktion verantwortlich für die rechtliche Vertretung der Hochschule, Verwaltung und die Finanzen. Privat engagiert sie sich für ein Frauenhaus.

Pascal Johland leitet die Führungsstelle Gefahrenabwehr/Einsatz im Polizeipräsidium Essen. Er arbeitete als Polizeibeamter, nach seinem Studium zum Diplomverwaltungswirt (FH), 11 Jahre im operativen Wachdienst. Im Jahr 2021 beendete er sein Studium zum Master of Public Administration – Police Management.

Prof. Dr. Sebastian Kurtenbach ist seit 2021 Professor für Politikwissenschaft/ Sozialpolitik an der FH Münster und Privatdozent an der Fakultät für Sozialwissenschaft der Ruhr-Universität Bochum. Seine Forschungsschwerpunkte liegen in der sozialwissenschaftlichen Stadt-, Migrations- und Konfliktforschung.

Lennart besucht das Gymnasium und hat einige literarische Auszeichnungen gewonnen. Er leitet Projekte zur Förderung von Schülerinnen und Schülern mit einem Talent für das Schreiben. Außerdem ist er mit großer Begeisterung Tänzer und Tanzlehrer.

Dr. Patrick Liesching ist seit 2022 Bundesvorsitzender des WEISSEN RINGS und war zuvor Vorsitzender des hessischen Landesverbandes.

Seit 2020 ist er Leitender Oberstaatsanwalt der Staatsanwaltschaft Fulda und seit 2024 Präsident des Amtsgerichts Kassel. Zuvor war Dr. Liesching unter anderem Direktor des Amtsgerichts Fulda, bevor 2014 seine Ernennung zum Vizepräsidenten des Landgerichts Gießen und 2018 seine Ernennung zum Vizepräsidenten des Landgerichts Fulda erfolgte.

Frank Richter war von 2015 bis 2022 Polizeipräsident in Essen und damit verantwortlich für die Sicherheit von über 740.000 Menschen in Essen und Mülheim an der Ruhr. Zuvor wurde er 2012 durch die Landesregierung zum Polizeipräsidenten in Hagen ernannt. Bis zu seiner Ernennung zum Polizeipräsidenten war er unter anderem stellvertretender Bundesvorsitzender der Gewerkschaft der Polizei, Vizepräsident des Verbundes der europäischen Polizeigewerkschaften EuroCOP und Vorsitzender der Gewerkschaft der Polizei des Landesbezirks NRW.

Annika Ross ist seit 2019 Redakteurin der Zeitschrift EMMA von Alice Schwarzer in Köln. Ihre großen Themen sind Sexualpolitik, Gesundheit, Bildung und Leihmutterschaft. Die gebürtige Emsländerin volontierte bei der Leipziger Volkszeitung und arbeitete dort zwölf Jahre lang als Lokal-, Kultur- und Magazinredakteurin.

Sabine Rückert ist Redakteurin für besondere Aufgaben bei der ZEIT. Die Gerichts- und Kriminalreporterin ist Gründerin von ZEIT VERBRECHEN und Mitherausgeberin des gleichnamigen Magazins und Podcasts. Von 2012 bis 2024 war Sabine Rückert stellvertretende Chefredakteurin der ZEIT. Sie veröffentlichte mehrere Bücher, unter anderem „Tote haben keine Lobby" (2007).

Prof. Dr. jur. Klaus Schönenbroicher ist Leitender Ministerialrat und seit 2005 Beamter im Innenministerium des Landes NRW, zurzeit Gruppenleiter für die Polizei. Nach dem Studium der Rechtswissenschaft und Philosophie und der Promotion an der Universität Bonn war er von 1994 bis 1996 Rechtsanwalt in der Kanzlei Gleiss Lutz, zwischen 1996 und 2001 Beamter im Bundeslandwirtschaftsministerium in Bonn und von 2001 bis 2005 Beamter in der Verwaltung des Landtags NRW. Er ist Honorarprofessor an der Juristischen Fakultät der Universität Bochum sowie Autor und Herausgeber zahlreicher Veröffentlichungen auf dem Gebiet des Verfassungsrechts und des Verwaltungsrechts.

Prof. Dr. med. Dr. h. c. Jalid Sehouli nahm 2014 den Ruf auf die W3-Professur für Gynäkologie auf Lebenszeit an der Charité an und ist seitdem Direktor der Klinik für Gynäkologie und Ordinarius an der Charité. Sehoulis Spezialgebiet ist die experimentell-operative Gynäkologie und Onkochirurgie sowie das Thema Arzt-Patienten-Kommunikation (Breaking Bad News). Sehouli ist Herausgeber und Autor von zahlreichen wissenschaftlichen Büchern bzw. Buchbeiträgen, Mitherausgeber verschiedener Fachzeitschriften und Schriftsteller.

Tülay ist Mutter einer Tochter.